Elke Schlösser

Zusammenarbeit mit Eltern –

interkulturell

Informationen und Methoden zur Kooperation
mit deutschen und zugewanderten Eltern in
Kindergarten, Grundschule und Familienbildung

Ökotopia Verlag, Münster

Impressum

Autorin: Elke Schlösser

Fotos Titelblatt: Ulla Amberg (rechts), Andreas Bohm (links)

Umschlaggestaltung: Atelier Seidel – Verlagsgrafik, Neuötting

Fotos:
Umschlag Rückseite/
Autorinnenseite: Andreas Schiro
Innenteil: Ulla Amberg: SS. 20, 54, 66, 72, 73, 80, 81, 92, 94, 115, 116, 135
Andreas Bohm: SS. 13, 31, 32, 36, 57, 85, 86, 137, 138, 139, 143, 144

Innen-Illustrationen: Kasia Sander

Satz: Studio Bandur, Idstein-Wörsdorf

ISBN: 3-936286-39-6

1 2 3 4 5 6 7 8 9 10 11 12 · 12 11 10 09 08 07 06 05 04

Gewidmet meinen Eltern, die mir die Freude an Lernen und Wissen vermittelten

„Es ist eine Kunst, jemanden in seinen reifen Möglichkeiten wahrzunehmen und ihm diese Möglichkeiten zu bestätigen, also nicht nur in dem, was er ist, sondern sogar in dem, was er sein und werden könnte."

Martin Buber

Inhalt

Die Einführung – eine Positionsbestimmung

Die Motivation – persönlicher Ansatz und pädagogischer Hintergrund

„Zusammenarbeit mit Eltern" ist das zentrale Thema meiner pädagogischen Ausrichtung, in den letzten Jahren zunehmend verbunden mit interkulturellem Blickwinkel und im interkulturellen Handlungsfeld. Wie kam es dazu?

Meine ersten sechs Berufsjahre war ich im Allgemeinen Sozialdienst und im Fachbereich Pflegekinderdienst- und Adoptionsvermittlung eines Jugendamtes tätig. Dort erlebte ich häufig, ja fast ausschließlich, wie Situationen von Familien Kinder belasteten, ängstigten, oft fundamental in deren körperlicher, geistiger und seelischer Entwicklung störten. Ich erlebte, dass Eltern sich überfordert fühlten, unter persönlichem Versagen litten, ratlos waren und sich mit Schuldgefühlen quälten. Ich konnte wahrnehmen, wie Eltern unfähig waren, eigene belastende Kindheitserlebnisse zu verarbeiten, positive Lebensperspektiven zu entwickeln oder Kraft für eine neue Lebensrichtung zu gewinnen. Früh stand mir unübersehbar deutlich vor Augen, wie abhängig Kinder davon sind, ob Eltern konstruktiv ihre eigene Weiterentwicklung initiieren und meistern können und Wege finden, sich Problemen sowie äußeren und inneren Schwierigkeiten zu stellen.

Diese Wahrnehmung führte zu der für mich – als damals junger Berufsanfängerin – erschütternden Einsicht, wie abhängig Kinder von körperlicher, geistiger und psychischer Gesundheit, Beziehungs-, Kommunikations- und Konfliktfähigkeit ihrer Eltern und deren Zugang zu Bildung und Wissen sind. Zusätzliche Aspekte wie soziale Bedingungen ihrer Lebenswelt, Schichtzugehörigkeit, berufliche Situationen der Eltern, Wohnsituationen und gesellschaftliche Bedingungen – um nur einige zu nennen – wurden mir in ihren prägenden Auswirkungen für die Kindheit der zu erziehenden und zu fördernden neuen Generation überdeutlich.

Ich begann den zu Beratenden, die häufig genug von ihrer Erwartung her die Sozialarbeiterin des Jugendamtes zunächst als ungebeten, verunsichernd, kontrollierend und eingreifend erlebten, pädagogische und psychologische Zusammenhänge zu erklären. Mich bewegte die Achtung vor der Lernfähigkeit und dem Orientierungsbedürfnis eines *jeden* Menschen und der Respekt vor dem Entwicklungswillen, den mir Eltern in den unterschiedlichsten und belastendsten Situationen zeigten.

Die Erkenntnisse aus den Fachgebieten Entwicklungspsychologie, Kommunikationswissenschaften, Humanistische Psychologie, Gesprächsführung und Strategien der Konfliktlösung sowie der Möglichkeiten persönlicher Psychohygiene – für Eltern aufgearbeitet – standen und stehen nicht allen Eltern in ausreichendem Maße zur Verfügung, so meine Einschätzung.

Ein „Lichtblick" war für mich daher der erste Kontakt zu der weltweit bekannten Veröffentlichung von Thomas Gordon: „Familienkonferenz" (▶ S. 150). Hier sprach ein Pädagoge aus, was meine tiefste Überzeugung war und ist. Er sagte sinngemäß: Eltern werden verantwortlich gemacht, angeklagt, beschuldigt, zur Rechenschaft gezogen für das, was sie an ihren Kindern versäumen, nicht fruchtbringend initiieren oder zur positiven Entwicklung führen. Niemand jedoch bildet Eltern dazu aus, ihrer erzieherischen Aufgabe gerecht werden zu können. Selten erfahren sie ausdrücklich, wie Kinder und Eltern befriedigend miteinander kommunizieren können, Konflikte lösen und miteinander wachsen können. Das Wissen ist vorhanden und den Fachleuten an die Hand gegeben. Wie sorgen wir PädagogInnen dafür, dass dieses Wissen und das daraus abgeleitete unterstützende Verhalten die Eltern der jetzt heranwachsenden Generation auch erreicht ...

In den folgenden Jahren nach meiner Tätigkeit im Jugendamt habe ich mich genau dieser Fragestellung gewidmet: Was sollte Eltern an Orientierung, Wissen und Handlungskompetenz vermittelt werden, damit sie und ihre Kinder möglichst zufrieden zusammenleben können? Welche Unterstützung brauchen Eltern, um für sich selbst eine befriedigende Entwicklung nehmen zu können und gleichzeitig ihre Elternrolle mitmenschlich, konstruktiv und für ihre Kinder bereichernd auszufüllen?
Im Rahmen einer zehnjährigen Dozentinnentätigkeit im pädagogischen Fachbereich einer Volkshochschule wurde nun Familien bildende Arbeit mein beruflicher Schwerpunkt. Eine zusätzliche Ausbildung zur Durchführung von sog. „Elterntrainings" auf der Basis des Buchs „Familienkonferenz" von Gordon (s. o.) sowie die Beschäftigung mit der „Transaktions-Analyse" nach Eric Berne (▶ S. 149) gaben mir die

Möglichkeit, Eltern in fortlaufenden Kursangeboten kontinuierlich mit dem entsprechenden Fachwissen vertraut zu machen und ihren erzieherischen Alltag – gestärkt durch die offene und kreative Zusammenarbeit unterschiedlichster Eltern – zu entlasten.

In mehr als 170 Elternabenden in Kindertageseinrichtungen zu pädagogischen und psychologischen Themenstellungen der frühen Kindheit konnte ich feststellen, wie sehr Eltern das angebotene Wissen aufsogen, auf den Alltag der Familie übertragen konnten und als entlastend empfanden. Viele TeilnehmerInnen erzählten, wie sehr die ihnen angebotenen Einblicke zu ihrer Orientierung und zum tieferen Verständnis der Bedürfnisse, Reaktionen und Entwicklungsschritte ihrer Kinder beitrugen.
Häufig waren die Grenzen zwischen Bildung und Beratung an diesen Abenden fließend. Deutlich wurde: *Positive Ziele* für die Entwicklung, das Wohlergehen und die Zukunft ihrer Kinder äußerten die allermeisten Eltern in den Gesprächen. Ein Interesse daran, zufrieden stellende Möglichkeiten zu finden und ihre Ziele auch realisieren zu können, bewegte sie alle. Die Atmosphäre dieser Abende, die entstand, wenn Eltern sich vertrauensvoll öffneten, ihre Ängste, Unsicherheiten und Fragen offen nannten und sich in Respekt und Toleranz gegenseitiges Verständnis und zum Teil Unterstützung zusagten, werden mir unauslöschlich im Gedächtnis bleiben. Manche Tränen – der Trauer über Unmögliches und Verpasstes oder der Erleichterung über fachliche Zustimmung und Reduzierung von Erwartungsdruck – sind geflossen und haben überdeutlich gezeigt, wie umfassend die Kinder und die erzieherische Aufgabe Eltern fordern.
Vor allen Dingen dazu, dass diese Forderung nicht Überforderung wird, gibt es – nach meiner Überzeugung – den Aspekt

der *Familien ergänzenden Funktion* der Elementar- und Primarpädagogik. PädagogInnen in Kindertageseinrichtung, Grundschule und Familienbildung haben die Chance, Eltern Wissen, Bildung, Anleitung zur Handlungskompetenz und größerer Verhaltenssicherheit sowie Ideen zum Erreichen familiärer Erziehungsziele zu geben.

Und Eltern haben ein Recht auf die Hoffnung und Erwartung, derartige Unterstützung seitens pädagogischer Institutionen bzw. der in ihnen arbeitenden PädagogInnen zu erhalten. „Geteiltes Wissen sichert den doppelten Erfolg zu Gunsten der Kinder der nächsten Generation!" ist hierbei mein Credo zur Zusammenarbeit von PädagogInnen und Eltern.

Eine dramatische Steigerung der bislang geschilderten Einsichten ergab sich durch meine Tätigkeit in der Fachberatung einer „Regionalen Arbeitsstelle für Kinder und Jugendliche aus Zuwandererfamilien" (RAA). Im von mir bearbeiteten Fachschwerpunkt „Interkulturelle Pädagogik im Elementarbereich und Übergang zur Primarstufe" wurde mir schnell deutlich, dass Eltern und PädagogInnen unterschiedlicher Herkünfte, Sprachen, Traditionen, Religionen und kultureller Prägungen in ihrer Kooperation enormen Herausforderungen gegenüber stehen. Familienbildung über alle vermeintlichen und tatsächlichen Grenzen hinweg, steht – aktuell und gesellschaftlich relevant – als zusätzliche Anforderung im Raum. Förderung für *alle* Kinder und Kooperation mit *allen* Eltern, unabhängig vom persönlichen Hintergrund der Herkunft, fällt als Bedarf einer Interkulturellen Pädagogik in unseren pädagogischen Institutionen immer deutlicher ins Auge. Hierzu mit einem erweiterten Blickwinkel neue fachliche Impulse beizusteuern, ist meine derzeitige berufliche Zielrichtung und Praxis.

Das Buch –
Inhalte und Zielrichtungen

Das Zutrauen von Mensch zu Mensch bringt ungeahnte Stärken hervor: „Es ist eine Kunst, jemanden in seinen reifen Möglichkeiten wahrzunehmen und ihn in diesen Möglichkeiten zu bestätigen, also nicht nur in dem, was er ist, sondern sogar in dem, was er sein und werden könnte", sagt der Philosoph Martin Buber. Auf dieser Haltung basiert das vorliegende Buch. Sich gegenseitig etwas zuzutrauen, an die reifenden Kräfte des anderen zu glauben, davon handeln die grundsätzlichen Überlegungen und die praktischen Anregungen. Alle an den hier dargestellten Erprobungen interkultureller Zusammenarbeit mit Eltern beteiligten Personen waren mit mir gemeinsam von dieser Haltung bestimmt.

Eine **kooperierende Erziehung** von Eltern und PädagogInnen zum Nutzen der von ihnen betreuten Kinder braucht in diesem Sinne Transparenz und Visionen ebenso wie gemeinsam gelebte Alltagserfahrungen und Impulse. Lebendige Impulse helfen Menschen ihre Eigenkräfte zu aktivieren. Lebendige Elternarbeit lebt durch Impulse, von denen Eltern und ErzieherInnen profitieren. Ziel ist es, einen Beitrag zu gedanklichen und praktischen Impulsen dieser Qualität zu leisten.

Im Vertrauen auf die Wirkung alltagsrelevanter Anregungen wurde interkulturelle Zusammenarbeit mit Eltern in den letzten Jahren zunehmend innovativ gestaltet und jetzt gilt es, Nachahmungen anzuregen. Bedarfe zu fühlen, ihnen nachzuspüren, sie zu äußern und miteinander zu besprechen, Lösungen kreativ miteinander zu suchen und umzusetzen – diese Vorgehensweise setzt den Dialog und die Kontinuität im Dialog von Eltern und PädagogInnen im regelmäßigen Kontakt voraus.

Bildung und Beratung in der Kindertageseinrichtung sollen sinnvoll verknüpft zum Leben erweckt, gepflegt und gesichert werden. Denn alles, was Eltern in der Erziehung ihrer Kinder stärkt, stärkt folgerichtig die Kinder selbst.

Die interkulturelle Auslegung der „Zusammenarbeit mit Eltern" in diesem Buch berücksichtigt die Belange einer durch vielfältige kulturelle, traditionelle, religiöse und sprachliche Facetten geprägten Gesellschaft. Demnach richten sich die Angebote der Praxiskapitel an *alle* hier lebenden Eltern.

Die didaktischen und methodischen Darstellungen zielen darauf ab, von erfolgreichen neuen Ansätzen und kreativen Ideen interkultureller Zusammenarbeit mit Eltern zu berichten. **Ziel** ist es, Unsicherheit zu senken, Vorbehalte schmelzen zu lassen und mit Entschlusskraft neue, evtl. noch ungewohnte Wege der Zusammenarbeit mit deutschen und zugewanderten Eltern gehen zu können. Wünschenswert ist dazu die Vorfreude, Neues auszuprobieren, alternative Erfahrungen zu machen und ergänzend eigene Ideen zu entwickeln – angeregt durch zahlreiche Methoden und praxiserprobte Formen von Kooperation. Besonders wichtig ist es hierbei, den Mut zu neuen Wegen da aufzuzeigen, wo unsere persönlichen Handlungsspielräume sind, z. B. im alltäglichen Kontakt mit deutschen und zugewanderten Eltern im Kindergarten.

In der Fachliteratur zur Elementarpädagogik ist auffallend, dass überraschend wenig Anleitung, Situationsbeschreibung und

Auswertung hinsichtlich der Zusammenarbeit mit Eltern erscheint. Zur Frage der Erfahrungen in Bezug auf die Beteiligung zugewanderter Eltern taucht besonders wenig an Hinweisen und Erfahrungswerten auf. Daher erscheint es mir angemessen, beispielhaft Stimmen zur Situation gelebter interkultureller Elternbeteiligung darzustellen. Die **Stimmen aus der Praxis** sind durch graue Hinterlegung gekennzeichnet.

AdressatInnen dieser Veröffentlichung sind ErzieherInnen, KinderpflegerInnen, LehrerInnen in Grundschulen und MitarbeiterInnen in der Familienbildung. Anbieter von Aus- und Fortbildung finden in der Bearbeitung dieser Anregungen und Anleitungen ein Feld der möglichen Entwicklung zukünftiger Perspektiven der Beschulung. Um der sprachlichen Vereinfachung willen wird die Nennung aller dieser pädagogischen Fachleute gesammelt unter der Begrifflichkeit „ErzieherInnen". Die übrigen vorgenannten Berufsgruppen werden somit dazu aufgefordert:

◆ die Gestaltungsvorschläge zur interkulturellen Zusammenarbeit mit Eltern kennen zu lernen,
◆ den Einsatz der Anregungen zur Elternarbeit in ihren Einrichtungen, z. B. in Grundschule und Familienbildung, gleichfalls zu erwägen,
◆ die praktischen Anleitungen auf das jeweils spezifische Arbeitsfeld zu übertragen und entsprechend umzusetzen.

Im Folgenden werden die **Begrifflichkeiten** „Familien mit Migrationshintergrund", „Migrantenfamilien" und „zugewanderte Familien" verwandt. Dabei ist mitgedacht, dass Migration als Person erlebt worden sein kann oder auch nicht. Wesentlich ist zu berücksichtigen, dass Migrationserfahrungen und -auswirkungen als Folge einer Wanderungsbewegung über mehrere Generationen wirksam sind und insofern auch die Biografie von Familienmitgliedern prägen, die nicht persönlich an der Auswanderung beteiligt waren.

Außerdem sagt die Beschreibung „Familien mit Migrationshintergrund" nicht aus, welche Nationalität die Familie oder ihre einzelnen Mitglieder besitzen, d.h. es kann sich sowohl um Menschen deutscher als auch ausländischer Nationalität handeln. Der Faktor *Migrationserfahrung* ist somit nur bedingt abhängig vom Faktor *Nationalität*. Menschen aller Konstellationen in Bezug auf ihre Wanderungsbewegung und nationale Herkunft sind also in den Ausführungen mitgedacht.

Die vorliegenden **Inhalte** bieten die Auseinandersetzung mit einer institutionalisierten Zusammenarbeit mit Eltern an. Dazu findet sich im zweiten Kapitel „Die Grundlagen – Aspekte interkultureller Zusammenarbeit mit Eltern" die theoretische Basis. Hier werden grundsätzliche Begrifflichkeiten eingehend erläutert und alle am Prozess Beteiligten in den Blick genommen.

Das dritte Kapitel „Die Praxis – Elternkontakte konkret und kreativ" geht mit seinen praxiserprobten Durchführungsangeboten über den theoretischen Aufforderungscharakter weit hinaus: Zahlreiche Planungshilfen, kooperative Methoden und Erfahrungsberichte lassen thematische Elternabende, Beratungs- und Informationsgespräche für und mit allen Eltern lebendig und vorstellbar werden.

Perspektivische Ausblicke zur Praxis und Entwicklung der interkulturellen Arbeit in Kindertageseinrichtungen in die Zukunft hinein runden den Praxisteil ab.

Als Autorin wünsche ich Ihnen viel Erfolg und Freude bei der Erarbeitung der Thematik und der Umsetzung der praktischen Anregungen!

Die Grundlagen –
Aspekte interkultureller
Zusammenarbeit mit Eltern

Die Interkulturelle Pädagogik – Erziehung im Zeichen der Zeit

Interkulturelle Pädagogik trägt der Tatsache Rechnung, dass wir in einer multikulturellen Gesellschaft leben, deren kulturelle Vielfältigkeit von einem Nebeneinander zu einem Miteinander gestaltet werden kann. Diese Annahme sollte folgerichtig einen gelebten Niederschlag innerhalb der pädagogischen Arbeit in Kindertageseinrichtungen, Schulen und Familienbildungsstätten finden. Was sie an Facettenreichtum im pädagogischen Alltag nach sich zieht, davon berichten die nachfolgenden Kapitel.

Grundannahmen, Ziele und AdressatInnen

Interkulturelle Pädagogik richtet sich nach den sich gesellschaftlich beständig ändernden Erfordernissen. Sie ist geprägt durch die **Selbstverständlichkeit der Zuwanderung und Multikulturalität** und berücksichtigt die permanente gesellschaftliche Modernisierung. Daraus resultieren Veränderungen der pädagogischen Berufswelt, verbunden mit der Notwendigkeit einer dynamischen Entwicklung interkultureller Konzepte in den Kindertageseinrichtungen.

Interkulturelle Pädagogik wird verstanden **als ein durchgängiges pädagogisches Prinzip**, das nicht aus punktuellen Aktionen besteht. Ein Sommerfest mit internationalen kulinarischen Spezialitäten sowie Musik und Tanz aus anderen Ländern als Einzelaktion im Jahreskreis macht noch keine interkulturelle pädagogische Arbeit aus.

Bedürfnisse, Gewohnheiten, Traditionen und Rituale, Normen und Werte einheimischer und zugewanderter Familien sind durchgängig in der alltäglichen und ganzheitlichen Erziehung mitzudenken.

Dies spiegelt sich in vielfältigen Bereichen wie Sprachförderung, soziales Lernen, Gesundheitserziehung, Verkehrserziehung, Religion, Sexualpädagogik, Umweltpädagogik und vielen anderen Praxisgebieten, die regelmäßig interkulturell zu überdenken sind: Weiß z. B. der Verkehrspolizist in der Jugendverkehrsschule, dass nicht alle Kinder der Gruppe gut Deutsch sprechen? Er spricht auf Hinweis gerne langsamer, achtet auf Eltern, die zum Übersetzen mitgekommen sind und zeigt viele eindeutige Bilder, damit alle Kinder die vermittelten Schutzgedanken und -anleitungen wirklich verstehen.

PädagogInnen tun mit und für Kinder wie bisher, was ihnen wichtig ist, nur *ein bisschen anders – nämlich interkulturell!* Dies ist Kennzeichen des hier gemeinten Ansatzes.

AdressatInnen Interkultureller Pädagogik sind nach ihrem Grundverständnis alle hier geborenen, hier aufgewachsenen und hierhin zugewanderten Kinder, unabhängig von ihrer Nationalität, Ethnie, kulturellen Prägung und religiösen Zugehörigkeit. Interkulturelle Pädagogik orientiert sich an den konkreten Lebenswelten aller Kinder und ihrer Familien. Sie bezieht *Kinder, Eltern, ErzieherInnen, LehrerInnen und TrägervertreterInnen* in die Entwicklung grundsätzlicher Ziele, Aktivitäten und Veränderungen mit ein. Die jeweils bedeutsamen Inhalte des Dialogs von PädagogInnen und Eltern im erzieherischen Alltag variieren und können sich nach Bedarfslage ändern. Von Bestand aber bleibt die Notwendigkeit und die entlastende Funktion dieser Kontakte und des interkulturellen Dialogs (▶ S. 14).

Ziel Interkultureller Pädagogik ist des Weiteren das friedfertige und tolerante Zusammenleben aller Kulturen und Nationalitäten. Das bewusste Spiegeln von Herkunft, Kultur, Tradition, Religion und Sprache im Alltag trägt dazu bei, die Tageseinrichtung und die Grundschule zu einem lebendigen Platz interkulturellen Lebens zu machen. Interkulturelle Pädagogik akzeptiert und fördert das *Recht auf Respekt vor jeder jeweils eigenen Kultur*. Sie legt Wert auf gelebte Selbstentfaltung und unterstützt die ganzheitliche Entwicklung aller beteiligten Personen.

Interkulturelle Einrichtungen gewähren einheimischen und zugewanderten Familien die Möglichkeit zur spezifischen Darstellung der als eigen empfundenen und definierten Kultur. Individuellen Bedürfnissen zu diesen Themen wird innerhalb der Einrichtungen selbstverständlich Raum gegeben.

Kommunikative Kompetenz ist dabei **Handwerkszeug** aller pädagogisch Handelnder. Sie erhält einen besonders hohen Stellenwert, wenn es gilt, interkulturelle Missverständnisse zu vermeiden. Kommunikative Kompetenzerweiterung ist ein bedeutsames Ziel innerhalb der Interkulturellen Pädagogik.

Die Erhöhung kommunikativer Kompetenz ist eine lebenslange Aufgabe – für jeden Menschen, in jeder Sprache und in jedem Kulturkontakt. PädagogInnen setzen diese Kompetenz beständig in ihrem Alltag ein. Hier hinzuzulernen setzt *Sensibilisierung für die Notwendigkeit, Orientierung und Weiterbildung* voraus. Zu wissen, wie Kommunikation mit möglichst wenig Missverständnissen geführt wird und wie Selbstdarstellung und Konfliktlösung im Gespräch gelingen, ist wesentliches pädagogisches Handwerkszeug. Gemeinsames Lernen hierzu beginnt jederzeit. Auf dem Weg zu kommunikativer Kompetenz können PädagogInnen jederzeit gleichzeitig agieren und lernen. Die Weiterentwicklung dieser Fähigkeiten – dies sei zur Ermutigung gesagt – fruchtet unmittelbar, auch in kleinsten Schritten. Durch ihr gelebtes Beispiel entwickelter kommunikativer Kompetenz wirken ErzieherInnen hin zu den Eltern. Mit Eltern gemeinsam gelingt die Ausdehnung auf eine interkulturell verbesserte Kommunikation.

Ein wesentlicher Bestandteil Interkultureller Pädagogik ist der **interreligiöse Respekt**. Allen religiös denkenden Menschen – gleich welcher Glaubensausrichtung – wird vermittelt, dass sie sich im Kontakt innerhalb der Kindertageseinrichtung, Grundschule oder Familienbildung hinsichtlich ihres Vertrauens auf Religionsrespekt über alle Grenzen hinweg sicher fühlen können. Der interreligiöse Dialog ist wertvoll und sinnvoll, und dies bei allem Recht auf individuelle Sinnauslegung.

Die religiöse Freiheit bezieht sich auf die individuell gewählte Zuwendung zu einer Religion, auf die persönliche Form, diese auszuleben und die Möglichkeit, sich von anderen durch die eigene Wahl in religiöser Hinsicht abzugrenzen. Sie beinhaltet jedoch stets die Anerkennung von Freiheit, Selbstbestimmung und Ernsthaftigkeit des Anderen. Sie basiert darauf, die *Demokratie als Basis der Religionsfreiheit zu achten und solidarisch mitzugestalten.*

Ein bewusstes Qualitätsprofil in interreligiöser und demokratisch-ethischer Hinsicht ist ein wichtiges Merkmal von Kindertageseinrichtungen, Grundschulen und Bildungseinrichtungen für Familien.

Interkulturelle Pädagogik setzt die **Sensibilisierung und Qualifizierung der MitarbeiterInnen** bereits in der Ausbildung voraus. Berufsbegleitende Fortbildung stärkt die interkulturelle Handlungskompetenz für den Alltag durchgängig. PädagogInnen haben ein Recht auf Angebote zur Erweiterung ihres interkulturellen Wissens und ihrer entsprechenden Handlungskompetenz.

Die Beschäftigung und **Integration zugewanderter MitarbeiterInnen in den Teams** der Kindertageseinrichtungen, Grundschulen und Familienbildungseinrichtungen ist zu empfehlen. Jedoch werden multinational zusammengesetzte Teams erst durch eine bewusste und wertschätzende Arbeit an gemeinsamen Zielen Interkultureller Pädagogik zu interkulturellen Teams. Zuständigkeiten für pädagogisches Handeln leiten sich in solchen Teams nicht von Nationalität, Kulturbezug und Sprachkenntnissen allein ab, sondern in erster Linie von

pädagogischer Kompetenz, von Fähigkeiten und Einsichten, von Lebenserfahrung und individuellen Schwerpunkten des pädagogischen Interesses.

Der **Förderung der Erstsprache** durch MuttersprachlerInnen kommt im Rahmen der Interkulturellen Pädagogik ebenfalls hohe Bedeutung zu. Muttersprache kann hierbei Deutsch oder die jeweilige Familiensprache sein.

Sprachrespekt vor jeder Muttersprache ist oberstes Gebot. Die freie Wahl der Familiensprache folgt der Menschenrechtscharta der Vereinten Nationen. Die Achtung vor der menschlichen Würde zieht die Achtung der individuell gewählten Sprache unmittelbar nach sich.

Die Förderung der Muttersprache ist deshalb z. B. in Kindertageseinrichtungen – im Sinne Interkultureller Pädagogik – zumindest gemeint als eine Akzeptanz dahingehend, dass in der Einrichtung die Muttersprachen im Freispiel und bei Aktionen selbstverständlich gesprochen werden können. In diesem Zusammenhang sind die *Eltern als ExpertInnen ihrer Erstsprache* in die pädagogische Arbeit der Tageseinrichtung und Grundschule so weit wie möglich einzubeziehen.

Die **Sprachförderung Deutsch** hat bei zweisprachigen Kindern den Stellenwert der Förderung des sprachlichen Handwerkszeugs *Umgebungssprache Deutsch*. Sie bildet ein wichtiges Bindeglied in unserer gesellschaftlichen Realität, denn sie ist die sprachliche Basis *aller* Kinder in die deutschen Bildungswege hinein.

Die qualifizierte Vermittlung der Umgebungssprache Deutsch als Erst- und Zweitsprache und Werkzeug zur gleichberechtigten Kommunikation ist Wesensmerkmal innerhalb der Ziele Interkultureller Pädagogik.

Die **Förderung der Mehrsprachigkeit** insgesamt wird als ein hoher Wert geschätzt und durch die Kooperation von Eltern und PädagogInnen gefördert. Erst- und Zweitsprache gehen nicht miteinander in Konkurrenz, sondern werden als sich stärkende Faktoren anerkannt. Die Erkenntnisse zur Förderung der Mehrsprachigkeit werden regelmäßig in den Alltag eingebunden. Die entsprechende Umsetzung dieser Grundannahmen sollte aus den Förderangeboten der Kindertageseinrichtung und

Mit dem Kaufladen spielen macht Spaß ... hier gemeinsam mit der Mutter in der Familiensprache Türkisch

Grundschule unmittelbar erkennbar sein, z. B. durch zwei- oder mehrsprachige Projekte oder durch den regelmäßigen Einsatz von Liedern, Reimen, Finger- und Kreisspielen sowie Geschichten in verschiedenen Sprachen.

Grundsätzlich zielt die Interkulturelle Pädagogik darauf ab, **Kinder in ihrer Gesamtsituation wahrzunehmen**, d. h. beispielsweise Kenntnisse über Migrationshintergründe der Kinder und ihrer Familien zu haben (▶ S. 23 „Familiennahe Pädagogik"). Dabei hat das Kind-Sein stets Vorrang vor der Wahrnehmung der Nationalität – entscheidend sind nicht Herkunftsland, Religion oder Muttersprache, sondern das *Entwicklungsstadium Kindheit*, das über alle (Länder-)Grenzen hinweg Kinder in ihrem Denken und Fühlen miteinander verbindet.

Individuelle lebensgeschichtliche Bedingungen sind selbstverständlich von hohem Belang und werden in Abstimmung mit den Eltern respektvoll berücksichtigt. Dies kann für ErzieherInnen auch bedeuten, die Grenzen der eigenen Möglichkeiten der Unterstützung von Kindern und Eltern wahrzu-

nehmen und bei belastenden Migrationsfolgen und Traumatisierungen Kontakt zu professionellen Beratungsstellen zu vermitteln.

Es gilt insgesamt, Transparenz zu schaffen über die Situation von Kindern und wesentliche Einblicke in die vergangene und aktuelle Lebenssituation der Kinder zu erlangen. Dazu ist es notwendig, dass PädagogInnen mit allen Eltern, deutschen wie zugewanderten, zusammenarbeiten. **Zugewanderte Eltern** sollten dabei **als ExpertInnen** der Migrationserfahrung, der Herkunftskultur und ihrer Familiensprache angesprochen werden. Ihre gleichberechtigte Einbindung in die **Gremienarbeit** der Kindertagesstätte und Grundschule ist selbstverständlich. Sie ermöglicht es, eine Kultur übergreifende, Sprachen verbindende und interreligiöse Erziehung gemeinsam durch ErzieherInnen, LehrerInnen und Eltern für alle Kinder zu definieren. Kultur-, Religions- und Sprachrespekt sollen auch hier das pädagogische Miteinander kennzeichnen.

Interkulturelle Pädagogik nimmt grundsätzlich auch die verwendeten Materialien unter die Lupe. **Interkulturelle Materialien** sind Materialien, die bewusst nach antirassistischen Merkmalen ausgewählt sind (▶ Schlösser, 2001, S. 155). Alle innerhalb der Ausstattung der Kindertageseinrichtung relevanten Medien sollten sowohl Kultur spezifische als auch Kultur übergreifende Signale setzen. Die Wertschätzung der Mehrsprachigkeit zeigt sich z. B. durch einen Fundus an mehrsprachigen bzw. fremdsprachigen Bilderbüchern und Geschichten.

Die interkulturelle Einrichtung spiegelt insgesamt für BenutzerInnen und BesucherInnen ein für Kultur offenes Klima, auch durch entsprechende Raumgestaltung. Es gilt erkennen zu lassen, dass die heterogene Lebenswelt der Kinder sich als *Vielfalt im Kindergarten* zeigt.

Stichwort Weltbürgertum

Interkulturelle Pädagogik grenzt den Adressatenkreis der Eltern, mit denen in der Kindertageseinrichtung und Grundschule zusammengearbeitet wird, nicht ein. Um dies zu präzisieren:

AdressatInnen Interkultureller Pädagogik sind:

◆ deutsche hier geborene Kinder und ihre Eltern,
◆ deutsche außerhalb Deutschlands geborene Kinder und ihre Eltern,
◆ Kinder und Eltern aus binationalen Familien,
◆ in Deutschland geborene und aufgewachsene Kinder deutscher Staatsangehörigkeit mit ausländischem Familienhintergrund,
◆ nach Deutschland zugezogene Kinder und Eltern ausländischer Herkunft und entsprechender Nationalität,
◆ Kinder und Eltern mit ausländischer Staatsangehörigkeit, die zeitweise aus Fluchtgründen in Deutschland verweilen,
◆ Kinder und Eltern mit ausländischer Staatsangehörigkeit, die aus Gründen der Arbeitsmigration oder zeitweiliger Beschäftigung in Deutschland leben,
◆ Familien ausländischer Herkunft, die mit der Hoffnung auf Bewilligung eines Bleiberechtes im Rahmen von Asylbewerbungen hier leben.

Dies bedeutet, dass Interkulturelle Pädagogik sich an *alle Kinder und Eltern* richtet, die eine Kindertageseinrichtung besuchen, sowie an die dort Erziehenden, „die bereit sind, sich durch die Praxis einer interkulturellen Erziehung auf neue Erfahrungs- und Lernprozesse einzulassen" (KTK, S. 31). Die Expertenkommission des 10. Kinder- und Jugendhilfeberichtes der Bundesregierung informiert: „Wir schätzen, dass bei mehr als einem Viertel der (in Deutschland lebenden Kinder; A. d. V.) entweder Vater oder Mutter oder beide in anderen kulturellen Zusammenhängen aufgewachsen sind als in traditionell deutschen" (BMFSFJ, 1998, S. 11). Es kann inzwischen davon ausgegangen werden, dass zwei Drittel aller Migrantenkinder unter 18 Jahren in Deutschland geboren sind.

Diesen **gesellschaftlichen Bedingungen** in Einrichtungen der Erziehung und Bildung Rechnung zu tragen, ist Ziel der Interkulturellen Pädagogik. Sie ist eine Pädagogik *für alle hier lebenden Kinder*. Eine Pädagogik, die modern und zukunftsträchtig darauf angelegt ist, Kindern ein Denk- und Handlungsrepertoire zugänglich zu machen, das sie in einer gemischt kulturellen Gesellschaft in höchst möglichem Maße verhaltenssicher, friedfertig und ausgerichtet auf demokratische Grundhaltungen macht.

So bedeutet Interkulturelle Pädagogik letztendlich ein *Wechselspiel interkulturellen Lebens und Lernens* unter Beteiligung aller einheimischen und zugewanderten MitbürgerInnen einer Gesellschaft.

Die **Internationalisierung einer Gesellschaft** zeigt hierzu überdeutliche Bedarfe an. Es gilt, zum *Weltbürger in den eigenen Grenzen* zu werden. Waren früher Kosmopoliten weit gereist, rar, privilegiert, reich, hoch gebildet und in der Folge „weltmännisch", so trägt die heutige Präsenz der „Welt" im alltäglichen Leben zu einem breiteren und anderen Weltbürgertum bei. Heutzutage erwächst aus der unmittelbar möglichen Nutzung der weltweiten Informationsfülle und der Beteiligung am weltweiten Informationsnetz die mögliche *Welt*teilhabe.

Doch die Internationalisierung ist nicht nur eine Frage der Mediennutzung. Sie hat in hohem Maße damit zu tun, dass durch Mobilität und Wanderungsbewegung „die Welt" quasi im eigenen Land vertreten ist und die Gemeinschaft seiner BürgerInnen das Leben der Weltgemeinschaft im eigenen Lande erproben kann.

Nicht selten ist diese Tatsache in das Bewusstsein der Menschen, auch im pädagogischen Bereich, noch nicht tief genug eingedrungen. Zeigt uns doch die intensive Diskussion und die Aufmerksamkeit gegenüber dem Fachbereich Interkulturelle Pädagogik, wie hoch die Erfordernisse – und teilweise auch die Ungeübtheit – einer soliden Auseinandersetzung mit dieser Thematik noch sind.

So geht es im **Zusammenhang von Weltbürgertum und Interkultureller Pädagogik** um die Vermittlung folgender Schwerpunkte:

◆ Kontakt, Information und Kommunikation zwischen allen Kulturen,
◆ Darstellung der verschiedenen Kulturen im öffentlichen Raum mit der Zielrichtung, Horizonte zu erweitern,
◆ Formen der Annäherung, Abgrenzung und Konfliktlösung kennen zu lernen, als Fähigkeiten zu erwerben und zu nutzen,
◆ Bekämpfung von Ausländerfeindlichkeit, Rassismus und Ethnozentrismus,
◆ gegenseitige Akzeptanz und Chancengleichheit und
◆ differenzierte Beschäftigung mit Empathie, Toleranz, Solidarität und Akzeptanz von Unterschieden.

Immer mehr Kindertageseinrichtungen formulieren in ihren Konzepten ein grundlegendes Verständnis interkultureller Arbeit im o. g. Sinne. Mancherorts entwickelt sich dies aufgrund der Belegungssituation und Alltagsanforderung als aktueller Bedarf. Anderenorts gibt die in der Bildungslandschaft aufgebrochene Diskussion einer frühen Bildungsförderung und der erforderlichen Sprachförderung Deutsch im Vorschulalter den Anlass dazu, das pädagogische Grundverständnis auf interkulturelle Blickwinkel hin zu überdenken.

PädagogInnen lassen die Interkulturelle Pädagogik damit zunehmend zum Regelfall werden, auch um unsere Kinder ganz selbstverständlich zu *WeltbürgerInnen* werden zu lassen. Dies sollte *für* unsere Kinder und *mit* ihnen gelingen – mit Anreizen zur Entwicklung einer entsprechenden Identität, als WeltbürgerInnen mit Herz und Verstand, mit Auswirkungen *in* unserem Land und *außerhalb.*

Ethnizität und kulturelle Identität

Ethnische Zugehörigkeit wird beschrieben als eine Zugehörigkeit zu einer Volksgruppe oder einem Stamm. Sie ist demnach ein Gruppenbewusstsein, das auf gemeinsamer Geschichte, gemeinsam bewohntem Gebiet und auf Merkmale wie Hautfarbe, Religion, Sprache und Kultur basieren kann.

„Ethnizität ist eine Art Zusammengehörigkeitsgefühl, das Menschen verbindet und ihnen das Gefühl gibt, sich von anderen zu unterscheiden. Trotzdem ist es schwierig, präzise zu sagen, was für eine Empfindung das ist und warum und wann sie Menschen intensiv beeinflusst", schreibt David Maybury-Lewis in seinem Bericht über „Ethnizität und Kultur" (Maybury-Lewis, 2002, S. 8). Er regt zu der Überlegung an, warum bei manchen Menschen diese Empfindung zu intensiven Identitätsgefühlen führt und bei anderen Menschen eine emotionale Bindung kaum ausgeprägt ist, und er vertieft: „Ethnizität ist [...] ein Verwandtsein, das Völkern zugeschrieben wird – entweder durch andere, durch sie selbst oder beides" (a.a.O., S. 8).

Wie Familien können ethnische Gruppen ein starkes Wir-Gefühl, ein starkes Identitätsgefühl haben oder nicht, sie können zusammenhalten oder auch nicht. Anders als in eindeutigen familiären Bezügen stellt ethnische Zugehörigkeit eine vage Gruppenbestimmung dar. Sie unterliegt in Bezug auf die Zugehörigkeitsgefühle unter Umständen einem starken Wandel. „Ethnische Gruppen formen sich [...] nicht [automatisch, A. d. V.], weil Menschen eine Rasse, Sprache oder Kultur teilen. Sie bilden sich, weil Menschen, die solche Merkmale haben, *beschließen, Angehörige einer bestimmten Gruppe zu sein*, oder weil Menschen, die solche Merkmale teilen [...], als

Mitglieder einer solchen Gruppe behandelt werden." (a.a.O., S. 10)

Staatsangehörigkeit und ethnische Zugehörigkeit sind nach diesem Verständnis **zwei unterschiedliche Tatbestände** und können mit sehr unterschiedlichen Gefühlen besetzt sein: In einem Gespräch mit einem 80-jährigen Israeli, mir bekannt als Überlebender des Holocaust, kann ich mich sehr als deutsche Gesprächspartnerin angesprochen fühlen. Ich kann im Karneval ein sehr eindeutiges Gefühl als Rheinländerin haben. Im Auslandsurlaub, englisch sprechend in einer Gruppe internationaler Gäste, empfinde ich mich eher europäisch – jeweils mit sehr unterschiedlichen Gefühlen von Identität und Zugehörigkeit.

Viele Faktoren bestimmen von Kindheit an, wie wir unseren **Bezug zur eigenen ethnischen Gruppe herstellen**. Wie wir „Familie" verstehen, wie wir lernen, welchen Zeitbegriff wir haben, wie wir „privat" und „öffentlich" definieren, Gastfreundschaft ausleben, Rituale pflegen und Feste feiern usw., unterliegt der kulturellen Prägung und wandelt sich kontinuierlich im Individuum und in gesellschaftlichen Bezügen. Unsere ethnische Zugehörigkeit beeinflusst unsere Gefühle über Leben, Tod und Krankheit und setzt uns eine kulturelle Brille auf, durch die wir die Welt sehen. Das Gefühl, einer ethnischen Gruppe zuzugehören, wird also in großem Maße erworben, ist beeinflussbar und mit wachsendem Alter zunehmend eigenständig zu gestalten.

Auch unsere Wahrnehmung und wie wir unsere Wahrnehmungen interpretieren ist geprägt durch die frühen permanenten Informationen unserer Umwelt zu unserer ethnischen Zugehörigkeit. Diese Form kultureller Prägung wirkt jedoch selten an der Oberfläche unseres Bewusstseins. Im interkulturellen Prozess gemeinsamen Wachstums wird die unbewusste Ebene der Wirkung von ethnischer Zugehörigkeit und kultureller Prägung verlassen zugunsten einer **bewussten Wahrnehmung** und Handhabung dieser Einflüsse. Auch das, was ErzieherInnen Kindern an Bildern und Bildung anbieten, gehört zur frühen kulturellen und ethnischen kindlichen Prägung.

Alle Beteiligten am interkulturellen pädagogischen Prozess haben das Recht, durch ihre eigene Definition von ethnischer Identität, von Werten, Bedürfnissen und Zielen wahrgenommen zu werden. Sie sollten die persönliche Definition ihrer kulturellen Gemeinsamkeiten und Unterschiede entwickeln und frei darstellen können.

Wichtig ist in diesem Zusammenhang, die **Qualität unseres gesellschaftlichen Umgangs mit Minderheiten** zu überdenken und dabei „einzusehen, dass ethnische Minderheiten den Staat durch das Bewahren ihrer Kulturen nicht unterminieren, vorausgesetzt der Staat behandelt jene Kultur als Bereicherung [und mit Wertschätzung, A. d. V.] und nicht als Bedrohung", führt Maybury-Lewis aus. Er lädt ein, aus den geschichtlichen Erfahrungen im Umgang mit Minderheiten zu lernen. „Vor allem ist es

wichtig zu verstehen, dass viele Staaten zugleich friedlich und multiethnisch waren, blieben und es sein können" (a.a.O., S. 13).

Die **Erwartungen zugewanderter Kinder und Eltern** an die Mehrheitsgesellschaft sind meines Erachtens folgerichtig zumindest die Hoffnung auf Respekt, eventuell auf ein Verstehen und Toleranz sowie – davon abgeleitet – die Bereitschaft zum Dialog. Für die von den meisten zugewanderten Familien angestrebte Integration ist die Anerkennung ihrer speziellen Lebenssituation – mit individuell ausgelegter Haltung zu Kultur, Tradition und Religion als *spezifisch ausgelebtes Sortiment* – ein wesentlicher Aspekt. Von der Qualität der erlebten Freiheit, sich seine eigene kulturelle Definition geben zu können, hängt die persönliche Zufriedenheit als MitbürgerIn einer Gesellschaft in hohem Maße ab.

Das Verhältnis deutscher und zugewanderter Kinder zu ihrer ethnischen Zugehörigkeit steht in deutlichem Zusammenhang mit der pädagogischen Qualität von Angeboten zur kulturellen Identitätsentwicklung. Der frühen Pädagogik sind wertvolle Chancen eingeräumt, Kindern durch Kulturrespekt und Unterstützung bei der Eigendefinition eine gesunde und interkulturelle Identitätsentwicklung zu ermöglichen.

Die PädagogInnen – Rollenverständnis und interkulturelle Wirksamkeit

Interkulturelle Handlungskompetenz als Herausforderung und Ziel

Der Beschreibung interkultureller Notwendigkeiten, Ausrichtungen und Inhalte steht das Erfordernis einer interkulturellen Handlungskompetenz der PädagogInnen gegenüber.

PädagogInnen mit interkultureller Handlungskompetenz:

◆ fördern und gestalten aktiv ein friedliches und produktives Zusammenleben der Kulturen im gesellschaftlichen Raum der Pädagogik,

◆ halten Unterschiede aus, akzeptieren sie und machen ihre Potenziale in der Zusammenarbeit mit Kindern, Jugendlichen und Erwachsenen fruchtbar,

◆ nehmen möglichst präzise die gesellschaftliche Situation kultureller Vielfalt wahr,

◆ sind mit den Bedingungen wirkungsvoller interkultureller Konzepte vertraut,

◆ können Konzepte auf die interkulturelle Wirklichkeit hin entwickeln,

◆ überprüfen kritisch Stereotype, Klischees, Vorurteile oder vorschnelle Verallgemeinerungen,

◆ können Konzepte variabel mit AdressatInnen abstimmen, damit die abgeleiteten Aktionen wirkungsvoll und lebensnah sind,

◆ schaffen Erlebnisräume, in denen sich Kinder und Erwachsene im gegenseitigen aufeinander Zugehen in ihrer Vielfalt und ihren vielfältigen Fähigkeiten erleben und erkennen und

◆ nutzen die Erfahrungskompetenzen einheimischer und zugewanderter Kinder, Jugendlicher und ihrer Eltern in Bezug auf deren Flexibilität und Fähigkeit, mit neuen, ungewohnten und potenziell verunsichernden Situationen umgehen zu können.

Diese Darstellung versteht sich als Idealformulierung und fordert PädagogInnen nicht ab, als interkulturelle pädagogische Persönlichkeit sozusagen fertig zu sein! Die **Entwicklung interkultureller Kompetenz** setzt vielmehr die *Bereitschaft* voraus, zunächst die eigene kulturelle Prägung und Sozialisation in den Blick und eine Entwicklung hin zu den o. g. Positionen nehmen zu *wollen*.

Das *Fremde* möglichst vorurteilsfrei erkennen zu können hat viel zu tun mit der Sicherheit, im *Eigenen* vertraut zu sein. Also birgt gerade die Verankerung in einem eigenen kulturellen Erfahrungsraum – gegründet auf Erfahrungen in der eigenen Kindheit – die Freiheit, ungewohnten und fremden Bezügen angstfrei begegnen zu können. Das Prozesshafte hin zu interkulturellen Haltungen zu erleben ohne allzu starke Irritationen zu empfinden, eintretende Verunsicherung in den Prozess hinein zu kalkulieren, mit sich selbst zu experimentieren – das alles sind große Herausforderungen. Sie bilden jedoch gleichzeitig Anreiz zur Entwicklung interkultureller Handlungskompetenz.

Eine entlastende Komponente kann hergeleitet werden aus dem Verständnis, als pädagogische Fachkraft Eltern und KollegInnen gegenüber nicht vorgeben zu müssen, in Bezug auf interkulturelles Miteinander eine *übersichere* Person zu sein. Eine **Kultur des Miteinander-Wachsens** bringt – so zeigt die Erfahrung – mehr persönlichen Gewinn und Achtung durch andere ein, als die Tatsache, stets alle (Lebens-) Antworten parat zu haben.

Die kulturellen, traditionellen, religiösen und sprachlichen Prägungen des kindlichen oder erwachsenen Gegenübers wahrzunehmen und die eigene Individualität im pädagogischen Prozess dieser Prägung nicht unterzuordnen oder dies von der anderen Seite zu erwarten, ist eine Kunst, die erlernt werden kann. Die eigene Individualität und die des Gegenübers achten zu können, die Prägungen des Einzelnen nutzbar machen zu können – ohne falsch verstandene Angleichungstendenzen – ist dann Anzeichen interkultureller Kompetenz.

Solch neue Wege zu gehen fällt oft nicht leicht, vor allem deshalb, weil u. U. ungewiss ist, was wirklich am Ende des Weges steht und als Ziel erreicht werden kann. Diese Ungewissheit auszuhalten und dennoch den Weg in die Annäherung zu gehen zeugt von interkultureller und – nicht zuletzt – mitmenschlicher Kompetenz.

Eine Voraussetzung hat interkulturelle Handlungskompetenz jedoch auf jeden Fall: Sie braucht ein **klares Bekenntnis zur antirassistischen und demokratischen Haltung**. Schwammiges verträgt der interkulturell gelebte Alltag in dieser Hinsicht nicht.

Der Prozess der eigenen Entwicklung hin zu diesen Haltungen muss wiederum nicht bereits abgeschlossen sein. Jeder darf auf dem Weg sein, Gefühle, Meinungen und Erfahrungen zu prüfen und ggf. neu zu besetzen. Jedoch erscheint mir ein grundsätzlicher und antreibender Wunsch, sich gegen rassistische, fundamentalistische und antidemokratische Tendenzen stellen zu *wollen*, unabdingbar zu sein. Auf der Suche zu sein ist dann in diesem Sinne besonders befruchtend, wenn es gemeinsam mit anderen geschieht.

Für PädagogInnen in Kindergarten und Grundschule heißt dies, dass es gerade dort wichtig ist, die Fähigkeit zu entwickeln, für Kinder und ihre Eltern oder engen Bezugspersonen einen **Raum zu schaffen**, in welchem sie vor Diskriminierung geschützt sind. Interkulturelle und antirassistische Haltungen sind sich ergänzende Blickwinkel, die sich in der interkulturellen Kompetenz der PädagogInnen wiederfinden. Beide haben vergleichbare Zielsetzungen und sind bewegt von der Hoffnung auf dieselben Wirkungen für eine friedliche, demokratische und tolerante Gesellschaft.

Die selbstbewusste Haltung: „Wir tragen mit der Orientierung an der Interkulturellen Pädagogik zur Förderung des demokratischen Gemeinwesens und zur Friedensfähigkeit der künftigen Generation bei", steht ErzieherInnen gut zu Gesicht. Sie sollte in ihrer Dimension wahrgenommen und unter KollegInnen angemessen verstärkt werden.

Wirksame Bildungsarbeit mit Erwachsenen

Die zuvor genannte Grundhaltung und die deutliche Beachtung der Bildungsrelevanz im Rahmen der frühen Pädagogik ziehen Erwartungen an eine sich ändernde Praxis in pädagogischen Einrichtungen nach sich. PädagogInnen brauchen ein sicheres **berufliches Handlungsrepertoire** zur Erfüllung dieser Erwartungen. So sind ihnen – vor allem für die Zusammenarbeit mit Eltern – Kenntnisse über Gesprächsführung, Moderationstechniken, gruppendynamische Gesetzmäßigkeiten und Mediation an die Hand zu geben (▶ Gordon 1972, Lahninger 1998, Leupold 2000, „Verwendete und weiterführende Literatur"). Insgesamt sind gute Kenntnisse der Didaktik und Methodik Voraussetzung für eine befriedigende Erwachsenenbildungsarbeit.

ErzieherInnen und Lehrkräfte fühlen sich angesichts dieser Anforderungen häufig nicht ausreichend ausgebildet und wünschen sich **größere methodische Handlungssicherheit** im Rahmen der Familienbildungsarbeit. Die sich verändernde Praxis

Zusammenarbeit mit Eltern planen:
Kreative Ideen im Brainstorming sammeln

in Kindertageseinrichtungen und Grundschulen fordern geradezu die Integration dieser beruflichen Fähigkeiten.

Lediglich das pädagogische Feld der Familienbildung im Rahmen der Erwachsenenbildung verfügt bereits über entsprechende didaktische und methodische Kenntnisse und Erfahrungen in ausreichendem Maße. Dort kommt allerdings die Berücksichtigung der Bildungsbedürfnisse von Eltern mit Migrationshintergrund zu kurz. Nur zu sehr geringen Anteilen werden die eher hochschwelligen Angebote der Familienbildungsanbieter von Familien mit Migrationshintergrund in Anspruch genommen. Hier gilt es mit kreativen Ansätzen neue Angebote zu entwickeln, die Schwellenängste überwinden helfen.

Insgesamt gesehen ist die Zusammenarbeit mit Eltern in der Kindertageseinrichtung, Grundschule und Familienbildung für viele PädagogInnen immer noch die weit höhere Herausforderung im Rahmen ihrer Tätigkeit als die erzieherische Funktion den Kindern gegenüber. Elternarbeit wird oft als schwieriger, unbefriedigender und aussichtsloser erachtet als der tagtäglich gelebte pädagogische Alltag mit den Kindern. Hier – in der direkten Aktion mit den Kindern – wird auch eher die persönliche erzieherische Handlungskompetenz empfunden.

Vermeintliche oder tatsächliche zögerliche Mitwirkung der Eltern, unausgesprochene Erwartungshaltungen, Missverständnisse, mangelnde Transparenz und Unsicherheiten bis hin zu Vorwurfshaltungen prägen nicht selten die Kontakte zwischen PädagogInnen und Eltern. Der Aspekt der Herkünfte der Eltern ist noch nicht einmal ausschlaggebend, trifft für viele ErzieherInnen doch die mehr oder weniger vorherrschende Frustration über nicht oder wenig genutzte herkömmliche Elternangebote für alle Gruppen von Eltern zu. Vermeintliches Desinteresse an der Einrichtung, der Kooperation und – nicht selten geäußert – an den eigenen Kindern wird als ursächlich benannt. **Ratlosigkeit und Resignation** der PädagogInnen sind häufig die Folge. Initiativen zu neuen Formen der Elternarbeit bleiben so oft auf der Strecke.

„Das Kind steht im Mittelpunkt unseres Interesses" ist eine häufig anzutreffende Haltung bei Elementar- und GrundschulpädagogInnen. Sie kann eine persönlich gewählte Absicht und bewusste Gewichtung bedeuten – oder auch Ausdruck einer Not sein, aus einer diffus empfundenen Lage der Unsicherheit heraus in Bezug auf Kontakt, Zusammenarbeit und die noch unbekannte Bereicherung aus der Kooperation mit den Eltern.

Dabei ist die Zusammenarbeit mit Eltern **Chance und Anforderung zugleich**. Gelingt eine durch neue Ideen angeregte, durch neue methodische Impulse belebte, durch Kooperationen angestoßene Zusammenarbeit mit Eltern in Kindertageseinrichtungen, so reagieren ErzieherInnen durchweg mit Erleichterung. Und manchmal wird erst durch das Maß der Erleichterung deutlich, wie hoch der vorher bestandene Druck in dieser Hinsicht war.

Die beschriebene Situation kennzeichnet also nicht nur eine Entscheidungslage aus persönlicher Situation, beruflicher Positionsbestimmung und pädagogischer Grundsatzhaltung heraus. Vielmehr ist sie oft Ausdruck eines Mangels: des Mangels an differenzierter Ausbildung und vermittelter Gestaltungskraft im Umgang mit Erwachsenen als AdressatInnen einer *erziehenden Kooperationsgemeinschaft*.

Vieler Orten begibt man sich an die **Entwicklung von Konzepten**, die auf die Erfordernisse der modernen Gesellschaft zugeschnitten sind. Konzepte der sprachlichen Förderung und Integration sind davon gleichermaßen berührt wie auch bildungsrelevante Konzepte und solche zur interkulturellen und innovativen Zusammenarbeit mit Eltern.

Tenor zur Zusammenarbeit mit Erwachsenen – also mit Eltern und KooperationspartnerInnen – sollte bei ErzieherInnen folgende Grundstimmung sein: „Wir sind fähig und wir sind nicht allein. Unsere vielseitige Kommunikation und Kooperation ist unsere Stärke. Verbinden und verknüpfen zu können ist eine unschätzbare Fähigkeit. Sie kann über die fachlichen Kenntnisse der Gesprächsführung, Gruppendynamik und Moderationstechniken entwickelt werden. Diese Fähigkeiten anzustreben und zu besitzen wird zum Grundverständnis unseres Teams. Dies gilt immer, egal in welche Richtung unsere Absicht der Zusammenarbeit wirkt, ganz gleich ob zu Eltern oder zu VernetzungspartnerInnen. Ganz gleich, ob die AdressatInnen hier geborene, hier aufgewachsene oder hierhin zugewanderte Menschen sind!"

Erweiternde Anregungen zur Kommunikation und Gruppenarbeit im o. g. Sinne bieten daher in diesem Buch die Ausführungen im Kapitel „Die Praxis – Elternkontakte konkret und kreativ".

Die Institutionen –
Raum für interkulturelle Elternarbeit

Gesetzliche Rahmenbedingungen

Die allseits erwartete Kooperation von Eltern und PädagogInnen ist verbindlich im Gesetz über die Arbeit von Kindertageseinrichtungen festgelegt. Das Gesetz über Tageseinrichtungen für Kinder (GTK) ist im Kinder- und Jugendhilfegesetz als Bestandteil des Sozialgesetzbuches der Bundesrepublik Deutschland geregelt.

Die Gesetzgebung zu Kindertageseinrichtungen ist bundesweit relevant und entspricht durchgängig dem Grundsatz von Kooperation der am Prozess der frühen Pädagogik beteiligten Personen. Ganz besonders drückt sich dies in der Formulierung: „**Frühe Pädagogik** in der Kindertageseinrichtung **hat Familien ergänzenden Charakter**" aus.

Konkrete Zielrichtungen, die für Kinder in Tageseinrichtungen zu berücksichtigen sind, finden sich in § 2, Absatz 2, GTK: „Der Kindergarten hat seinen Erziehungs- und Bildungsauftrag im ständigen Kontakt mit der Familie und anderen Erziehungsbeauftragten durchzuführen und insbesondere

1. die Lebenssituation jedes Kindes zu berücksichtigen,
2. dem Kind zur größtmöglichen Selbstständigkeit und Eigenaktivität zu verhelfen,
3. dem Kind zu ermöglichen, seine emotionalen Kräfte aufzubauen,
4. die schöpferischen Kräfte des Kindes unter Berücksichtigung seiner individuellen Neigungen und Begabungen zu fördern,

5. dem Kind Grundwissen über seinen Körper zu vermitteln und seine körperliche Entwicklung zu fördern,
6. die Entfaltung der geistigen Fähigkeiten und der Interessen des Kindes zu unterstützen und ihm dabei durch ein breites Angebot von Erfahrungsmöglichkeiten elementare Kenntnisse von der Umwelt zu vermitteln."

Dieser Wortlaut sollte in seinen Details und seiner tiefen Bedeutung Eltern im Rahmen von Aufnahmegesprächen und/oder einführenden Elternabenden bekannt gemacht und mit ihnen besprochen werden.

Absatz 3 des § 2 weist darüber hinaus deutlich auf soziales Lernen im Kontext der Kindertageseinrichtung hin und nennt ausdrücklich unterschiedliche Integrationsaspekte. Außerdem werden Partnerschaftlichkeit, Gewaltfreiheit und Gleichberechtigung als **mitmenschliche Leitlinien** verbindlich genannt, sodass der Konsens zu Grundaspekten der interkulturellen und antirassistischen Pädagogik, verbunden mit dem Auftrag zu ethischen Aussagen, erkennbar wird.

Altersgerechtes Wissen um demokratisches Verhalten, Wissen über das Vorhandensein anderer Kulturen und Weltanschauungen und ein in diese Richtung angeleiteter Verständnis- und Toleranzprozess runden den Auftrag an die Kindertageseinrichtungen ab – immer unter Berücksichtigung des kooperativ abzustimmenden Prozesses mit Kindern und Eltern über Inhalte und Vorgehensweisen.

Ebenso weisen die in nachfolgenden Paragrafen benannten „**Aufträge des Kindergartens**" Begriffe auf, die m.E. zum Start der parallelen Erziehungszeit von ErzieherInnen und Eltern erörtert werden sollten. Sind doch „**Betreuung", „Erziehung" und „Bildung"** interpretationswürdige und kulturspezifisch determinierte Begriffe, die nicht jede Mutter und jeder Vater – und auch nicht alle PädagogInnen – in gleicher Weise entschlüsseln.

Die „Förderung der kindlichen Persönlichkeit" als *gemeinsame* Zielformulierung setzt voraus, dass Eltern in gewissem Maße Wissen über Maßnahmen der Persönlichkeitsentwicklung und entwicklungspsychologisches Wissen erworben haben, um förderliche Aktivitäten für ihr Kind entwickeln und einsetzen zu können. Und sie müssen in der Lage sein zu kalkulieren, was sie von professionell Erziehenden an fördernden Maßnahmen für ihr Kind erwarten können.

Familien ergänzendes pädagogisches Handeln als gesetzliche Prämisse setzt bekannt sein, sich gegenseitig kennen und vertraut sein voraus. Lebenswelten sind heutzutage schon innerhalb einer gesellschaftlichen Gruppierung sehr unterschiedlich, auch bereits bei einheimischen Familien. Die Variationen gewählter Lebensformen sind groß, die individuelle Auslegung des Lebensweges und der Lebensziele reichhaltig. Sie können traditionsnah oder -fern sein, religiös gebunden oder losgelöst, sich gesellschaftlich engagierend oder stark individualisierend bezogen zeigen. Deutsche und zugewanderte Familien können deutliche Bezüge zur Herkunftskultur leben oder in vielfältigen Varianten Orientierung an umgebender Kultur oder Weltkultur zeigen.

Ein Kennenlernen des jeweils anderen sollte jedoch um das minimale Wissen, wer die Person ist, wo sie lebt und was sie tut, hinausgehen. Und dies besonders dann, wenn die Kultur, Tradition, Religion und Sprache nicht vertraut ist. Schlüssel zur **Familien nahen Pädagogik** können nur die Individualisierung, das Kennenlernen und das Vertrautwerden sein.

Die gesetzlichen Grundlagen des GTK legen den Grundstein zu einer gewünscht weit reichenden und vertrauensvollen Zusammenarbeit zwischen Eltern und PädagogInnen. Es gilt, diesen Spielraum unter Beachtung der vielen damit verbundenen Facetten zu nutzen.

Integrationschancen durch Elternarbeit

Wenn es durch Dialoge zwischen Eltern und PädagogInnen gelingt, **Unterschiedlichkeit als Faktor mit Auswirkungen** und nicht als Instrument zur Ausgrenzung wahrzunehmen, machen sich die Kommunikationspartner auf den Weg, sich als gemeinsam Lernende zu erleben.

„Integration ist ein gegenseitiges Geben und Nehmen im Geiste der Toleranz, das die Mehrheitsgesellschaft und die Migrantenfamilien zum beiderseitigen Nutzen ver- ändert", schrieben der türkische Minister für Nationale Erziehung der Republik Türkei, Herr Metin Bostancioğlu, und die damalige deutsche Ministerin für Schule, Wissenschaft, und Forschung des Landes Nordrhein-Westfalen, Frau Gabriele Behler, einvernehmlich in ihrem gemeinsamen Aufruf zum Thema: „Bildung schafft Chancen in Gesellschaft und Beruf", Ankara, im Februar 2002. Sie rieten zugewanderten Eltern aus der Türkei, deren Kinder in

Deutschland aufwachsen, den dreijährigen Besuch des Kindergartens an und wiesen auf die positiven Auswirkungen hin, wenn Eltern am Leben der Tageseinrichtung mitwirken, die frühe doppelte Sprachfähigkeit unterstützen, gleichermaßen für Deutsch und für Türkisch, und ein frühes Interesse an der Förderung der Kinder zeigen.

Die Politiker stellten hinsichtlich der dem Kindergarten folgenden Schulzeit besonders heraus: „Kinder und Jugendliche werden nur dann in der Schule erfolgreich sein, wenn die Eltern die Arbeit der Lehrerinnen und Lehrer unterstützen, sich regelmäßig an den Elternsprechtagen über die Lernfortschritte ihrer Kinder informieren, sich am Schulleben beteiligen und ihre Rechte auf Mitwirkung wahrnehmen."
Diese Kooperationswege können in der Zusammenarbeit mit Kindertageseinrichtungen bereits eingeübt und ausgebaut werden. So schließt sich in der Zusammenarbeit mit PädagogInnen in der Schule später der Kreis zu einer **positiven Bildungsbegleitung** der Kinder.

Integration ist demnach ein Prozess, der **Veränderungen auf beiden Seiten in alltäglich gelebter Praxis** erfordert.

Ein Beispiel für einen erlebten Veränderungsprozess zeigt uns der bewundernswert offene Erfahrungsbericht einer türkischen Mutter.

Gülten Doğan berichtet:

„Ich war zur Zeit meiner Mitarbeit im Elternrat einer Tageseinrichtung die einzige Mutter in dieser Runde. Ich hatte überhaupt nicht in Erwägung gezogen, mich aufstellen oder wählen zu lassen. Während des Elternabends entstand dann die übliche Situation, dass die Er-

zieherinnen um Wahlvorschläge seitens der Eltern baten, sich niemand meldete und auch nur wenige vorgeschlagen wurden, die alle Gründe hatten, sich nicht zur Wahl aufstellen zu lassen. Das fand ich richtig peinlich, weil ich daraus ablese, dass viele nicht bereit sind, sich Zeit für die Umsetzung der Bedürfnisse und Möglichkeiten der eigenen Kinder in der Tageseinrichtung zu nehmen. Viele Eltern drücken sich vor der Verpflichtung; deutsche wie zugewanderte Eltern, da gibt es keinen Unterschied.

Die Erzieherin sprach mich dann ganz direkt an, ob ich mir eine solche Aufgabe nicht vorstellen könnte. In mir stritten zwei Gefühle: Die Überzeugung, dass man sich für die Kinder engagieren sollte und die Unsicherheit, ob meine Fähigkeiten für diese Aufgabe wohl ausreichen werden. Hinzu kam noch meine große Neugier auf alles Neue. Also stimmte ich doch zu und wurde schnell gewählt. Ein deutscher Vater hat sehr dafür gesprochen, eine türkische Mutter in den Elternrat zu wählen, weil dann die Interessen der türkischen Eltern endlich mehr gehört werden könnten. Das hat mich sehr erstaunt.

Die erste Zeit war dann für mich von hoher Unsicherheit und großen Selbstzweifeln gekennzeichnet. Ich habe nicht gut von mir gedacht und hatte immer Sorge, dass ich etwas nicht gut genug sage oder mache. Ich habe mich mit den Gedanken, ob die anderen Eltern mich akzeptieren, richtig gequält und unter Selbstzweifeln gelitten.
Das wurde dann besser, als ich einen regelmäßigen Elterntreff am Nachmittag vorschlug, was von vielen Eltern begrüßt wurde. Da hängten sich auch viele türkische Mütter an mich und trauten sich

auch zu den Nachmittagen. Bald konnten sich auch eine griechische Mutter, eine spanische Mutter und verschiedene türkische Eltern gut mit freiem Sprechen beteiligen. Alles war sehr freundlich.

Durch diese Elternnachmittage lösten sich auch meine Verkrampfungen. Ich merkte, das, was andere sagen und anregen, weiß und kann ich auch. Seither habe ich mich immer in Elterngremien beteiligt, auch nachher in der Schule, und oft eine Aufgabe übernommen."

Der Wunsch nach kultureller Offenheit, ein Mindestmaß an gegenseitiger Neugier und Engagement sind Erfordernisse der Integration, mit denen es sich auseinander zu setzen gilt – auch in Kindertageseinrichtungen, Grundschulen und Familienbildungseinrichtungen. Eigene Grundwerte, gelebte Traditionen und Kulturbeheimatung brauchen dabei nach einem wohl gemeinten Integrationsverständnis von niemandem, weder Einheimischen noch Zugewanderten, aufgegeben zu werden.

Eltern werden wirksam durch Gremienarbeit

Elternmitwirkung hat in einem gewissen Maße den Charakter, ein Pendant zur Familien ergänzenden Funktion der ErzieherInnen zu sein. Dabei ist die informelle Mitarbeit gleichermaßen gemeint wie die Arbeit in den gesetzlich vorgesehenen Gremien der Elternmitwirkung.

Die **formellen Regelungen zur Elternmitwirkung** sind im GTK enthalten und haben somit Gesetzesform. Ob dies Eltern jeweils präsent ist – vornehmlich zugewanderten – ist ungewiss. Es ist festgeschrieben, dass Eltern stets gut zu informieren sind sowie anhaltendes Teilen von Rechten und Verantwortung von ErzieherInnen und Eltern gewünscht ist. Dies folgt vom Ansatz her im weitesten Sinne dem Demokratieverständnis und Individualisierungsgedanken unserer Gesellschaftsordnung.

Die gesetzlichen Mitwirkungsregelungen unterscheiden sich zwar in den verschiedenen Bundesländern, gemeinsam ist ihnen jedoch, dass das Meinungsbild der Elternschaft durch gewählte VertreterInnen in die Gesamtheit der Entscheidungen bezüglich der Führung der Kindertageseinrichtung – mit allen eingeschlossenen Auswirkungen – einfließen soll.

In der Regel wählen die Eltern aus Gruppen – und/oder auf Einrichtungsebene – ihre VertreterInnen mit den Fachkräften und dem Träger in ein Gremium zur Erörterung und Entscheidung von Grundgedanken der Konzeption und Arbeit, mit dem Ziel, einvernehmliche Regelungen zum Wohle aller Beteiligten in der Einrichtung zu treffen. Dabei wird in der Regel zwischen den Gremien Elternrat/Elternbeirat (mit Zusammenarbeit von Eltern und ErzieherInnen) und dem Rat der Kindertageseinrichtung (mit Zusammenarbeit von Trägern, Eltern und ErzieherInnen) unterschieden.

Die **Struktur von Gremienarbeit** sollte unmissverständlich sein: Einladung, Tagesordnung, Protokoll und die Reflexion über angestoßene Impulse gehören in diesen Rahmen. Dabei ist mit Respekt vor den Fähigkeiten zur Schriftlichkeit bei Migranteneltern umzugehen. Es gilt, die Kompetenzen der beteiligten Menschen heraus zu stellen und nicht die evtl. vorhandenen Begrenzungen. Mehrheitsentscheide sind nicht vorgesehen, um den **Charakter des Zusammenwirkens und der Konsensbildung** zu betonen und ihnen einen hohen Stellenwert zuzuweisen.

In den verschiedenen Bundesländern werden als wichtigste **gemeinsame Themen** mit den Eltern in Elterngremien genannt:

◆ Recht auf Information zu wichtigen Fragen der Erziehung und Bildung,
◆ Recht auf Beratung über pädagogische Programme und Konzepte,
◆ Förderung der Zusammenarbeit zwischen Eltern, Fachkräften und Träger,
◆ Beratung über gewünschte Angebote im Rahmen der Elternbildung,
◆ Mitwirkung bei der Aufstellung von Grundsätzen für die Aufnahme von Kindern,
◆ Unterstützung des Trägers in organisatorischen, baulichen und personellen Angelegenheiten,
◆ Anhörungsrecht bei der Festlegung der Öffnungszeiten,
◆ Finanzierungsangelegenheiten und
◆ Personalangelegenheiten.

Als beispielhafte Stimme zur Situation gelebter interkultureller Elternbeteiligung in Gremien berichtet Renate Schmitz, Leiterin des Kindergartens St. Monika in Düren:

„Wir haben jetzt einen Anteil von ca. 50% zugewanderter Eltern in unserer Einrichtung. In den ersten Jahren unserer veränderten Zusammensetzung der Belegung zögerten zugewanderte Eltern noch sehr, sich gegenseitig für eine Rolle im Elternrat vorzuschlagen oder sich hierfür wählen zu lassen. Später, vor allem als die Eltern unserer Kinder die Menschen mit Migrationshintergrund waren, die hier geboren und aufgewachsen sind, änderte sich dies deutlich.
Immer mehr Eltern unterschiedlichster kultureller Hintergründe wurden in das Gremium Elternrat oder in den Rat der Kindertageseinrichtung entsandt. Sie verstehen nun wohl sehr gut, dass der Elternrat ein für sie offenes Mitwirkungselement ist.

Die Zusammenarbeit in diesen Gremien erleben wir ErzieherInnen durchweg als positiv. In den Planungsrunden erhalten wir sehr viele Informationen, auch über den eigentlichen Gesprächsinhalt hinaus. Die Eltern erzählen über Familienfeste und ihre Feiertage. Sie führen uns in Märchen oder Spiele ihrer Kultur ein. Sie schildern uns Ängste und Sorgen, die aus ihrer Situation erwachsen. Das gibt uns sehr fruchtbare Orientierungen, um die Eltern und auch ihre Kinder zu verstehen.

Zunächst haben wir uns aneinander heran getastet. Jetzt lassen die zugewanderten Eltern so manche Idee aufkommen, auf die wir selbst nicht gekommen wären und gestalten so rege mit. Sie bieten sich auch ganz selbstverständlich für die unterschiedlichsten Aktionen selbst zum Dolmetschen an.

Es sind auffallend viele Väter im Elternrat vertreten. In einem Jahr hatten wir sogar einmal einen Elternrat, der sich komplett aus Vätern zusammensetzte, auch vielen zugewanderten. Das machte sich unmittelbar in Bezug auf die Aktivitäten in diesem Jahr bemerkbar. Alles war sehr tatkräftig und aktiv ausgelegt; die Väter planten und gestalteten ein Vater-Kind-Wochenende, sorgten also deutlich für ihre Interessen.

Wir fühlen uns mit unseren engagierten Eltern sehr wohl."

Die Eltern – Bedürfnisse, Hoffnungen und Erwartungen

Bildungserwartungen

Aufgrund der breiten und in der gesamten Öffentlichkeit diskutierten Bildungsthematik – u. a. als Folge der Veröffentlichung der Ergebnisse der „PISA-Studie" – erreichen immer mehr deutsche und zugewanderte Eltern wesentliche **Informationen zur kindlichen Entwicklung**, z. B. über:

- die Bedeutung der frühkindlichen Entwicklung,
- die frühe und ganzheitliche Förderung
- die familiäre und Familien ergänzende Pädagogik und
- über Ergebnisse der Hirnforschung.

Viele Eltern wissen, dass eine Pädagogik mit Relevanz für langfristige Bildungschancen vielfältige Zugänge eröffnet. Immer mehr Eltern fragen pädagogische Maßnahmen an, unaufgefordert und eigenmotiviert. Nicht nur deutsche Eltern können zunehmend in dieser Weise erlebt werden – zugewanderte Eltern schließen den Reigen der interessierten Elternschaft. Es wird nach Förderangeboten gefragt, sie werden erwartet und als selbstverständlich ins Angebot der frühen institutionellen Pädagogik gehörend betrachtet.

Dabei beeinflussen nicht nur die Medien die Eltern. Auch Eltern untereinander und Eltern und PädagogInnen in Kooperation bewirken miteinander **sich verändernde Haltungen** gegenüber der Möglichkeit, Kinder zunehmend besser ausgestattet in die gesellschaftlichen Erfordernisse zu entlassen.

Es ist grundsätzlich festzustellen, dass **bei Bildungserwartungen keine kulturellen Unterschiede** bestehen, weil die Phänomene der intergenerationalen Beeinflussung **Weltphänomene** sind – wirksam in besonderer Weise in modernen Einwanderungsgesellschaften und daher ein Thema bis hinein in die Elternarbeit mit deutschen und zugewanderten Eltern.

So variabel deutsche Eltern Einstellungen zu Schul- und Ausbildungszielen sowie Berufswahl und Berufstätigkeit ihrer Kinder einnehmen, so tun dies natürlich auch zugewanderte Eltern. Die Vorstellung, Bildungserwartungen ausländischer Eltern in der Migration bestünden lediglich in angelehnter Form bildungsnaher oder bildungsferner Haltungen adäquat zu denen, die im Herkunftsland vermutet werden, trifft in den seltensten Fällen zu.

Migranteneltern wünschen und planen in hohem Maße ebenso zukunftsträchtig für ihre Kinder, wie einheimische deutsche Eltern in der Mehrheitsgesellschaft dies tun. Sie nehmen die Problematik der Bildungslandschaft in Deutschland, des Ausbildungs- und Arbeitsmarktes wahr, sehen den Grad der Bildungs- und Ausbildungskonkurrenz und streben für ihre Kinder solide und beteiligende Plätze in Bildung, Ausbildung und Arbeitsmarkt an.

Zugewanderte Familien entscheiden selbst wie viel sie von überlieferten Traditionen übernehmen und in der Migration weiter pflegen oder was sie in ihrem Alltag und mit der Dauer der Migration modifizieren. Generelle und verlässliche Daten über die Beibehaltung mitgebrachter kultureller Werte und Traditionen der nach Deutschland zugewanderten MitbürgerInnen gibt es so gut wie nicht. Es werden lediglich Tendenzen beschrieben. Die jeweils für die MigrantInnen vertraut gewordenen Alltagssituationen in Deutschland prägen wohl deutlich die pädagogischen und bildungsrelevanten Haltungen der zugewanderten Eltern. **Beeinflussende Faktoren für aktuelle pädagogische Haltungen** können z. B. sein: die Kinderzahl, die Erwerbstätigkeit des Vaters, die Erwerbstätigkeit der Mutter, die Bindung an das Heimatland, die Häufigkeit der Kontakte zum Herkunftsland, die Kontakte zu den anderen MitbürgerInnen gleicher Herkunft, die Kontakthäufigkeit zu deutschen Einheimischen, die religiöse Einbindung, das Alter bei der Heirat, die Wohnsituation, der eigene Bildungsgrad u.v.m.

„Chancengleichheit für junge Migrantinnen und Migranten" lautet die sechste der elf Leipziger Thesen (BJK, 2002) zur aktuellen Bildungsdebatte. Sie besagt, dass potenziell besonders die Bildungsdiskriminierung junger MigrantInnen eine gelingende Integration in die Gesellschaft verhindere. „Die Lösung des Problems darf nicht nur im Ausgleich integrationsbedingter Differenzen bzw. damit verbundener Defizite gesucht werden. Sie liegt insbesondere in der Akzeptanz von kultureller Vielfalt und in der Orientierung an den bislang zu wenig ge-

nutzten Ressourcen. Sie können durch die Förderung der Zweisprachigkeit und die Fähigkeit, sich in unterschiedlichen ethnisch-kulturellen Kontexten zu orientieren, realisiert werden. Dies erfordert eine kompetente Verbreitung und Weiterentwicklung von interkultureller Bildung."

Zugewanderte Eltern teilen also Wünsche und Hoffnungen deutscher Eltern in Bezug auf die Bildungschancen ihrer Kinder. Sie selbst und andere – auch pädagogische Fachkräfte – akzeptieren m. E. jedoch vorschnell, dass Menschen mit Migrationshintergrund lediglich *Abholende* und nicht genauso *Bringende* sind. Sie sind dies als authentische VertreterInnen der eigenen Kultur, Tradition und Religion und mit ihrem Potenzial, uns mit unterschiedlichen, selbstgewählten Formen des Auslebens dieser Faktoren in Berührung zu bringen. Sie sind Menschen mit speziellen Lebenserfahrungen, die weit über für uns übliche Situationen hinaus gehen können. Und sie sind es mit der natürlichen Kompetenz gelebter Mehrsprachigkeit, die zu einem immer bedeutsameren Phänomen in internationalisierten Gesellschaften wird. Ihre alternativen Zeit- und Raumkonzepte, Rollenverständnisse, gesellschaftlichen Erwartungen und Erfahrungen können für uns eine Herausforderung zum Perspektivwechsel und zum Prozess einer gemeinsamen Definition unserer Gesellschaft sein.

Die **wechselseitige Bereicherung** braucht erweiterte Einsichten und neue Wege – bei den Eltern wie bei den pädagogisch Tätigen.

Wieso kommen immer nur dieselben Eltern?

Diese Frage wird in der Praxis und in Fort-bildungen immer wieder aufgeworfen und verdeutlicht die oft empfundene Diskre-panz zwischen den Erwartungen der Erzie-herInnen und der Haltung der Eltern.

Beteiligung ist ein grundsätzlicher Aspekt der Zusammenarbeit mit Eltern – ob sie nun hier geborene oder zugewanderte Eltern sind. Daher ist es zunächst fundamental wichtig zu klären, ob Eltern der beabsich-tigte Faktor „Familien ergänzendes päda-gogisches Angebot" überhaupt deutlich wird. ErzieherInnen sollten wissen, was El-tern pädagogisch wichtig ist. Ebenso be-deutsam ist die den Eltern dargebotene **Transparenz der Möglichkeiten der Ele-mentarpädagogik**. Es ist angezeigt, dass ElementarpädagogInnen sich intensiv da-rum bemühen, Wünsche der Eltern für ihre Kinder kennen zu lernen, eine so gute Be-ziehung wie möglich zu den Eltern aufzu-bauen und Wege zu ebnen, dass diese be-reit sind sich zu öffnen und Informationen über ihre Familie und ihr Zusammenleben, über ihre Bedürfnisse, Wünsche und Ziele zu äußern.

Andererseits sorgt nur eine gute Transpa-renz der Darstellung in Bezug auf die pädagogische Arbeit in Kindertagesein-richtungen dafür, dass Eltern wissen, mit welchen Ansätzen und mit welchen Zielen dort mit den Kindern gearbeitet wird. Sehr bedeutsam ist die Tatsache, dass Eltern häufig Informationen über die entwick-lungspsychologischen Faktoren nicht be-kannt sind: Welche Bedürfnisse hat ein Kind? Was brauchen Kinder? Wie können Erwachsene – Eltern wie ErzieherInnen – Kinder in ihrer Entwicklung unterstützen? Antworten auf folgende Fragen stellen Transparenz zur elementarpädagogischen Arbeit her:

◆ Wie arbeiten ErzieherInnen methodisch?
◆ Welches sind die pädagogischen Ziele für die jeweilige Altersstufe der Kinder im Kindergarten?
◆ Wie fließen individuelle Förderung jedes einzelnen Kindes und die Förderung der Gruppe zusammen?
◆ Wie kommt der Kindergarten dem Bil-dungsauftrag nach?
◆ Was können Eltern für die Kinder an Vor-bereitung auf die Einschulung erwarten?

Deutlich wird: Eltern eine gewisse Transpa-renz über die elementarpädagogische Ar-beit zu verschaffen ist ein weites Feld. Die geschilderte gegenseitige Transparenz ist nur in kleinen Schritten, in permanenter Annäherungsabsicht, zu gehen.

Trotzdem können nicht *alle* ErzieherInnen immer *alle* Eltern erreichen. PädagogInnen können nur schauen, wie einladend sie sind und wie einladend sie sein wollen. Selbst bei ausreichendem Bemühen sind **höchst-persönliche Entscheidungen** jeder einzel-nen Familie zu **akzeptieren**, inwieweit sie sich auf die ihre Kinder betreuende und för-dernde Institution einlässt und kooperiert. Dies trifft für den Kindergarten ebenso wie für die Grundschule und die weiterführen-de Schule zu.

Eltern haben oft den Eindruck Mut zu benötigen, um ihre Kinder in die erziehen-den Hände anderer zu geben – wenn nicht bewusst, so doch unbewusst. Wie viel höher muss dieser Mut sein, wenn die er-gänzend erziehenden Personen eine ande-re Sprache sprechen, einer anderen Kultur oder Religion angehören?

Hier können gewisse **Türöffner** weiterhel-fen: Finden sich in der Tageseinrichtung auch nur kleinste kultur-, sprach- und religi-onsspezifische Signale, z.B. ein türkisches

Kinderbuch, ein Teegeschirr, Landschaftsbilder der Heimatländer, internationale Liedtexte oder mehrsprachige Beschriftungen, so kann dies als entlastend, als ein Stück Heimat erlebt werden. Dann kann der Weg für Eltern und Kind beginnen, letztendlich in der Tageseinrichtung *anzukommen*, mit der ganzen Person, mit Identität und Kooperation.

Von vielen ErzieherInnen konnte festgestellt werden, dass besonders die ersten Wochen und Monate entscheidend sind für die Qualität der zukünftigen Zusammenarbeit mit den Eltern der Kindergartenkinder. Vor allem **gelingender Erstkontakt hat Schlüsselwirkung**. Sehr gute Erfahrungen machen PädagogInnen, wenn sie den Aufnahmebogen aus „Wir verstehen uns gut – Spielerisch Deutsch lernen" (Schlösser, 2001, S. 189 ff.) als Initialkontakt benutzen. Gegenseitiges Informieren und Sich-Erklären folgt der gemeinsamen Bearbeitung des Bogens auf dem Fuße und wird als Auslöser hiermit anregend empfohlen. MotivatorInnen für die Zusammenarbeit

sind in der Folge nicht nur ErzieherInnen selbst, sondern auch und vor allem die Eltern untereinander. Sind erste ErzieherInnen-Eltern-Kontakte in Einzeltreffen und Gruppenerfahrungen gelungen und melden Eltern hierzu positive Resonanz zurück, bietet es sich an, diese Eltern zu bitten, über die guten Erfahrungen und ihre Zustimmung mit anderen Eltern zu sprechen. Besonders zugewanderte Eltern lassen sich durch die Ansprache von befreundeten oder bekannten Familien sehr gut aufmerksam machen, motivieren und evtl. aktivieren.
Engagiertheit ist nicht nur bei Kindern ein höchst unterschiedliches Phänomen, sondern auch bei Eltern. **Engagiertheit braucht Auslöser**. Auslöser für Eltern zur interessierten Haltung, Kontakt und Kooperation sind die bisher beschriebenen Aspekte wie Transparenz, Türöffner und gelingende Erstkontakte ebenso wie einladende und beteiligende Gesprächsmoderationen, kreative Themengestaltungen und attraktive, den Bedürfnissen entsprechende Projekte.

Und wo sind die Väter?

Laut Umfrage bei Vätern von Kindern im Kindergartenalter interessieren sich ca. zwei Drittel aller Väter nach eigenen Angaben für die Entwicklung ihrer Kinder, nehmen aktiv an der Erziehung teil und engagieren sich hierfür, auch nach bestätigenden Aussagen der Mütter. Diese Zahlen beziehen sich auf die Situation deutscher Väter und sind vom Deutschen Jugendinstitut erhoben worden. Wie aber **werden die Väter in die Zusammenarbeit in Kindertageseinrichtungen eingebunden?** Guido Francescon benennt die Überschrift seines Artikels in der Zeitschrift „Theorie und Praxis der Sozialpädagogik" (Heft

4/2002) auf sehr bezeichnende Weise: „‚Sagen Sie doch bitte Ihrer Frau Bescheid' – wenn Väter im Kindergarten da sind und doch nicht da sind".

Sind Väter im Kindergarten Randfiguren und nur dazu gut, die Übermittlerfunktion von Nachrichten zu übernehmen, Fahrdienste zu gewährleisten etc.? Dies wäre schade und eine verpasste Chance angesichts des Interesses der meisten Väter für ihre Kinder. Zu befürchten ist, dass sich die Väter bezüglich der eigenen erzieherischen Position im Kindergarten nicht für umfassend orientiert halten, besonders wenn ihre

Kinder gerade neu in den Kindergarten gekommen sind.

Wichtig wäre daher der Mut der ErzieherInnen, **Väter in ihrer ganz besonderen Rolle anzusprechen** und ihnen Informationen ihres Interesses zu geben. Ein Angebot für Väter könnte lauten: „Mein Kind ist neu im Kindergarten... was Väter jetzt wissen wollen!" (Ein Elternabend dieser Thematik könnte aufbereitet sein mit den Gestaltungsmerkmalen der einführenden Elternabende auf S. 70 ff.).

Vater und Sohn in gemeinsamer Spielaktion im Rahmen einer doppelsprachigen Eltern-Kind-Gruppe

Viele Väter wollen verstehen, warum ErzieherInnen etwas Bestimmtes mit ihren Kindern planen und durchführen. Sie wünschen sich Themenabende, die sie ansprechen und legen dabei Wert auf pragmatische Fragen und zielstrebige Klärungen. Sie wünschen sich Angebote zu gemeinsamen Aktionen mit ihren Kindern und Angebotszeiten, die zu ihrer Lebenssituation passen. Sie beteiligen sich vermutlich gerne an einer Aktion: „Um 16.30 Uhr mit den Kindern in Gummistiefeln an den nächstgelegenen Bach".

Haben wir die Freiheit, auch geschlechtsspezifische Bedürfnisse zu erfragen, zu hören, Angebote danach zu planen, durchzuführen und auszuwerten? „Geschlechterdemokratie beginnt mit der eigenen Haltung und auch im Wissen beider Geschlechter um ihre je spezifischen Begrenztheiten, die biografisch verankert sind. Sie sind aber nur dann lebbar, wenn über diese Begrenztheiten, individuell und gesellschaftlich, ein beherzter Sprung gewagt wird." (Francescon, 2002, S. 23)

Eine weitere Möglichkeit, Väter sinnvoll mit einzubinden, kann sich ergeben, wenn ein **männlicher Pädagoge** im Kindergarten beschäftigt ist.

Stefan Pingitore, italienischer Erzieher in der Dürener Kindertageseinrichtung „City Kids", stellt seine Zusammenarbeit mit Vätern folgendermaßen dar:

„In meiner Gruppe mit 25 Kindern gibt es 18 Väter; die übrigen Kinder leben mit der Mutter alleine. Mit 10 der 18 Väter stehe ich in einem freundschaftlichen Kontakt. Davon sind neun Väter türkischer Herkunft und ein Vater ist deutscher Herkunft. Vier Väter verhalten sich eher neutral, zurückhaltend und sie fangen von alleine keinen Kontakt an. Weitere vier Väter kommen nie.

Ich duze mich mit den 10 Vätern, die zu mir einen lockeren Kontakt haben und mich eher als einen Freund ansehen, der auf ihre Kinder aufpasst und pädagogisch kompetent ist. Wenn es wirklich einmal drauf ankommt, ist auch ein fachliches Gespräch über das Kind möglich und gelingt leichter. Das Du ist dann auch kein Hinderungsgrund.

Wenn wir miteinander sprechen, reden wir über die berufliche Arbeit der Väter, über Computer und Fußball, was wir übrigens auch manchmal miteinander spielen. Einmal habe ich die Väter auch dazu bewegen können, mit mir und unseren Hortkindern gemeinsam Fußball zu spielen.

Auch bei unseren Kindergartenfesten kommen viele Väter mit.

Aufgefallen ist mir, dass ich im Vergleich zu meinen Kolleginnen spontaner eine Einladung der Familien nach Hause annehme. Die Erzieherin wägt da eher ab als ich, ob sie hingeht.

Nach meiner Wahrnehmung nehmen die Mütter in der Regel die Erziehungsaufgabe wahr. Für die türkischen Mütter nimmt die Aufgabe des Erziehens zu Regeln auch oft nur ein Lehrer für Kinder

wahr. Daher sprechen sie uns Erzieher und Erzieherinnen auch manchmal als Lehrer an. So treffe ich Entscheidungen über die Kinder auch immer mit den Müttern.

Mir fällt ein: Es hat auch schon Streit zwischen deutschen Elternpaaren gegeben, weil sie mich und mein Verhalten als Mann den Kindern gegenüber mit denen des eigenen Vaters in der Familie verglichen haben."

Wie steht es also mit dem Engagement der Väter für ihre Kinder? Ist Vereinbarkeit von Familie und Beruf doch nur ein Thema für Frauen? Ich glaube nicht. Die Erfahrungen von Vätern mit wachsendem, auch öffentlich erkennbarem Engagement für ihre Kinder machen da Mut. Väter im Erziehungsurlaub kennen doch nun schon viele Menschen. Erfreulich war für ein Projekt doppelsprachiger Spielkreise für Eltern und Kinder zwischen ein und drei Jahren in Düren, dass in zwei deutsch-türkischen Angeboten gleich drei Väter im Erziehungsurlaub regelmäßig und aktiv gestaltend mitmachten.

Fragen wir konsequenterweise also regelmäßiger nach, welche Formen der Mitgestaltung Väter wünschen und ihr Engagement unterstützen.

Was haben wir zusammen eingekauft? Schutz, Nähe, Förderung – Vater in einer intensiv gelebten Rolle

Sprachliche Erfordernisse

Die Berücksichtigung sprachlicher Erfordernisse ist aus der Sicht von Eltern wesentlicher Schlüssel zur Zusammenarbeit in pädagogischen Einrichtungen. Zugewanderte Eltern verfügen über **unterschiedliche Sprachstände im Deutschen**, die den Zugang zu Kontakt, Kommunikation und Mitwirkung beeinflussen.
Vorhandene Fähigkeiten in der Zweitsprache Deutsch bei Migranteneltern lassen sich durch gegenseitiges Dolmetschen nutzen, damit die Inhalte des pädagogischen Austausches tatsächlich *alle* Eltern erreichen. Die entsprechende Umsetzung wirft Fragen und Überlegungen auf, und sprachlich variable Angebote sind auf den ersten Blick zeitintensiv und verlangen eine solide Vorbereitung.
Jedoch zahlt es sich gerade in der Anfangszeit der Zusammenarbeit mit den Eltern aus, über die Berücksichtigung sprachlicher Bedingungen die gewünschte Transparenz zu erreichen. (▶ S. 29 f. „Wieso kommen immer nur dieselben Eltern?")

Eltern selbst können gut Auskunft darüber geben, was sie an sprachlichen Kapazitäten – muttersprachlich oder deutsch – mitbringen und welche Angebote ihnen eine solide Teilhabe ermöglichen würden. Diese adäquat anzubieten, liegt in der Verantwortlichkeit der pädagogischen Einrichtung.
Manchmal sind externe DolmetscherInnen erforderlich. An vielen Schulen unterrichten muttersprachliche LehrerInnen, die auf Anfrage oft gerne helfen und in pädagogischen Gesprächssituationen übersetzen kommen.
(Weitere Hinweise ▶ S. 38 „Zur sprachlichen Situation" und S. 64 „Gruppenarbeit und Mehrsprachigkeit")

Das Kind – Bindeglied zwischen Eltern und PädagogInnen

Die elterliche Liebe zum Kind und die pädagogische Menschenliebe zum Kind bedeuten im Kontext pädagogischer Bestrebungen, gemeinsam auf **das Kind** zu schauen und es **in das Zentrum der gemeinsamen Bemühungen** zu stellen.

Alle dem Kind pädagogisch begegnenden Personen nehmen prägenden Einfluss und zwar unter Umständen in einer das Kind ungemein fordernden Art und Weise. Dem Kind werden nahe beieinander liegende bis zum Teil sehr weit von einander abweichende Informations- und Identitätsinhalte angeboten, die es zu verarbeiten hat. Es sucht in der Folge seine Orientierung, die ihm umso besser gelingt, je mehr Berührungspunkte die angebotenen Inhalte der Erwachsenen in seiner Umgebung haben. Je jünger Kinder sind, umso entlastender wirken sich **Übereinstimmungen in den vermittelten Werten** der Erwachsenen aus.

Es gilt, gemeinsame Bewusstheit der Eltern und ErzieherInnen über die für das Kind bestehende Notwendigkeit, seine Identität auszubalancieren, zu schaffen. Einsichten dieser Art ziehen nach sich, auf kontinuier-liche Abstimmung im Rahmen der Zusammenarbeit für das Kind zu achten. Diese Überlegungen markieren – eindrücklicher als irgendein anderer Aspekt – die fundamentale Bedeutung der Zusammenarbeit mit Eltern und macht sie auf diesem Wege zu einer Säule der Elementarpädagogik.

„Nichts berührt Eltern intensiver und dauerhafter als die Vermittlung von Einsichten in das Verhalten des eigenen Kindes." (Rolle, 2003, S. 35). Damit sind **Kinder- und Elternbedürfnisse intensiv miteinander verwoben**.

Pädagogische Einsichten der Eltern kommen Kindern unmittelbar zu Gute. Dies ist eine wichtige Legitimation dafür, institutionalisierte Kindererziehung zum Wohle der Kinder sinnvoll mit Qualifizierungs- und Beratungsangeboten für Eltern zu verbinden. Die positiven Auswirkungen informierender Elternbeteiligung habe ich in zahlreichen Elternkontakten deutlich spüren können. Sie sind Motor meines langjährigen Engagements für Familien bildende Maßnahmen und meine Mitwirkung beim praxisnahen Umbau der Elementarpädagogik.

Kindliche Bedürfnisse

Welche Bedürfnisse haben Kinder? Wie sollen die Kinder in der frühen Kindheit die Chance haben sich zu entwickeln und zu lernen?

Sie brauchen Gelegenheiten zu lernen:
- ◆ mit in ihnen geweckter Aufmerksamkeit,
- ◆ angetrieben von nichts als der eigenen Neugier,
- ◆ mittels ihrer guten Beobachtungsgabe,
- ◆ mit Händen und Füßen,
- ◆ mit allen Facetten ihrer Gefühlswelt,
- ◆ unterstützt durch ihre natürliche Mitmenschlichkeit,
- ◆ durch Nutzung ihres Geistes, ihrer kindlichen Nachdenklichkeit,
- ◆ durch Handeln und Sprechen,

◆ mit allen Sinnen, mit dem Recht auf ganzheitliche Wahrnehmung.

Richten Erwachsene die Pädagogik für Kinder geleitet nach diesen Erwägungen aus, so müssen sie zwangsläufig zunächst **zu sehr guten Beobachtern der Kinder werden**. Die Fantasie der Erwachsenen, Erprobungsräume für die kindlichen Erfahrungsbedürfnisse anbieten zu können, wird sich unweigerlich steigern müssen.

Zahlreiche Impulse – für eine Pädagogik mit allen Sinnen, mit Bildungsrelevanz, hin zu Natur- und Umweltbezug sowie Aspekten gesundheitlicher Eigenverantwortung und demokratischer Selbst- und Mitbestimmung – zeigen in den letzten Jahren Wege in die pädagogisch sinnvollen Richtungen auf.

In diesem Zusammenhang ist es bedenklich, wenn die Bedürfnislage von Migrantenkindern lediglich mit zu geringen Deutschkenntnissen verbunden wird, also sich nur auf den sprachlichen Fokus und die damit verkoppelte Mangelbeschreibung konzentriert. Häufig heißt es, dass sich die Bildungschancen von Migrantenkindern im Zuge der Erweiterung ihrer Sprachkenntnisse im Deutschen verbessern – quasi automatisch im Nachzug. So richtig dies als *ein* zu berücksichtigender Faktor der Überlegungen ist, so kritisch ist zu meinen, dass Deutsch-Förderung alleine ohne ganzheitliche pädagogische Anbindung und interkulturelle Arbeit Sinn macht. Der Blick auf die Bildungschancen ist bedeutend mehr als der Blick auf sprachliche Fähigkeiten.

Fähigkeiten bei Migrantenkindern, die häufig nicht wahrgenommen und entsprechend auch nicht Wert geschätzt werden, sind z. B.:

◆ die gelebte Erfahrung eines u. U. weit reichenden Ortswechsels,
◆ Erfahrungen mit der Tatsache, Kulturwechsel zu kennen und in die persönlichen Erfahrungen integriert zu haben,
◆ Trennungserfahrungen unterschiedlichster Art mit Wirkung in ihre psychische Verfassung hinein erfahren und bearbeitet zu haben,
◆ Wissen über Unterschiedlichkeiten in der Welt, z. B. im Hinblick auf Religionen, Sprachen, Kulturen und Traditionen erworben zu haben,
◆ eine verfügbare, oft nicht erfragte oder erkannte frühe Mehrsprachigkeit,
◆ die Möglichkeit, ihre Identität ausbalancieren zu können und nicht durch statische Zuschreibungen eingegrenzt zu sein,
◆ sich durch wahrzunehmende Abweichungen von Menschen mit andersartiger Identität nicht bedroht zu fühlen.

Auch zugewanderten Eltern selbst fehlt u. U. die bewusste Wahrnehmung dieser Kapazitäten ihrer Kinder. Durch die **Überwindung des defizitären Blicks** kann es gelingen, auch bestehende kindliche Ressourcen nutzbar zu machen.

Die Kinder werden es mit der Entwicklung gesunden Selbstbewusstseins und mit gestärkter Identität danken!

Gemeinsam für das Kind

„Kinder brauchen [...] für die Erforschung dieser, d.h. ihrer Welt die anderen, die Anreger und Begleiter. Menschen, die etwas von Kindern erwarten und sich immer wieder von ihnen überraschen lassen." (Elschenbroich, 1/2002) Kinder brauchen demnach Eltern und ErzieherInnen, die den Ruf der Kinder hören: **„Hilf mir zu entdecken."** Dies ist die alternative und die günstigere Haltung im Vergleich zur Vorgehensweise: „Entdecke für mich und zeige mir."

Neugierig sein, mit allen Sinnen erleben, die Welt entdecken dürfen ... Kindliche Wünsche an Eltern und PädagogInnen

Für eine Pädagogik mit weit reichender Bildungsrelevanz gilt: „Ausgangspunkt ist das Bild des Kindes als aktiver Lerner, das in seiner Auseinandersetzung mit der Umwelt Sinn und Bedeutung sucht."
(Leu, 2002, S. 9)

Gefordert ist eine **Erziehungspartnerschaft von Eltern und PädagogInnen**. Immer deutlicher wird der Ruf nach strukturierter, fachlich fundierter Entwicklungsarbeit im engen Austausch von Familie und pädagogischer Institution. Individuelle Entwicklungstagebücher für jedes Kind und regelmäßige daran gekoppelte Elterngespräche zum Entwicklungsstand der Kinder und Absprachen über die nächsten Förderschritte – so soll die Zusammenarbeit der Zukunft aussehen.
Was ErzieherInnen tun, ist wichtig. Darüber lassen sich zwischen ihnen und Eltern Ziele im Dialog erarbeiten und folgerichtig ableiten. *Wie* sie es tun ist mindestens ebenso wichtig. Darüber gilt es Eltern zu informieren, da die elterliche Unterstützungstätigkeit von Einsichten in die fördernden Handlungsweisen der beruflich Erziehenden profitieren können. Damit pädagogische Wirkungsweisen von beiden Seiten fruchtbar werden können – gemeinsam für das Kind.

Die Praxis – Elternkontakte konkret und kreativ

Elternarbeit in Einzelkontakten

Die Kindertageseinrichtung ist der Ort des häufig noch täglich möglichen Kontaktes zwischen Eltern und PädagogInnen. Daher bietet gerade sie in der Zeit der ersten Lebensjahre des Kindes und den frühen Jahren des Eltern-Seins ein gutes Feld für die Weiterentwicklung der erziehenden Persönlichkeit durch eine **ganzheitliche Elternarbeit**.

Zur differenzierten Wahrnehmung der jeweiligen familiären Situation im Sinne einer Familien nahen Pädagogik (▶ S. 22 „Gesetzliche Rahmenbedingungen") ist zunächst die Nutzung bewusst gewählter professioneller Vorgehensweisen in Einzelkontakten hilfreich. Vor allem in der Anmeldephase, der Aufnahmesituation und anderen Erstkontakten (▶ S. 29 „Wieso kommen immer nur dieselben Eltern?") zum Kindergarten und (später) zur Grundschule bewähren sich enge Kontakte zu Eltern. Ziel ist es, eine gemeinsam abgestimmte Pädagogik zum Wohle des Kindes zu entwickeln (▶ S. 36 „Gemeinsam für das Kind"). Umgehend können so die Lebenssituationen von Kindern kennen gelernt werden, ebenso wie ihre familiären Bezüge. Die sich entwickelnde Abstimmung mit der Chance zu nahem Beziehungsaufbau und -ausbau zwischen Eltern und PädagogInnen verhilft, die gewünschte, erhoffte und mögliche gemeinsame pädagogische Arbeit zu initiieren.

Auch im Rahmen von Einzelkontakten schwingt stets die **Dimension der Integrationsthematik** mit. „Eltern nicht deutscher Herkunft haben oft ein deutliches Gespür dafür, ob man ihrer Person oder ihrem kulturellen Hintergrund in der Einrichtung Wertschätzung entgegen bringt." (Böhm, 2001, S. 20) Daher dürfen Eltern jederzeit als selbstverständlich eine freundliche Begrüßung, die Nennung des Namens des Pädagogen oder der Pädagogin bei der Vorstellung, die möglichst korrekte Aussprache des persönlichen Familiennamens und die Fähigkeit, bei Unsicherheit hinsichtlich der Aussprache des Namens nachfragen zu können, erwarten. Außerdem sollten ErzieherInnen klar zeigen, ob Zeit beispielsweise für Tür-und-Angel-Gespräche ist oder ob es günstiger ist, zusätzliche Gesprächstermine zu vereinbaren. Zugewanderte Eltern dürfen dies im selben Maße erwarten wie deutsche Eltern.

Elterngespräche sind eine Kontaktform unter anderen. Sie haben ihren eigenen Stellenwert, wenn es eine **solide Vorbereitung** gibt:

◆ Was ist der Anlass, der Gesprächsgegenstand und das Ziel des Gespräches?
◆ Was erwarte ich vom Gespräch?
◆ Was könnte die Elternmotivation für das Gespräch sein?
◆ Wie soll die Form des Gespräches aussehen?
◆ Wie halte ich Vereinbarungen fest und in welcher Form verabrede ich ein Folgegespräch zur Betrachtung unserer Absprachen, Wünsche und Ziele?

Die Gesprächsanteile und -perspektiven gilt es gemeinsam zu erörtern und zu entwickeln.

Oft sind wegen der Berufstätigkeit der Mütter und Väter **flexible zeitliche Angebote** zu Beratungsgesprächen erforderlich. Als fruchtbar hat sich erwiesen, Beratungsgesprächen einen Charakter der Normalität im Angebot der Tageseinrichtung zu geben, durch regelmäßige Sprechzeiten und durch zeitlich unkonventionelle Angebote der regelmäßigen Zusammenarbeit.

Ein wichtiges Thema in diesen Gesprächen sind auch die **Zeitstrukturen des Kindergartens**. Erläuterungen dazu fördern das Verständnis für die Notwendigkeit eines geregelten Ablaufs. Praktische Umsetzungshilfen bei der Bring- und Abholzeit sollten verbindlich verabredet werden. Hier ggf. Brücken zu familiären Situationen zu bauen trägt dazu bei, frühzeitige Abbrüche des Kindergartenbesuches zu verhindern.

Zur sprachlichen Situation gilt grundsätzlich, dass man sich bei gutem Willen auch näher kommen und in einfachen Belangen verstehen kann, wenn man sich rein sprachlich nicht versteht. Der gute Wille und die **nonverbalen Signale sind da die ersten Türöffner**. Jeder Mensch hat eine gewisse Kapazität, sich nonverbal zu verständigen. Miteinander ins Gespräch zu kommen heißt eben nicht nur, sich Wort für Wort zu verstehen. Nonverbale Signale sind allerdings Kultur abhängig. Sie sind nicht durchgängig für alle Menschen deckungsgleich zu entschlüsseln und erfordern daher einen sensiblen und in Teilen kenntnisreichen Wissensstand hierzu.

Über nonverbal gesetzte Erstsignale hinaus ergibt sich der **Bedarf** nach solider inhaltlicher und damit auch **sprachlich passgenauer Verständigung**. Diese bedarf sicherlich für Eltern, die nicht oder nicht differenziert Deutsch sprechen, der Hinzuziehung von dolmetschenden Personen. Die Möglichkeit, Gespräche mit Übersetzungshilfe zu führen, sollte selbstverständlich sein.

Für die **Organisation eines Dolmetscherangebots** ist Folgendes zu berücksichtigen:

◆ die Freiwilligkeit der dolmetschenden Person zu dieser Rolle,
◆ die Akzeptanz der dolmetschenden Person durch die Eltern, denen die Übersetzung dienen soll,
◆ die exakte zeitliche und thematische Absprache über die Aufgabe der übersetzenden Person,
◆ das Wissen der PädagogInnen, das privat übersetzende Personen als Laien über eine ureigene Form der Interpretation des Gehörten verfügen,
◆ dass Übersetzungen nicht zu stark von persönlichen Färbungen abhängig sein sollten,
◆ dass aus manchen Sprachen heraus nicht wortwörtlich übersetzt werden kann, weil die Sprachkonstruktion eine abweichende zu Deutsch ist,
◆ dass bei besonders brisanten Gesprächsthemen die übersetzende Person idealerweise auch eine pädagogische Ausbildung haben sollte, um die gewünschten pädagogischen Ziele hinsichtlich anzustrebender Verbesserungen für das jeweilige Kind verlässlich zu transportieren.

Staatliche geprüfte DolmetscherInnen können von Kindertageseinrichtungen meist nicht bezahlt werden. Daher sind sprachlich Unterstützende eher über **ehrenamtliche Kooperationen** zu gewinnen. Dies setzt ein Engagement zur Gewinnung bereitwillig vernetzend arbeitender Personen voraus. Diese ehrenamtlich unterstützenden Personen sind z. B. über:

◆ die Eltern der Tageseinrichtung selbst,
◆ die Regionalen Arbeitsstellen,
◆ den Ausländerbeirat,
◆ Migrantenorganisationen,
◆ Kirchen,
◆ Flüchtlings- und Asylarbeit,
◆ Wohlfahrtsverbände,
◆ Schulämter
  (muttersprachliche LehrerInnen)

zu finden. Oft lassen sich Eltern, deren Kinder den Kindergarten in Richtung Schule verlassen, gerne für eine solche Aufgabe gewinnen. Sie tun dies umso lieber, je mehr sie das Gefühl haben, dass ihre eigenen Kinder von der Zeit in der Einrichtung profitiert haben.
Zweisprachige Eltern unterschiedlicher Kindertageseinrichtungen können sich untereinander aushelfen. Nicht in jedem Kindergarten ist dieselbe Sprachkompetenz zu jeder Sprache des Bedarfs vorhanden. Wichtig ist, einen Pool ehrenamtlicher ÜbersetzerInnen zu gewinnen, sie zu planenden Treffen zusammenzuführen, ihre Identität in der Rolle vor dem Einsatz zu besprechen, sie als wichtige Menschen mit ehrenamtlichem Engagement zu pflegen und ihre Arbeit regelmäßig deutlich anzuerkennen.

Ein Hinweis ist in diesem Zusammenhang noch besonders wesentlich: Bei jedem Elternkontakt mit Übersetzungsbedarf sollte besonders darauf geachtet werden, dass Geschwisterkinder nicht unreflektiert in die Dolmetscherrolle gebracht werden. Oftmals geraten sie durch für sie belastende Themen in unangemessene, nicht altersgerechte Situationen und Rollen. PädagogInnen können hier ein Signal setzen: Wenn es schon die Realität der oft recht jungen Kinder ist, für die Eltern häufig übersetzen zu müssen, wollen wir als pädagogisches Fachpersonal zeigen, dass wir bestimmte Themen nicht zu früh in die Welt der Kinder setzen und ihnen nicht ebenfalls unnötige Bürden aufladen wollen.

Über direkte Gespräche mit Eltern hinaus bieten **Hospitationen** die Chance, die alltägliche Tagesgestaltung mit den Kindern für die Eltern erlebbar zu machen und ihnen einen Zugang zum Einsatz der zur Verfügung stehenden Materialien zu verschaffen. Dabei sollte die Hospitation sich nicht nur auf die Freispielphase beziehen, sondern bewusst Bilderbuchbetrachtungen, Rollenspielumsetzungen, Kreisspiele, Turnen und Bewegen, Malen und Matschen, Draußen-Spiele und Exkursionen mit einbeziehen. Dadurch wird als „Material" auch das Handlungsrepertoire der Erziehenden sichtbar, welches sie in den pädagogischen Prozess einbringen. Dies setzt die Bereitschaft voraus, sich beobachten zu lassen und sich als „Modell" anzubieten. Von hoher Bedeutung ist dabei eine Atmosphäre der Offenheit. Eltern sollten sich willkommen fühlen, wann immer sie am Erlebnisbereich „Kindergarten" teilhaben wollen.

Situationen mit besonderer Brisanz ergeben sich oft dann in Einzelgesprächen, wenn sich die Notwendigkeit intensiverer Beratung für Eltern und Kinder herausstellt. PädagogInnen sind hier gefordert, besonders sensibel Hinweise auf wahrgenommene Förderbedarfe (Frühförderung, Erziehungsberatungsstellen, therapeutische Maßnahmen etc.) zu geben. Auch die Bedeutung der **Weitervermittlung** an andere angemessene Hilfsangebote (Ämter, Migrationsdienste, etc.) ist dabei zu berücksichtigen. Bedeutsam ist, durch den Hinweis auf alternative und fachlich versierte Förderung nicht den Eindruck zu vermitteln, dass man die Eltern an die empfohlenen Institutionen abschieben möchte.

Insgesamt können gelingende Einzelkontakte die Tür zu gemeinsamen Elternaktionen und Informationsverarbeitung öffnen. Sie können dazu führen, Eltern familiär zu entlasten und Orientierung zu geben. Sie bewirken jedoch zusätzlich, ErzieherInnen in ihrer Arbeit zu entlasten, indem sich Kontaktformen und -inhalte klären, pädagogische Ziele herausarbeiten und unterstützende Angebote von Eltern initiieren lassen.

Anmeldesituation

Die Anmeldung der Kinder durch die Eltern ist eine **Schlüsselsituation** für die kommende Kindergartenzeit. Sie markiert den Start in eine gemeinsame pädagogische Zukunft.

Anmeldegespräch und Aufnahmegespräch sind nicht in jedem Fall identische Kontakte. Während die Anmeldesituation relativ offen ist und oft vorrangig der Suche nach einem verlässlichen Kindergartenplatz und der damit verbundenen formalen Anmeldung dient, zielt das Aufnahmegespräch auf eine beginnende konkrete pädagogische Zusammenarbeit ab. **Das Anmeldegespräch präsentiert** eher **den sich anbietenden Kindergarten**. Manche Tageseinrichtungen führen dazu die interessierten Eltern kurz durch die Einrichtung. Die Aufnahme ist noch nicht sicher, da die Anmelde- und Entscheidungsphase zur Aufnahme erst beginnt.

Das Aufnahmegespräch richtet sich an eine individuelle Familie und befasst sich mit ihrer spezifischen Situation und den jeweils konkreten Personen – dem Kind, das aufgenommen wird, und den Familienmitgliedern, die es maßgeblich erziehen und mit ihm zusammenleben.

Die Anmeldesituation kann für **zugewanderte Eltern** bereits zu einer schwierigen Hürde werden. Nicht selten habe ich erlebt, dass zugewanderte Eltern eine mündliche Nachfrage mit Interessenbekundung ihrerseits, das eigene Kind gerne im besuchten Kindergarten untergebracht zu wissen, als verlässliche Anmeldung erachtet haben. Sie verstanden dann nicht – oder wurden manches Mal wohl auch nicht genügend darüber aufgeklärt –, dass sie ihr Kind auf jeden Fall *schriftlich* anmelden müssen. Dies hatte zur Folge, dass das Kind überhaupt nicht in die Anmeldesituation gelangte, auf keiner Anmeldeliste auftauchte, nicht über seine Aufnahme mit entschieden wurde und nirgendwo sonst in einer umliegenden Tageseinrichtung berücksichtigt werden konnte. Die Eltern waren jedoch jeweils von einer regulär erfolgten Anmeldung ausgegangen.

Die fehlerhafte Kommunikation fiel oft erst dann auf, wenn die Eltern bemerkten, dass die anderen Familien Zu- oder Absagen bezüglich der Aufnahme ihrer Kinder in eine Einrichtung erhielten, sie selbst aber nicht. Dann war häufig bereits die Situation eingetreten, dass alle umliegenden Einrichtungen ebenfalls belegt waren. So blieben manches Mal Kinder, denen der Besuch einer Tageseinrichtung besonders zu wünschen gewesen wäre, ein weiteres Jahr unversorgt oder mussten mühsam über Überhangplatz oder weiter entfernte Wege zu anderen Tageseinrichtungen versorgt werden.

Hier seitens der Tageseinrichtungen **verantwortungsvoll mit formalrechtlich unkundigen Eltern umzugehen**, ist ein Gebot integrierenden Vorgehens.
ErzieherInnen sind die Wissenden in der Anmeldesituation.
Sie haben die Chance und Verantwortung, früh und deutlich auch die Position des Kindergartens zur Zwei- und Mehrsprachigkeit zu erläutern und die pädagogischen Ansätze und Angebote, die in der Tageseinrichtung selbstverständlich sind, überschaubar und treffend darzustellen (ggf. dazu schriftliche Informationen mitgeben).

ErzieherInnen berichten zur Anmeldesituation in ihrer Einrichtung:

„Beim Anmeldegespräch erhalten wir Informationen über die Deutschkenntnisse der Eltern. Wir merken, ob und wann wir DolmetscherInnen hinzuziehen sollten und können uns bemühen, entsprechende Hilfen zu finden. In den meisten Fällen sind dies ausländische KollegInnen und andere Eltern, seltener externe Personen."

„Ich erlebe die Eltern als ganz offen. Sie haben viele Fragen. Sie nicken ganz oft mit dem Kopf und geben mir das Gefühl, mich verstanden zu haben. Manchmal tun sie das aber auch, wenn ich in ihren Augen eher Verzweiflung sehe!"

„Ich erkläre Eltern immer die Kriterien, nach denen wir Kinder aufnehmen. Dann akzeptieren ausländische Eltern auch die Wartezeit."

„Eltern, die der Sprache nicht mächtig sind, bringen zum Anmeldegespräch eine Person mit, die dolmetschen kann. Trotzdem ist die Übersetzung zum Teil schwierig.
Mir ist es dann wichtig, den Eltern anschaulich zu zeigen, wie wohl unsere Kinder sich fühlen und wie wir die Kinder unterstützen, wie wir uns mit ihnen beschäftigen.
Ich nehme mir Zeit und biete den Eltern etwas zu Trinken an, damit die Atmosphäre gut ist und sich die Eltern auch wohl fühlen. Ich höre auch gut zu, wenn es mühsam ist und versuche heraus zu finden, was den Eltern wichtig ist."

„Ich habe schon erlebt, dass Eltern ganz locker wurden und sich stolz zeigten, wenn ich sagte, dass wir die Kultur der zugewanderten Kinder in unserer Einrichtung schätzen und sie mit in die Aktivitäten einbinden."

Aufnahmegespräch

Ziel des Aufnahmegesprächs ist es, Eltern umfassend über das jeweilige Angebot der Einrichtung zu informieren, Strukturen, Tagesabläufe und besondere (interkulturelle) Profile vorzustellen. Gleichzeitig erhalten Eltern über Möglichkeiten der Mitarbeit (z. B. in Gremien) Auskunft und es wird die Chance des gegenseitigen Kennenlernens genutzt, um ein erstes Verständnis über die familiären Hintergründe des Kindes zu erlangen.

Bei zugewanderten Eltern kann die Einrichtung auf diesem Wege ihr Anliegen deutlich machen, wie sie die Kinder in der Entwicklung der Mehrsprachigkeit fördert und welche Möglichkeiten für die Eltern bestehen, sich z. B. als Fachpersonen für die Erstsprache einzubringen. So wird Sprachrespekt deutlich, und manche elterliche Sorge kann genommen werden durch aufklärende und einladende Signale.

Um eine einseitige Gesprächsführung durch die ErzieherInnen zu vermeiden und von Anfang an mit den Eltern in einen Dialog zu treten, bieten sich **zu Beginn des Gesprächs folgende Fragen** an:

◆ Kennen Sie die Angebote einer Kindertageseinrichtung sowohl für die Kinder als auch für die Eltern? (Durch die Frage erhält man Gelegenheit, selbst etwas zu den Angeboten zu erklären.)
◆ Für welches Angebot des Kindergartens interessieren Sie sich besonders? (Durch die Beantwortung entwickelt sich ein genaueres Bild über die Bedarfslage und die gewünschten Schwerpunkte der Angebote.)
◆ Gibt es zeitliche Begrenzungen durch Arbeitszeiten oder Betreuungszeiten weiterer Geschwister?

◆ Können Sie sich vorstellen, ab und zu mit uns gemeinsam etwas für Ihr Kind oder die Kinder der Einrichtung anzubieten oder im Kindergarten zu helfen?
◆ Gibt es Ihrerseits bevorzugte Zeiten für die Zusammenarbeit mit dem Kindergarten?
◆ Wünschen Sie dann das Angebot von paralleler Kinderbetreuung? (Hierdurch kann geklärt werden, wie stark die Unterstützungsbereitschaft der Eltern in Bezug auf das eigene Kind, andere Kinder in der Einrichtung, andere Eltern in der Einrichtung, die ErzieherInnen und die Gesamtheit der Kindertageseinrichtung ist.)
◆ Bestehen schon Kontakte zu anderen Eltern aus anderen Kindertageseinrichtungen? In der Nachbarschaft? Zu Vereinen? Kirchengemeinden? Schulen? Bürgerzentrum? Stadtteilarbeit? Politisches Engagement? (Hierdurch kann Engagement erkannt und daraus abgeleitet werden, wie die Einstellung der Eltern in Bezug auf kooperative Mitwirkung voraussichtlich zu erwarten ist. Wichtig ist das Signal: Engagement lässt sich in der Tageseinrichtung durch sich aufbauende Einbindung lernen und muss nicht unbedingt vorab vorhanden sein!)

Um im Sinne einer Familien nahen Pädagogik (▶ S. 22 „Gesetzliche Rahmenbedingungen") die **familiären Hintergründe** des aufzunehmenden Kindes kennen zu lernen, hat es sich bewährt, die folgenden Aspekte abzufragen und gemeinsam im Gespräch zu erörtern:

◆ die persönlichen Daten des Kindes und der Familie,
◆ die bisherige Gesamtentwicklung des Kindes,

◆ die sprachliche Entwicklung des Kindes und die sprachlichen Belange seiner Familie,
◆ die Migrationserfahrung der Familie und Informationen aus der derzeitigen Lebenswelt sowie
◆ konkrete Förderbedarfe und -wünsche.

Ein gutes Arbeitsinstrument für die Aufnahmesituation ist der Aufnahmebogen aus: „Wir verstehen uns gut – Spielerisch Deutsch lernen" (Schlösser, 2001, S. 189 ff.).

Im Verlauf des Aufnahmegesprächs ist es insgesamt von Bedeutung, nicht nur die Eltern zu befragen, sondern auch **sich selbst als ErzieherIn zu zeigen**:

◆ mit persönlichem und beruflichem Hintergrund,
◆ mit Qualifikationen,
◆ mit Wünschen und Zielen für die Kinder, für die Zusammenarbeit mit den Eltern und für den gemeinsamen Prozess.

Es ist wichtig, bereits jetzt zu betonen, dass **Gespräche zwischen Eltern und PädagogInnen keine Ausnahme sind** und nicht nur geführt werden müssen, wenn es Schwierigkeiten gibt, sondern immer, wenn man sich gegenseitig etwas mitzuteilen hat, das die Perspektive des anderen berührt. Beziehungen sind besonders günstig aufzubauen, *bevor* eine Situation konfliktreich wird oder über ein Problem oder eine Besorgnis erregende Lage in Bezug auf die kindliche Entwicklung oder das kindliche Verhalten gesprochen werden muss. **Regelmäßige Elternkontakte bilden die stabile Basis** dafür, dass Themen auch dann angesprochen werden können, wenn die Dinge einmal nicht so glatt und einfach laufen wie erwünscht.

Für **mögliche Gesprächserfordernisse** können Eltern folgende Beispiele genannt werden:

◆ die körperlich-gesundheitliche Situation und motorische Entwicklung des Kindes,
◆ seine seelische, geistige und soziale Entwicklung,
◆ sprachliche Aspekte der Förderung,
◆ im Kindergarten spürbare Reaktionen des Kindes auf sich verändernde häusliche Situationen und Bedingungen oder
◆ besondere Vorkommnisse in der Kindertageseinrichtung.

Insgesamt sollte der **Tenor des Gesprächs** sein: Wie erreichen wir gemeinsam, dass die Phase des Kindergartenbesuchs für Ihr Kind eine fruchtbare und wertvolle wird? Was wünschen Sie sich von uns, um die Kindergartenzeit für Ihr Kind und für Sie selbst zu einer positiven Zeit werden zu lassen? Und das wünschen wir PädagogInnen uns von Ihnen! Das können Sie von uns erwarten! Und das ist offen und verlangt nach gemeinsamer Gestaltung!

Eine Erzieherin berichtet zur Aufnahmesituation:

„Oft habe ich verwunderte Blicke von Eltern wahrgenommen, die kaum glauben konnten, wie sehr ich mich für Einzelheiten in Bezug auf ihr Kind und ihre Familie interessierte. Sie waren dadurch sehr berührt. Einige meinten sogar, dass sich so intensiv noch niemand in Deutschland nach ihrer Situation, ihren Wünschen, Sorgen und Zielen erkundigt habe. Nach sorgfältigen Aufnahmegesprächen entwickeln sich gute Beziehungen zu Eltern viel schneller und dauerhafter."

Schriftliche Informationen und Mitteilungen

Angebote von schriftlichen Texten als Informationsbroschüre, Darstellung der Einrichtungskonzeption, Elternzeitung, Einladungen z. B. zum Sommerfest oder als kurzfristige Informationen am schwarzen Brett werden grundsätzlich von vielen Eltern wahrgenommen, aber nicht von allen.

Schriftliche Mitteilungen können Grenzen setzen, z. B. hin zu Menschen, die nicht lesen und schreiben können und zu Menschen, welche die benutzte Sprache nicht beherrschen oder nur mündlich verfügbar haben. Mündliche Spontan-Übersetzungen helfen manchmal, jedoch nicht immer.

Als sinnvoll hat sich in der Praxis erwiesen, zugewanderten Eltern **zweisprachige Schriftstücke** in Deutsch *und* ihrer Muttersprache anzubieten, ganz gleich, welche Schriftsprache verstanden werden kann. Diese Form nutzt – neben der Verständigungsmöglichkeit – auch als Signal und vermittelt *Sprachrespekt*. Erhalten zugewanderte Eltern Texte ausschließlich in ihrer Muttersprache, fühlen sich diejenigen unter Umständen kompromittiert, die gut Deutsch sprechen, lesen und schreiben können. Daher ist eine doppelsprachige Ausgabe der Texte, evtl. rückseitig bedruckt, sehr sinnvoll.

Informationen über eine gelingende Vorgehensweise ergeben sich sehr zügig aus den Informationen des Aufnahmegespräches (▶ S. 42), das die familiäre sprachliche Situation der Familie frühzeitig erfasst und die Frage berücksichtigen kann, ob und wie sprachliche und schriftliche Informationen die Eltern gesichert erreichen.

Ob als Broschüren, Zeitungen oder Handzettel – stets gilt es, sich zu vergewissern, ob die dargebrachten Informationen auch ihren Zweck erfüllen und in Deutsch oder einer angebotenen Übersetzung sprachlich und inhaltlich verstanden werden. Beide Bereiche des Verstehens – sprachlich und inhaltlich – betreffen alle Eltern und die **Sorgfalt des Umgangs mit Informationen** ergibt erst die Effektivität des Einsatzes schriftlicher Mitteilungen. Meine RAA-Kollegin Gisela Hacıabdurrahmanoğlu brachte es auf den Punkt: „Die Frage ist: Verstärkt die Broschüre mich oder verstärke ich die Broschüre?" Wir waren uns einig: Wichtig ist die Beziehung – *Texte dienen nur.*

In manchen Einrichtungen wird versucht, unzureichende Sprachkenntnisse im Deutschen durch den Einsatz von Symbolen und Piktogrammen auszugleichen. Piktogramme suggerieren allerdings unter Umständen, dass Lese- und Schreibfähigkeit in Abrede gestellt werden. Sie erscheinen mir deshalb wenig geeignet, da ohnehin der **persönliche Kontakt** zwischen Eltern und ErzieherInnen möglich ist und schriftliche Informationen diesen nicht prinzipiell ersetzen sollen und können. Wer sicher gehen will, dass die Inhalte tatsächlich bei allen Eltern angekommen und von allen verstanden worden sind, nutzt z. B. ein Tür-und-Angel-Gespräch (s. u.), um eine Einladung zum Elternabend noch einmal persönlich auszusprechen und so zusätzliches Interesse zu signalisieren oder den Inhalt des Handzettels vom Vortag kurz anzusprechen und bei Bedarf mündlich zusammenzufassen.

ErzieherInnen berichten:
„Wir sprechen die zugewanderten Eltern regelmäßig an, ob sie unsere deutsch verfassten Briefe verstehen. Wenn nicht suchen wir uns andere Eltern, die übersetzen helfen können. Die Eltern helfen regelmäßig und gerne. Ich erlebe, dass sie sich freuen, wenn wir um die Hilfe bitten."

Tür-und-Angel-Gespräch

In der elementarpädagogischen Arbeit ist die Begrifflichkeit „Tür-und-Angel-Gespräch" eine selbstverständliche Größe. Der Umstand des informellen Gesprächs mit organisatorischer oder pädagogischer Bedeutung wird in der Fachliteratur vielfach beschrieben und die Chancen und Grenzen dieser Kontaktform werden dargestellt und bewertet. Auffallend war mir beim entsprechenden Literaturstudium, dass diese Kontaktform zu zugewanderten Menschen häufig nicht diskutiert oder beschrieben wird, wie es überhaupt in sehr vielen Fachbüchern zur Elternarbeit so aussieht, als habe man zugewanderte Menschen nicht mitgedacht.

Bezüglich der Tür-und-Angel-Gespräche möchte ich zunächst zu bedenken geben, ob Eltern wissen, dass PädagogInnen hierfür eine fachliche Bezeichnung kennen und die Möglichkeit solcher Gespräche einkalkulieren sowie Sinn und Nutzen in ihnen erblicken. Ist Eltern klar, dass es eine Angebotsform ist, die der **Inanspruchnahme durch *alle* Eltern** offen steht?
Eine türkische Mutter, Gülten Doğan, erklärte mir auf Anfrage, dass es einen Begriff im Türkischen für „ein Gespräch in der offenen Tür" gibt, es aber von Eltern meist nicht bewusst mit Kontaktmöglichkeiten in der Kindertageseinrichtung verbunden wird („Konuşmayı iki kapı araşında geçiştirmek" – „Das Gespräch zwischen zwei Türen vorbeihuschen lassen"), sondern mit eher negativen Stimmungen zum Gespräch gekoppelt ist. Die Wertung von Tür-und-Angel-Gesprächen ist kulturell also durchaus unterschiedlich. Diesen Umstand gilt es fachlich zu berücksichtigen.

Andere Eltern berichten, dass gerade diese Gesprächsform für ihr Wohlbefinden im Kindergarten sorgt. Nach gewachsener Vertrautheit mit dieser Möglichkeit entsteht wohl oft der Eindruck des Angenommenseins. Nicht immer fällt es aber Eltern wie ErzieherInnen leicht, den passenden Einstieg zu finden.

Ein besonders markantes Erlebnis dazu ergab sich während einer gemeinsamen Fortbildung für Mütter und ErzieherInnen in einer Familienbildungseinrichtung in Düren. Eine türkische Mutter sagte sinngemäß:

„Nun bringe ich mein viertes Kind in den Kindergarten, aber ich habe immer noch Angst, im Kindergarten angesprochen zu werden. Ich habe ein mulmiges Gefühl im Bauch, wenn ich die Eingangstüre öffne und hoffe jedes Mal, dass mich niemand anspricht. Ich bekomme nasse Hände und schwitze und frage mich unsicher, was ich dann wohl antworten soll oder was man von mir erwartet. Ich bin da ganz ratlos und unsicher."
Die Übersetzung dieser Einlassung und der auch durch Körperhaltung, Gestik, Mimik und Stimme spürbare Druck, der endlich eine Äußerungsform gefunden hatte, waren sehr bewegend.
Eine Erzieherin, mittlerweile vor lauter innerer Beteiligung auf der vorderen Stuhlkante sitzend und sehr zugewandt in ihrer Haltung, vermittelte zurück: „Ich wusste nicht, dass Ihnen dies so schwer fällt und dass ich Ihnen hätte eine Brücke bauen können und sollen. Doch glauben Sie mir: Auch wir (ErzieherInnen) sind oft unsicher und wissen nicht sicher, wie wir auf zugewanderte Eltern reagieren sollen, fühlen uns beklommen und zögern."

Um als ErzieherIn **Tür-und-Angel-Gespräche** sinnvoll initiieren zu können, muss ich mir zunächst über die eigene Einstellung zu dieser Gesprächsform klar werden:

◆ Will ich als ErzieherIn diesen offenen informellen Kontakt?
◆ Wenn ja, in welchem Maße? Mit wem? Nur mit bestimmten Eltern?
◆ Gibt es Personengruppen, die mich verunsichern? Die ich meide? Warum?
◆ Gibt es Personengruppen, die ich bevorzuge? Warum?
◆ Wie – denke ich – wirkt dies auf die jeweiligen Gruppen?
◆ Was möchte ich wirklich vermitteln?
◆ Wie kann ich dies erreichen?
◆ Gibt es Eltern, in deren Richtung ich in naher Zukunft neue Signale setzen möchte?
◆ Will ich mir für die kommende Zeit insgesamt neue Ziele für Tür-und-Angel-Gespräche setzen? Welche sind dies?
◆ Wo sind die Grenzen für diese Gesprächsform? Wann ist sie nicht oder nicht mehr angemessen?
◆ Kann ich Tür-und-Angel-Gespräche in andere Gesprächsformen umleiten, wenn ich sie nicht für angemessen halte? Wann und wie tue ich dies?
◆ Wie handhaben meine KollegInnen solche Gesprächssituationen? Habe ich mit ihnen Gesprächsbedarf?
◆ Was macht mich/uns sensibler?
◆ Welche Vereinbarungen zu Tür-und-Angel-Gesprächen können wir im Team treffen?

Der konkrete Einstieg kann nach der Klärung dieser Fragen oft durch ganz schlichte zwischenmenschliche Kontaktformen erreicht werden. ErzieherInnen berichten, dass sie zunächst mit Spontaneität und Herzlichkeit versuchen, unsichere Situationen zu überwinden. Dass sie spüren, dass ein Lächeln, eine kurze Berührung am Arm

(Mitteleuropäer empfinden in der Regel einen Körperabstand von etwa $1^1/2$ m als angemessen; Südeuropäer akzeptieren auch einen Körperabstand von $1/2$ m als angenehm), ein einladendes Winken, ein Deuten auf ein Foto des Kindes oder ein Vorzeigen von gemalten Bildern oder gebastelten Dingen des Kindes wahre **Türöffner** sind. Sie erzählen, dass die nonverbale Kontaktaufnahme über Herkunftsgrenzen hinweg gelingen kann, wenn sie einfühlsam angeboten wird und respektvoll und zugewandt ausfällt (▶ S. 38 „Zur sprachlichen Situation"). „Auch nonverbale Gespräche sind vollständige Gespräche", meinte meine RAA-Kollegin Gisela Hacıabdurrahmanoğlu, erfahren in der Zusammenarbeit mit deutschen und türkischen Eltern. „Sie können relativ lückenlos das Gewünschte transportieren. Auch diese Fähigkeit kann man trainieren."

In vielen Gruppen mit MigrantInnen hörte ich: „Wenn ich weiß, dass deutsche Menschen am Kontakt mit mir interessiert sind und ich sie wegen einer gemeinsamen Aktion oder einer gemeinsamen Themenbesprechung verstehen will, mache ich mir mehr Mühe, die für mich schwere deutsche Sprache zu lernen. Ich weiß dann, warum ich das tue." Diese lohnenswerten Anlässe zu schaffen ist in hohem Maße in Tür-und-Angel-Gesprächen möglich.

Den **Signalcharakter** der Gesprächsform zwischen Tür und Angel gilt es zu nutzen, ganz gleich, ob mit Gestik, Mimik oder Worten. Durch die Schlüsselsituation des möglicherweise täglichen Kontaktes können sich angst- und belastungsfreiere Kontaktmöglichkeiten behutsam anbahnen und eröffnen den **Zugang zu differenzierteren Beratungsgesprächen** (▶ S. 48). Diese werden nötig, wenn es um Inhalte geht, die eines intimeren Rahmens bedürfen und die zeitlich und inhaltlich geplant werden sollten, vor allem wenn es um sehr persönliche, das Kind betreffende Überlegungen geht, denen ein Beschluss oder eine veränderte Vorgehensweise einer der Beteiligten folgen soll. Die Einschätzung: „Dieser Gesprächsinhalt ist nicht mehr öffentlich zuträglich" oder „Dieses Thema oder dieser Aspekt braucht den ruhigen Raum und eine größere Zeitspanne zum Gespräch unter zurückgezogenen Bedingungen" und „Dieses Gespräch braucht eine gedankliche Vorbereitung, Vorgespräche mit KollegInnen oder – seitens der Eltern – einen geschützten Raum" sind Gründe, das Gesprächsangebot an der Tür zu begrenzen und einen Termin zum Einzelgespräch zu vereinbaren. Tür-und-Angel-Gespräche bereiten oft das Klima für zeitlich verabredete Elterngespräche vor.

Zwischen Tür und Angel ergeben sich auch Situationen, die mit dem thematischen Bezug Kind – Eltern – ErzieherInnen nichts zu tun haben und damit **über die berufliche Erziehungsfunktion hinaus gehen**. Eltern bitten darum, Briefe (evtl. von Behörden) von den ErzieherInnen vorgelesen und inhaltlich erklärt zu bekommen. Sie bitten, bei Formulierungen eigener Schreiben an Behörden, ÄrztInnen, Beratungsstellen, Schulen, VermieterInnen etc. behilflich zu sein. Manchmal geht die Anfrage auch so weit, um Begleitung bei Behördengängen o.Ä. zu ersuchen, wenn das Angst- oder Unsicherheitspotenzial sehr hoch ist.

Jede Einrichtung, jedes Team muss entscheiden, wie weit es die Familien im praktischen Lebensvollzug unterstützt und wie das eigene soziale Engagement verstanden wird. Dass diese Hilfen dem Kontakt und Verhältnis der beteiligten Erwachsenen zu Gute kommt und damit auch den Kindern in den Familien sicherlich unmittelbar nutzt, steht außer Frage.

Derartige Bedarfe entstehen häufig ad hoc und erfordern eine recht unmittelbare Reaktion. Meist steht ein terminlicher Druck im Raum. Der Entlastungscharakter ist bei gewährter Hilfe durch den Kindergarten (vielleicht kann sich jede Woche eine Kollegin oder ein Kollege nach Absprache für derartige Anfragen – falls sie kommen – verantwortlich fühlen) ist jedenfalls enorm.

ErzieherInnen berichteten folgende Erfahrungen zu Tür-und-Angel-Gesprächen:

„Ich begrüße freundlich an der Tür oder im Gruppenraum. Ich rede langsam und zeige den Müttern Gegenstände und mache vor, was man damit spielen kann. Ich wähle einfache Worte für meine Erklärungen, spreche aber korrekt und nicht zu laut. Wenn die Eltern Deutsch können, beziehe ich sie in Gespräche ein, auch mit anderen Eltern."

„In vielen Fällen muss man die Eltern ansprechen, die deutschen und die ausländischen, wenn man sieht, dass sie etwas auf dem Herzen haben. Da helfen mir schon gut ein paar Wörter in Türkisch. Für kurze Tür-und-Angel-Kontakte reichen sie aus. Den Eltern helfen manchmal auch schon ihre wenigen Wörter in Deutsch."

„Wenn die Eltern angesprochen werden, erlebe ich sie als offen und interessiert, sie lächeln freundlich und möchten immer gerne helfen. Wenn sie auf mich zutreten, sind sie zunächst eher vorsichtig und zurückhaltend, als wollten sie nicht aufdringlich und kritisierend wirken. Sie lockern sich, wenn ich freundlich zurück reagiere."

„Meine ausländischen Eltern nutzen diese Kontaktform am meisten. Es ist immer auf dem Flur schnell jemand gefunden, der übersetzen kann. Manchmal sprechen sich die Eltern schon auf der Straße oder dem Hof an, um jemanden zum Übersetzen mitzubringen oder unterstützt etwas sagen zu können. Bei Problemfällen sage ich dann meist, dass ich ein Einzelgespräch zu einem anderen Termin besser fände."

Beratungsgespräch

Einzelgespräche sollten bei geschlossener Tür geführt werden und nicht durch Telefonate oder herein kommende KollegInnen, HandwerkerInnen oder VertreterInnen gestört werden.

Die **eigene Funktion und Position** ist den Eltern jeweils zu **erläutern**. Weitere Gesprächsbeteiligte und ihre Stellung gilt es ebenfalls vorzustellen.

Es wirkt einladend, Getränke und Gebäck anzubieten. Dies ist nicht zwingend erforderlich, jedoch eine gastfreundliche Geste, die dem eigenen kulturellen Ausdruck und der Gewohnheit der **gastfreundlichen Gesten** zugewanderter Eltern entgegenkommt. Wenn PädagogInnen während der Elterngespräche Getränke und Gebäck anbieten, sollte diese Geste gegenüber allen Eltern gleich gehandhabt werden. Ungünstig wäre, dies bei fast allen zu tun, aber beim türkischen Vater – dessen Anwesenheit evtl. verunsichert – nicht, in der Hoffnung, das Gespräch sei damit schneller vorüber, als wenn man sich betont einladend verhält.

Bezüglich des Handschlags bei der **Begrüßung** gilt es zu beobachten, ob er leicht angenommen wird, zögerlich erwidert, ungern entgegen genommen oder verweigert wird. Was macht das mit mir als Mensch, als PädagogIn? Kann und will ich fragen, welche Begrüßungsgewohnheit mein Gegenüber hat? Bin ich in der Lage, in die Metakommunikation über vertraute oder befremdliche Begrüßungsformen einzutreten? Zum Beispiel: „Ich bin mir unsicher, ob ich Ihnen die Hand reichen soll oder nicht. Ich habe dies als eine Form der Höflichkeit gelernt. Wie ist es für Sie angenehm? Wie ist für Sie die richtige Form einer guten Begrüßung?"

Grundsätzlich sollte von Anfang an im Gespräch **Blickkontakt** gesucht werden, um Offenheit und authentisches Interesse am Gegenüber zu spiegeln. Blickkontakt sollte immer da selbstverständlich sein, wo wahrgenommen wird, dass er nicht als unangenehm empfunden wird – auch dies ist kulturspezifisch unterschiedlich.

In Gesprächen über das Kind ist es gut, aus der eigenen Warte zu sprechen und die Sichtweise der Eltern zu erfragen und diese Wert zu schätzen. Als **Gesprächsauftakt** bieten sich folgende Inhalte an:

- Wie geht es Ihnen? Sind alle Familienmitglieder gesund?
- Wie erleben Sie Ihr Kind in der häuslichen Situation?
- Was sind seine speziellen Interessen und Neigungen?
- Hat es Geschwister und wie ist der geschwisterliche Kontakt?
- Welche sprachliche Situation ist prägend?

◆ Was erzählt es über den Kindergarten? Fühlt es sich wohl hier? Gibt es Dinge, die das Kind stören?

◆ Welche Freunde hat es und von welchen Kindern des Kindergartens erzählt es gerne und häufig?

◆ Was sind die Stärken und Schwächen Ihres Kindes nach Ihrer Auffassung?

◆ Wie wird Ihr Kind außerhalb der Zeit des Kindergartenbesuchs betreut? Von wem?

Je nach Länge der Gesprächsanteile, die sich entwickeln, sowie nach dem Anlass des Gesprächs ist es nicht unbedingt sinnvoll, *alle* Fragen zu stellen, sondern nur einzelne Aspekte herauszugreifen.

Nach einer Phase des Anwärmens des Gesprächskontaktes kann die **Überleitung** erfolgen:

◆ Schilderung des Gesprächsanlasses,

◆ Erläuterung konkreter Situationen, die im Zusammenhang mit dem Kind und seinen evtl. Problemen oder Fördernotwendigkeiten aufgetreten sind,

◆ gemeinsames Erarbeiten von Lösungswegen oder Anbahnen von Hilfen für das Kind oder die Familie,

◆ Absprachen treffen zur weiteren Vorgehensweise und dazu, wer welche Schritte geht und die entsprechende Verantwortung dafür übernimmt,

◆ Absprache treffen, wann man sich wieder zu einem Gespräch zusammensetzt, um den Fortgang der Entwicklung und die Zufriedenheit damit zu besprechen.

Es kann sein, dass bei **Erstsituationen** von Elterngesprächen kein Erfahrungspotenzial der Eltern hierzu vorhanden ist. Gemeinsame Perspektivlösungen zu erwägen, Vorschläge zu machen oder auf Vorschläge einzugehen kann ungewohnt sein. In diesen Situationen gilt es, Sinn und Ziel be-

sonders eingehend zu erläutern, Bedenkzeiten einzuräumen und weitere Kontakte anzubieten.

Bei zugewanderten Eltern kann es außerdem angemessen sein, keine Zusagen oder Entscheidungen zu erwarten. Es gilt vielmehr abzuwarten, wie die Situation innerfamiliär erörtert wird, Beschlüsse reifen und gefasst werden. Hilfreiche Hinweise und Angebote sollten dann als aufgezeigte gangbare Wege benannt werden. Auswirkungen der Gespräche mit zugewanderten Eltern werden häufig durch sichtbar veränderte Verhaltensweisen deutlich und weniger über ein nochmaliges Sprechen darüber.

Auch zeigt sich, dass manchmal **Verwandte** zum Gespräch entsandt werden, wo man die leiblichen Eltern erwartet. Wenn das Gespräch einen zu vermutenden kritischen Inhalt hat, schützen sich Eltern so davor, das Gesicht zu verlieren. Die Hinweise, Bedenken, Förderangebote etc. kommen der Erfahrung nach auf jeden Fall über die Verwandten bei den Eltern an. Auch hier zeigen oft die sichtbar veränderten Verhaltensweisen, dass das Gespräch gefruchtet hat und die Anregungen angekommen sind.

Wird zu Einzelgesprächen eine **dolmetschende Person** hinzugezogen, so sollte diese auf jeden Fall vorher namentlich bekannt gegeben werden. Die Person muss den Eltern angenehm sein – eine diesbezügliche Zustimmung ist unerlässlich (▶ S. 33).

ErzieherInnen berichten zu Erfahrungen in Beratungsgesprächen:

„Zu diesen Gesprächen werden sehr häufig Verwandte mitgebracht. Sie dolmetschen dann evtl. Sie bringen auch oft die Haltung mit, sich für einzelne Familienmitglieder und die Familien insgesamt einsetzen zu wollen. Sehr wichtig ist, sich dann für ein Gespräch Zeit zu lassen und die anfängliche Atmosphäre besonders gut aufzubauen. Eile und Hetze schaden da nur. Das freie Erzählen-Lassen und Sich-Erkundigen nach dem Wohlbefinden der Familie und einzelner Mitglieder wird meist als wohltuend empfunden."

„Durch die Unterstützung unserer türkischen Kollegin können wir in diesen Gesprächen unterschiedliche Wahrnehmungen klären und uns in den Haltungen annähern."

„Wir besorgen hierzu, wenn keine sprachliche Sicherheit in Deutsch vorliegt, regelmäßig einen Dolmetscher. Dann steht das sprachliche Problem nicht mehr im Vordergrund und die eigentlichen Themen können bearbeitet werden."

„Da wir einige Kenntnisse über die anderen Kulturen haben, tasten wir uns je nach Kontakt zu den Eltern behutsam heran. Dabei brauchen wir manchmal mehrere Gespräche."

„Wir haben eine türkische, eine polnische und eine russischsprachige Kollegin. Es gibt keine wirklichen Verständigungsprobleme mehr. Eltern, die anfangs unsicher und ängstlich sind, können wir auffangen. Manche Eltern – deutsche wie ausländische – wollen sich aber aus persönlichen Gründen abgrenzen. Das respektieren wir."

PädagogInnen haben im Rahmen von Beratungsgesprächen häufig sowohl pädagogische Ziele für das Kind als auch gleichzeitig Moderationsaufgaben im Gespräch. Manchmal ist die **doppelte Perspektive** – und damit Rolle – ungünstig. Es empfiehlt sich dann, Gespräche mit mehreren GesprächspartnerInnen (KindergartenleiterIn, GruppenleiterIn, externe BeraterInnen) in abgestimmten Rollen zu führen. Die inhaltlichen Absichten und Rollen bezogenen Gesprächsanteile sind vorab von den GesprächsteilnehmerInnen konstruktiv herauszuarbeiten, vor dem Gespräch den Eltern darzulegen und im Gespräch ggf. zwischendurch zu erinnern.

Hausbesuch

Hausbesuche können dem Kennenlernen, der Kontaktpflege, der Entwicklung eines nahen Gefühls der PädagogInnen zur Lebenswelt des Kindes und als Zeichen des Kulturrespekts dienen. Sie erfolgen entweder durch die PädagogInnen – allein oder zu zweit – oder mit einer Kindergruppe.

Hierzu gibt es gute Erfahrungen:

„Vormittags besuchen wir für eine Stunde jedes Kind unserer Gruppe. Einmal in der Woche sind wir so unterwegs. Die Kinder lernen gegenseitig den Lebensraum kennen, lernen zu spielen mit dem was da ist, zu teilen und aufzuräumen in der privaten Sphäre des jeweiligen Kindes. Die Eltern finden unser Projekt gut. Alle wollen mitmachen", berichtet eine Erzieherin im Rahmen einer Fortbildung.

Anlässe für Hausbesuche gibt es – neben den oben geschilderten regelmäßigen Besuchen mit der ganzen Kindergruppe – viele weitere:

◆ Da ist die freundliche Geste des Kennenlernens zu nennen, z. B. als vorbereitender Besuch mit jetzigen Kindergartenkindern bei einem Kind, das bald auch ein Kindergartenkind wird. Bei der Anmeldung könnten Eltern gefragt werden, ob ein solcher Besuch gewünscht ist.
◆ Es bietet sich evtl. der Besuch der Erzieherin oder des Erziehers in einer Familie an, weil ein Kind gerne sein Zuhause und seine Familie zeigen will, weil es selbst den Impuls zur Einladung gegeben hat.
◆ Man kann ein länger krankes Kind besuchen und sich nach seinem Wohlbefinden oder dem Genesungszustand erkundigen.
◆ Ein Besuch kann ein Dank für Mitarbeit, evtl. verbunden mit einem kleinen Präsent oder einer gestalteten Karte sein.
◆ Oder die Bitte um spezielle Informationen, die Eltern als Wissen zur Verfügung stehen, den PädagogInnen jedoch nicht, ist der auslösende Faktor.
◆ Vielleicht möchte man auch Fotos vom letzten Fest – nach Ende der Dienstzeit vorbeigebracht – zum Anlass für einen kurzen Hausbesuch nehmen.

Welche **Vorbereitungen** sollten bei einem Hausbesuch getroffen und welche Besonderheiten beachtet werden? Generalisierende Leitlinien haben immer die Not, zutreffen zu können oder auch nicht; eine *aufmerksame Wahrnehmung* ist aber in jedem Fall die beste Voraussetzung.

Der Besuch sollte auf jeden Fall erwünscht, **in gegenseitigem Einvernehmen** mit der Familie abgesprochen und angemeldet sein. Die Basis für gelungene Hausbesuche ist die *Freiwilligkeit*. Keine Familie darf sich gezwungen fühlen, die Privatsphäre zu öffnen und Kontakt zu Hause anzubieten, weder für ErzieherInnen noch für eine Kindergruppe.

Darüber hinaus kann es angemessen sein:

◆ die Schuhe auszuziehen, wenn man es vor der Wohnungstür der Familie so sieht; manchmal werden Hausschuhe angeboten oder man geht auf Strümpfen in die Wohnung,
◆ ein angebotenes Getränk, Süßigkeiten oder einen Imbiss anzunehmen,
◆ der Familie zu überlassen, wer am Gespräch teilnimmt,

◆ Verhaltensweisen als kulturelle Unterschiede interessiert anzusprechen, jedoch nicht in kritisierender Haltung zu kommentieren,
◆ mit den Eltern auch über diese Kontaktform reflektierend zu sprechen,
◆ den Zeitraum von zwei Stunden nicht zu überschreiten.

Themen des Besuches einer Erzieherin oder eines Erziehers sollten – in nicht konfrontierender Weise – der Entwicklungsstand des Kindes und mögliche konkrete Förderaspekte in der nächsten Zukunft sein. Dabei ist die das Kind unterstützende Rollenverteilung (Was fördern die Eltern? Was fördert die Tageseinrichtung?) herauszustreichen.

Die **Erfahrungen** zeigen, dass angesichts der in vielen Ländern selbstverständlichen Gastfreundschaft Hausbesuche meist unproblematisch sind. Viele der Familien sind auch untereinander bekannt und besuchen sich regelmäßig. Es kann sich anbieten, sich einer anderen Mutter anzuschließen und mit ihr zusammen einen Hausbesuch in einer Familie zu machen.
Besonders Eltern nichtdeutscher Herkunft begrüßen oft die Besuche und zeigen sich in ihrer Gastgeberrolle bemüht. Kommt eine Kindergruppe zu Besuch, drücken sie durch die liebevolle Versorgung der jungen Gäste ihre Dankbarkeit für die Unterstützung ihrer Kinder durch die ErzieherInnen aus. Sie haben oft in diesem Rahmen den Eindruck, etwas zurückgeben zu können von dem, wofür sie in Bezug auf die Unterstützung ihrer eigenen Kinder erleichtert sind. Zugewanderte Eltern, die wenig Kontakt zur einheimischen Bevölkerung haben, fühlen sich dadurch angenommen, dass eine Erzieherin sich Zeit für einen Besuch nimmt. Sie leiten daraus eine Wertschätzung ab, die sie bei anderen Deutschen evtl. nicht allzu häufig empfinden.

Zugewanderte Eltern, die durch die Migration einen deutlichen sozialen Abstieg hinnehmen mussten und aus gut situierten Verhältnissen stammen, haben u.U. Probleme, sich in ihren neuen, sehr reduzierten – und für sie peinlich bescheidenen Umständen, evtl. in Sammelunterkünften, zu zeigen. Sie lehnen daher vielleicht Besuche ab, ggf. ohne dies zu begründen. Ablehnung sollte daher stets sensibel interpretiert werden.
Gelingt ein Besuch unabhängig von noch so einschränkend erlebten Wohnsituationen mit akzeptierender Herzlichkeit und Verständnis für Umstände und gesellschaftliche Realitäten, kann dies ein weit reichendes Verständnis für die Lebenswelt des Kindes und die Möglichkeiten der Mitgestaltung der Eltern in jeder Beziehung erbringen. Der Wert des Kontaktes wäre in einem solchen Fall unersetzlich. Wichtig ist auch hier, nicht die sachliche Information in den Mittelpunkt zu stellen, sondern die Beziehung.

ErzieherInnen berichten:

„Manche Eltern laden uns zu sich ein. Anfangs waren wir sehr unsicher, ob es ernst gemeint ist und gingen nicht hin. Jetzt haben wir eine türkische Kollegin und wir gehen gemeinsam mit ihr zu Besuchen, wenn wir spüren, dass eine Familie sich dies sehr wünscht. Dann ist es immer sehr herzlich und schön, dauert aber meist lange."

„Ich hatte das Gefühl, überall willkommen zu sein. Wir sprachen viel über das Leben in Deutschland und im Herkunftsland, über Erinnerungen und Kindheit. Über Besuche im Heimatland und wie sich dort alles verändert. Die Eltern und auch oft das Kind waren viel lebhafter und offener als ich sie aus dem Kindergarten kannte. Ich möchte die Besuche, die ich in größeren Abständen mache, nicht mehr missen."

„Die drangvolle Enge in der Unterkunft war wirklich schlimm. Manche wichtigen Haushaltsgeräte funktionierten nicht; die Wände waren feucht. Ich beschloss, mich mit der Mutter gemeinsam bei einem Sozialarbeiter für eine verbesserte Situation der Familie einzusetzen."

Der Wert der Zusammenarbeit mit Eltern hängt nicht ausschließlich davon ab, ob ErzieherInnen nun Hausbesuche machen oder nicht. Vielmehr hängt die Qualität in jedem Fall davon ab, dass Eltern und ErzieherInnen sich bei allen gewählten Kontakten wohl fühlen.

Zusammenarbeit mit Eltern in Gruppen

Durch Elternarbeit in Gruppen, erweiternd zu Möglichkeiten in Einzelkontakten angeboten, können PädagogInnen Signale setzen: „Wir wollen unserem Auftrag nach *Familien ergänzender Pädagogik* (▶ S. 22 f.) gerecht werden, nicht an Ihnen vorbei organisieren oder anbieten, sondern mit Ihnen gemeinsam vorüberlegen, planen, durchführen, auswerten."

Zu jedem inhaltlichen Angebot in der elementarpädagogischen Arbeit mit Kindern gehört m. E. die **begleitende pädagogische Aufschlüsselung** der dahinter stehenden Informationen für die Eltern, um ein **gegenseitiges Verständnis über erzieherische Grundlagen** zu ermöglichen. Nur dieser Weg führt sicher zur umfassend pädagogisch-positiven Wirkungsweise mit dem Ziel der gemeinsamen Unterstützung und Förderung der Kinder. Zusammenarbeit mit Eltern in Gruppen eröffnet diese Möglichkeit mit weit reichender Entlastungsfunktion.

Neben der Transparenz pädagogischer Inhalte ist als positiver Effekt der Arbeit in Gruppen vor allem der Beziehungsaufbau und **Erfahrungsaustausch der Eltern untereinander** zu nennen. Eltern fragen sich, wie andere Eltern mit der Erziehung ihrer Kinder umgehen, wie dies PädagogInnen tun. Sie wollen wissen, was sie davon übernehmen können, damit der sinnvolle erzieherische Umgang mit ihren eigenen Kindern gelingen kann. Meine Erfahrung sagt, dass diese Überlegungen den allergrößten Teil der Eltern bewegen, unabhängig vom Grad ihrer Bildung oder ihrer Belesenheit in pädagogischer Literatur.

Das Grundgefühl der weit reichenden Erfordernisse derzeitiger kindlicher Zukunft lässt sie die hohe Verantwortlichkeit spüren. Und dies umso mehr, je häufiger sie Gelegenheiten zu Gesprächen und Austausch über Erziehung haben. Sie ahnen, dass die Zukunft für ihre Kinder Ungewissheiten bereithält, welche die rasanten Veränderungen in Gesellschaft und Weltentwicklung nach sich ziehen. Veränderungen, die in einem Menschenleben heutzutage mehrfache Umorientierungen verlangen und wenig Gewissheit hinterlassen, ein Kind für lange Zeit gut ausgestattet zu haben.

Erzieherinnen erproben in Fortbildungen die Gruppenarbeit und übertragen sie auf Zusammenarbeit mit Eltern

Eltern denken früh an Bildungschancen, Schulerfolg, Bedeutung schulischer Abschlüsse und berufliche Aussichten. Dies kann Druck aufbauen und dazu führen, dass Eltern vorzeitig auf Entwicklungsfortschritte drängen, die altersgerecht noch gar nicht zu erwarten sind. Das rechte Maß zu finden und zu halten ist eine Kunst. Dies gemeinsam heraus zu finden ist eine der positiven Auswirkungen der Zusammenarbeit mit Eltern.

Von hoher Bedeutung sind daher Gelegenheiten für Eltern, Wissen über kindliche Entwicklung auszutauschen, zu erweitern und zu werten. Dabei geht es nicht nur um die Erweiterung fachlicher Kompetenzen, sondern vor allem um die **persönlichen und emotionalen elterlichen Faktoren**, die mit ins Spiel kommen. Die eigene Rolle, die Gefühle, die Einschätzung der Verantwortlichkeit, Anforderungen, Überforderungen, Sicherheit, Ängstlichkeit, Sorge, Gelassenheit, Liebe, Unmut, Ärger, Zärtlichkeit, Abstand, Ruhebedürfnis, Nähe und all die vielen anderen Facetten der elterlichen Position müssen Äußerungsmöglichkeiten in einem geschützten Raum erhalten können.

Auch Eltern können – wie die Kinder auch **voneinander exemplarisch lernen**. Jede Mutter und jeder Vater kennt die Erfahrung, dass ein anderer Elternteil auf das eigene Kind reagiert – anders als man es selbst getan hätte – und sich die Situation augenblicklich entspannt, anstatt wie bei der gewohnten Eltern-Kind-Reaktion in das bekannte Muster zu kippen. Eigenes, nicht befriedigendes Verhalten kann durch solche Impulse entlastet werden und eine zufrieden stellende Verhaltensalternative bieten, die zur Nachahmung reizt. Eigene Verhaltensweisen können wiederum anderen Eltern Impulse geben.

Es ist eine nachhaltige Hilfe, wenn Eltern sich gegenseitig sehen, erleben, sich äußern, mitteilen, gegenseitig anregen, Beispiel sind, abwägen, übernehmen, verwerfen können, nachdenklich werden, rettende Anker finden, wertvolle Gedanken aufgreifen, den eigenen Blickwinkel wechseln und erweitern können. Hierfür bietet die Gruppenarbeit mit Eltern sehr gute Voraussetzungen.

Viele Tageseinrichtungen erzielten bereits mit Elterncafés, Frühstückstreffen, pädagogischen Elternabenden, der Bereitstellung separater Elternräume für informelle Treffen und gemeinsamen Ausflügen und Festen positive Erfolge.

Ein wichtiger Hinweis: Die geplanten Aktivitäten im Rahmen von Elterncafés, Gesprächsnachmittagen oder Elternabenden lassen sich jeweils variabel informell und thematisch gestalten. Aktivitäten, die in diesem Buch erkennbar als *einführende oder thematische Elternabende* benannt sind, können natürlich auch zu anderen Zeitpunkten angeboten werden!

Zur Planung von Gruppenangeboten müssen ErzieherInnen verschiedene **Rahmenbedingungen** klären wie Raumsituation, Angebotszeiten, Arbeitsformen der Angebote und Themenwahl. Das Gelingen einer thematischen Umsetzung mit Eltern hat Wechselwirkungen mit angenehm und konstruktiv gestalteten Bedingungen. Deshalb sind zunächst die für die jeweilige Einrichtung günstigsten Bedingungen zu wählen. Danach erfolgt die Einigung über gemeinsam gewünschte Inhalte thematischer Elternarbeit.

Praktische Rahmenbedingungen

Elternarbeit in Gruppen findet unter Berücksichtigung der **räumlichen Möglichkeiten** der jeweiligen Tageseinrichtung statt:

◆ Wann sind welche Räume frei?
◆ Zu welchen Zeiten?
◆ Mit welcher Ausstattung?
◆ Wie gut nutzbar sind sie für den Zweck der Elternarbeit?

Die **Nutzung der Gruppenräume** ist sicher nur abends problemlos sicher zu stellen bzw. nachmittags, wenn wegen geringerer Belegungszahl mit Kindern ein Raum für Elternarbeit frei zu machen ist. **Turnräume** bieten den Vorteil, wenig Ablenkendes zu beinhalten, variabel möbliert werden zu können und außerdem meist hell und luftig zu sein.

Manche Einrichtungen stellen den **Personalraum** für die Treffs von Eltern zur Verfügung, wenn er ausreichend groß genug ist. Hierbei ist aus Rücksicht zu erwägen, ob das Team diesen Raum als Rückzugs- und Intimbereich gerne separat behalten möchte. Dem ist dann in jedem Fall Vorrang zu gewähren.

Im Vormittagsbereich fragt sich: Ist ein **eigener Elternarbeitsraum** grundsätzlich zu reservieren, der den Eltern zu unterschiedlichen Treffzeiten zur Verfügung steht? Dies ist in den meisten Fällen wohl nicht der Fall; nur wenige Einrichtungen in großen Altbauten oder ehemaligen Grundschulen sind dazu in der Lage. Selten sind diese Räume – auch bei Neubauten – planerisch berücksichtigt. Ist jedoch eine Bereitstellung möglich, so gibt dies der informellen und formellen Elternarbeit oft einen deutlichen Schub. Die Räume werden – wie ich es aus eigener Anschauung kenne – liebevoll von den Eltern zurecht gemacht und in

der Folge sehr gerne genutzt. Manchmal organisieren sie ihre Treffen (z. B. wöchentlich) selbst und bleiben als Eltern unter sich. Die Runde ist dann bestimmt durch Frühstücken, Kaffee trinken und freies Erzählen. Dies kann für Eltern ein entlastendes Angebot sein, wo Alltagssorgen und informelle Nachrichten (Wo findet man den besten Kinderarzt? Sollen wir versuchen, einen Deutsch-Kurs im Kindergarten zu organisieren? Wo wird Eltern-Kind-Schwimmen angeboten? etc.) ihren Raum haben.

Oft sind jedoch die **Möblierungen** in Tageseinrichtungen nicht ausgelegt für die Arbeit mit Erwachsenen. Das Ziel „Familien ergänzendes Arbeiten" wird da in einer gewissen Unbedachtheit und Halbherzigkeit erkennbar. Genügend große Tische und Stühle und ausgewiesene oder funktional veränderbare Räume für die Elternarbeit sind allerdings erforderlich und sollten selbstverständlich sein, zeigt sich doch an diesen Details, dass man mit Erwachsenen rechnet und ihre – längere – Anwesenheit wünscht – Bequemlichkeit und gesundheitliche Aspekte einmal dahingestellt.

Ist seitens der Einrichtung bzw. des Trägers eine solche Bestückung nicht vorhanden und/oder aus finanziellen Gründen nicht möglich, kann eine gemeinschaftliche Aktion zum Zweck der Anschaffung sinnvoll sein. Aktionen dieser Art zeigen: „Wir sind da, wollen sichtbar berücksichtigt werden und organisieren unsere adäquate Präsenz auch mit Eigenengagement." Dies kommt den informellen Elterntreffs und den sonstigen Veranstaltungen mit Erwachsenen in der Einrichtung insgesamt zu Gute.

Was die **Zeitplanung** für Gruppenangebote angeht, gilt grundsätzlich: Eine zeitlich variable Vielfalt in den Angeboten und ein rechtzeitiges Ankündigen zur familiären

Planbarkeit spiegelt sich deutlich in der höheren Teilnahmebereitschaft.

Es können wahlweise am Vormittag Frühstückscafés, nachmittags Elterngesprächskreise oder Elterncafés angeboten werden. Oder es kann sich abends die Form des klassischen Elternabends als sinnvoll erweisen, je nach Bedarfslage der Eltern und Vorerfahrung der Einrichtung.

Frühstückscafés und Elterncafés am Nachmittag haben den Charakter von **Treffpunkten im Alltag**. Sie gliedern sich

Nach gemeinsamem Singen und Spielen ist Zeit für ein Frühstück und informelle Gespräche

meist in einen ersten thematischen Teil, der die Erörterung eines pädagogischen oder anderweitig relevanten Themas zulässt, und den gemütlichen Teil, der evtl. einen gemeinsamen Imbiss einschließt. Diese Formen sind mit geringem Aufwand einzuplanen bzw. in den Alltag der Tageseinrichtung zu integrieren. Sie haben den Vorteil, schnell zu regelmäßigen Angeboten werden zu können, etwa im monatlichen Rhythmus, was einer Gesprächskontinuität zwischen Eltern und ErzieherInnen sehr entgegen kommt.

Generell ist von der Situation auszugehen, dass die **Wahl des Abends** es am ehesten ermöglicht, dass **Eltern gemeinsam** in die Tageseinrichtung kommen können. Schichtdienst wirkt sich u. U. auf die Teilnahmemöglichkeiten bestimmter Eltern am Abend ausgrenzend aus. Andererseits ergibt sich jedoch in Bezug auf die Arbeitszeitstruktur Schichtdienst die Erfahrung, dass Elternangebote im Vor- und Nachmittagsbereich stärker genutzt werden.

Die **Vormittage** sind für Mütter und Väter im **Erziehungsurlaub** häufig günstig, weil sie evtl. Schulkinder der Familie versorgt wissen und die häuslichen Verpflichtungen

um den Termin des Kindergartens herum organisiert werden können. Eltern, die berufstätig sind, müssen jedoch für Vormittagsangebote teilweise Urlaub nehmen und sind zu dieser Zeit entsprechend schwierig zu beteiligen.

Die Eltern zu thematischen Angeboten um 17.00 Uhr einzuladen – also bewusst eine **Zwischenzeit** zu wählen – kommt Eltern wegen der offenen Abendgestaltung für die Familie entgegen.

Grundsätzlich lohnt eine **Abfrage gewünschter Angebotszeiten**, wobei die Bedarfe von Kindergartenjahr zu Kindergartenjahr durchaus unterschiedlich sein können. Gewachsene Formen mit zeitlicher Akzeptanz seitens der Eltern und PädagogInnen sollten in der Einrichtung berücksichtigt werden.

Es bleibt die Frage, ob die zeitlich für eine Elternarbeit mit Familienbildungscharakter investierten Kapazitäten auch seitens des Trägers entsprechend eingeplant, akzeptiert und mit dem Personal abgestimmt sind. Dass dies von großer Bedeutung ist, wissen Teams aus alltäglicher Erfahrung.

Es hat sich bewährt und mittlerweile in manchen Einrichtungen eingebürgert, für die Zeit des Elternangebotes eine **parallele Kinderbetreuung** für ansonsten unversorgte Geschwister anzubieten. Damit ist ein wertvoller Schritt getan, da so der Kreis der zu erreichenden Eltern je nach Situation der AdressatInnen und des Einzugsgebietes deutlich erweitert werden kann.

Die parallele Kinderbetreuung – vormittags vor allem für Kleinkinder – wird gerne angenommen. Sie erbringt die gewünschte Gelassenheit der Eltern allerdings nur, wenn die Kinder verlässlich in einem Nebenraum betreut werden. Eltern, die Kinder während der Erörterungen der Erwachsenen auf dem Schoß halten oder sie zur Ruhe im Gesprächsraum anleiten müssen, fühlen sich eher unter Druck gesetzt. Konzentration und Einlassen auf die Thematik können für diese und andere Eltern ansonsten beeinträchtigt werden durch Unruhe, Lautstärke und Ablenkung. Besonders wenn Elternarbeit zusätzlich mehrsprachig durchgeführt wird, spielt dies eine große Rolle.

Außerdem sind Elternangebote oft Inseln im pädagogischen Alltag der Eltern, die sich Besinnung, Information und Austausch gönnen und es genießen, sich Gedankengängen und Gesprächen einmal ungestört hingeben zu können.

Arbeitsformen und Themenwahl

In vielen Einrichtungen ist immer wieder zu hören: „Wir organisieren interessante Elternangebote, doch die Eltern kommen nicht." Entmutigung und Frustration klingen da durch und die Entschlusskraft für einen neuen Anlauf sinkt merklich. „So wenige Eltern kamen", wird beklagt, als ob eine größere Anzahl von Eltern das alleinige Qualitätsmerkmal darstellt. Natürlich, Resonanz und Interesse machen wir erst einmal an Zahlen fest. Doch es geht auch anders: „Ist es sinnvoll, alle Eltern immer gleichzeitig zu erreichen?" ist in diesem planerischen Zusammenhang eine elementare Frage und: „Welche Rolle spielen die Arbeitsformen und die Themenwahl bei der elterlichen Bereitschaft, an Angeboten teilzunehmen?"

Grundsätzlich lässt sich erst einmal feststellen:

◆ nicht alle Eltern interessiert dasselbe,
◆ nicht alle Eltern interessiert dasselbe zur selben Zeit,
◆ nicht alle Eltern spricht dasselbe auf dieselbe Art und Weise an,
◆ nicht alle Eltern brauchen dasselbe Angebot.

Schauen wir uns zunächst die **Vor- und Nachteile kleiner und großer Gruppen** genauer an.

Für **große Gruppen** lassen sich sicherlich einige positive Argumente finden:

◆ Viele Eltern werden mit Informationen zu einem Thema gleichzeitig erreicht,
◆ externe ReferentInnen kommen nicht so häufig, sind kostenpflichtig und sollen daher allen Eltern zu *einem* Zeitpunkt zur Verfügung stehen,
◆ erforderliche Entscheidungsprozesse werden von möglichst vielen Eltern gemeinsam getroffen,
◆ große Gruppen sind für Eltern weniger konfrontierend, weil sie sich in der Menge *verstecken* können.

Große Gruppen haben jedoch den Nachteil, dass bei TeilnehmerInnenzahlen von mehr als ca. 16 Personen der Einzelne häufig eine eher passive Rolle hat. Lediglich sehr sprachkundige und sprachgewandte Menschen beteiligen sich dann noch mit Beiträgen. Trotzdem können TeilnehmerInnen auch in großen Runden innerlich stark beteiligt sein und einen persönlichen Gewinn aus dem Gehörten ziehen, ohne dass dies offensichtlich wird. Schlüsselerlebnisse bleiben dann nach außen verborgen, da sich die Personen nicht öffnen.

Die intrapersonalen Effekte können also auch in großen Gruppen durchaus sehr hoch sein und persönlich als bereichernd erlebt werden. Da sie verdeckt bleiben, bereichern sie die Gruppe allerdings nicht, was oft bedauerlich ist.

Hier werden die Vorteile **kleiner Gruppen** deutlich: Ihre wesentliche Stärke ist, dass sich die **Beziehungsebene** stets anders entwickelt als in großen Gruppen. Beide Seiten – Gesprächsleitung und Teilnehmende – erleben sich persönlicher, gestaltender, deutlicher als ZuhörerIn und SprecherIn, bewusster als Persönlichkeit, auch mit Facetten wie Engagement, Nachdenklichkeit, Fantasie, Humor, Ironie, Unterstützung etc.

Dadurch werden auch thematische Angebote möglich, die die persönliche Biografie oder potenzielle Problemstellungen ansprechen. Während Themen mit eher informativem Charakter (Verkehr, Umwelt, Gesundheit, Schule) ebenso gut in großen wie auch in kleinen Gruppen vermittelt werden können, ermöglicht der geschützte Rahmen der Kleingruppe meist eine eher **persönliche Auseinandersetzung** und mehr Raum für die einzelnen Eltern.

Auch für ErzieherInnen kann die Kleingruppe Vorteile haben: Persönliche Unsicherheiten, tatsächlich oder vermutet fehlendes Fachwissen und Ungeübtheit können Faktoren sein, die eine Fachkraft scheuen lassen, mit großen Gruppen zu arbeiten. Die Kleingruppe kann so **auch von den leitenden Personen als aktives Lernfeld genutzt** werden, um sich langsam an größere Gruppen heranzutasten.

Bei gelungenen Prozessen dieser Art in kleinen Gruppen kommt daher kaum Bedauern über geringe TeilnehmerInnenzahlen auf. Die Zielsetzungen kleinerer Gruppen verändern sich in Richtung individuellerer Wahrnehmung. Dies kann besonders dann entlastend wirken, wenn fachliche und persönliche Impulse die Lebensführung und Kindererziehung bereichern.

Eine andere Variante sind nach AdressatInnen unterschiedene **separate Gruppen**. Ein Beispiel im Zusammenhang interkultureller Elternarbeit verdeutlicht die Möglichkeiten: Ein Elternangebot nur für zugewanderte Eltern als Einführungsabend für Eltern von Kindergartenneulingen ohne die deutschen Eltern.

Als ich einem Kindergarten die entsprechende gemeinsame Durchführung eines separaten Elternangebotes nur für zugewanderte Eltern vorschlug, erntete ich zunächst Ungläubigkeit und Erstaunen. „Darf man so etwas anbieten? Kann das nicht als Ausgrenzung, ja als fremdenfeindlich aufgefasst werden, so als sei man gegen Integration?", wurden Befürchtungen laut. Wir erwogen alle Vor- und Nachteile und kamen zu dem Schluss, das Angebot zu wagen. Wir nahmen uns vor:

◆ den **Service-Charakter** des Angebotes zu betonen,
◆ die neuen zugewanderten Eltern natürlich ebenfalls zum regulären Elternabend für die Eltern der neuen Kindergartenkinder einzuladen,
◆ das Angebot mehrsprachig durchzuführen und dies als positives Argument zu betonen und
◆ den Abend bildunterstützt vorzusehen (▶ S. 73 „Schritt 3").

Kurz und gut: Der Elternabend wurde wie geplant durchgeführt, war von gutem Erfolg gekrönt und verschob den Blickwinkel der ErzieherInnen hin zu Gelassenheit und Mut, weiterhin nach überdachtem Bedarf mit separaten Angeboten zu agieren.

Uns fiel auf, dass auch separate Angebote nur für Väter, Mütter oder Großeltern nicht als potenziell ausgrenzend empfunden werden, sondern als **besondere Gestaltungs- und Erlebnischance**. So zeigen sich auch mehrsprachige Elternangebote da, wo sie sachlich angezeigt sind, nicht als diskriminierend, sondern weisen lediglich ein bewusst gewähltes Profil der Einrichtung aus.

Inzwischen werden Angebote dieser Grundstruktur häufiger und z.T. regelmäßig angeboten und erhalten somit eine gewisse Normalität. Die teilnehmenden Eltern schätzen besonders in der Startzeit ihrer Kinder im Kindergarten das Angebot sehr. Die im Raum stehende Wahlmöglichkeit für zugewanderte Eltern lautet:

◆ Besuche ich den mehrsprachigen Elternabend und nutze ich das Angebot des Dolmetschens um Informationen umfassend verstehen zu können (und um evtl. helfend zu übersetzen)?
◆ Besuche ich den regulären Elternabend, da meine sprachlichen Kenntnisse im Deutschen ausreichen?
◆ Besuche ich beide Elternabende und steuere meine Position in beiden Angeboten je nach Situation bei?

Wahl und Mitbestimmung werden so den Eltern überlassen und **sind in alle Richtungen offen**. Damit bleiben Eltern auf jeden Fall nicht ohne die Chance, einmal wirklich bis in jedes Detail hinein und Wort für Wort Erläuterungen zum Angebot der Kindertageseinrichtung verstanden zu haben.

Wie eingangs festgestellt, muss zusätzlich zu den Arbeitsformen in großen, kleinen oder separaten Gruppen auch die jeweilige **Themenwahl** überprüft werden. Wie findet man heraus, was Eltern zur gemeinsamen Erarbeitung aktuell interessiert?
Im Prinzip sollte im Hinblick auf thematische Elternabende stets der Grundsatz gelten, die Eltern vorab zu fragen: „Welche Themen sind für Sie von Interesse?" Rückfragen dazu sind nicht überall selbstverständlich, geschehen zu selten im Kontakt mit deutschen Eltern und noch viel seltener im Kontakt mit zugewanderten Eltern. Ein sinnvolles Initiieren von Fragesituationen Eltern gegenüber setzt eine veränderte Haltung und Vorgehensweise voraus. Diese kann jederzeit greifen und fruchtet unmittelbar.
Oft gelingt die **Bedürfnisabfrage** bei den Eltern erst dann, wenn diese über positive Erfahrungen – z.B. durch eine thematische Initialzündung – eine neugierige Haltung oder eine Bedürfnislage mit Wünschen nach Ergänzung entwickelt haben. Daher gilt es zu ermöglichen, dass die spezifische Beschäftigung mit pädagogischen oder interkulturellen Themen als attraktiv, lohnenswert und anzustreben erlebt werden. Erst wenn Eltern wissen, was ihr höchst persönlicher Gewinn aus der Teilnahme an solchen Angeboten sein kann, sind sie in der Folge motiviert und angeregt, ErzieherInnen mit eigenen Themenwünschen entgegenzutreten. Bis dahin können sich Kindergartenteams reflektierend fragen:

◆ Wie planen wir thematische Erstangebote, die von den Eltern als interessant und für ihre familiäre Pädagogik als relevant erachtet werden?
◆ Kennen wir Basisbedürfnisse von Eltern in ausreichender Weise?
◆ Welche Themenwahl erscheint uns für unsere Einrichtung in diesem Zusammenhang als wesentlich?

◆ Gibt es Haltungen zu dieser Fragestellung im Elternrat? Wie sehen diese aus? Welche Erstthemen werden von diesem Gremium favorisiert?

◆ Welche Personen sehen sich im Hinblick auf die Thematik und die Durchführung – auch in methodischer Hinsicht – in der Lage, den Elternabend mit ausgewählter Thematik anzubieten und durchzuführen?

◆ Wer bereitet den Elternabend vor?

◆ Wie wird der Elternabend durchgeführt?

◆ Welche Vorbereitung ist zu leisten?

◆ Wie wollen wir das Angebot bekannt machen?

◆ Wie soll das Interesse der TeilnehmerInnen für uns ersichtlich werden?

◆ Wie wird es reflektiert?

◆ Wie wird das Elternangebot dokumentiert?

Später erweitern sich die Fragestellungen dahingehend:

◆ Welche Themenwünsche tragen Eltern an die hauptamtlichen Kräfte in der Kindertageseinrichtung heran?

◆ Bieten wir als hauptamtliche PädagogInnen auch Themenwünsche an, die Eltern relevant finden, wir aber vielleicht nicht? Zu denen wir evtl. keinen Zugang haben?

◆ Wie stellen wir sicher, dass fachkundige Personen zur Unterstützung zur Verfügung stehen?

Eine gute Planungsmöglichkeit bietet das Erstellen eines **Meinungsbildes** der Elternschaft über den Bedarf zu einem thematischen Angebot oder einer gemeinsamen Aktion. Dazu wird am schwarzen Brett oder einem vergleichbaren Platz in der Einrichtung ein großes Plakat aufgehängt. Darauf sind beispielhaft Themenvorschläge aufgelistet, von denen angenommen wird, dass sie für Eltern aktuell und interessant sind. Außerdem sind Rubriken für weitere eigene

Themenvorschläge vorgesehen. Auf jeden Fall sind je nach Bedarf Plakate und Erklärungen auch in den anderen Sprachen der Elternschaft anzubieten. Die Eltern werden nun gebeten, ihre bevorzugten Themen durch Aufkleben von bereitgestellten Klebepunkten o.ä. Hilfsmitteln zu kennzeichnen.

So können alle Eltern ihre Auffassung deutlich machen und wählen, ob und welches Angebot ihren Bedürfnissen entspricht, und dies unabhängig von ihren sprachlichen Kenntnissen im Deutschen. Außerdem erhalten ErzieherInnen gleichzeitig Rückmeldungen über neue Themen- und Angebotswünsche, die die Eltern selbst einbringen.

Hier eine Liste bewährter und von Eltern häufig gewünschter Themen:

◆ „Wut, Aggression, Streit – was tun?" (Vom Umgang mit kindlichen Gefühlen und Konflikten sowie kreativen Formen von Lösungen)

◆ „Kinder und Angst" (Was dieses Gefühl für Kinder bedeutet, wie sie entsteht, wann sie angemessen bzw. unangemessen ist sowie hilfreiche Formen pädagogischen Umgangs mit kindlicher Angst)

◆ „Die Entwicklung kindlichen Selbstvertrauens" (Pädagogische Hinweise zur Entwicklung kindlicher Selbstsicherheit)

◆ „Förderliche Erziehungsmittel – wie Eltern wirksam werden" (Positives und konsequentes Verhalten der Eltern zur Unterstützung ihrer Kinder stärken)

◆ „Konflikte im Kindesalter" (Was Kinder umtreibt, sie in verschiedenen Altersphasen beschäftigt, welche Entwicklung sie nehmen, wie Eltern mit diesen Anforderungen umgehen können)

◆ „Kinderseelen sind zerbrechlich" (Über die Bedürfnisse der kindlichen Psyche und der Notwendigkeit, sie liebevoll zu pflegen)

◆ „Geschwister – Freunde oder Rivalen?" (Geschwisterkonstellationen und ihre Wirkungsweisen, über geschwisterliche Beziehungen, ihre Chancen und Belastungen, hilfreiche Hinweise für Eltern von Geschwisterkindern)

◆ „Gemeinsam leben – gut verstehen" (Eine Einführung in die Familienkonferenz nach Thomas Gordon zum Thema Gesprächsführung und Konfliktlösung zwischen Kindern, Jugendlichen und Erwachsenen, ▶ S. 150)

◆ „Wohin erziehen wir?" (Fragen zur Erziehung im Wandel der Zeit, über die elterliche Vermittlung von Normen und Werten)

◆ „Kinder fragen nach Gott, der Welt und dem Tod" (Informationen über die kindliche Suche nach sinnstiftenden Antworten, ihrem Bedürfnis nach Anregung und Gesprächspartnern zur Gottesfrage, ihrem Recht auf interreligiöse Impulse, über Wege, Kindern, bei dieser Beschäftigung zu begleiten)

◆ „Wie wichtig sind Freunde für mein Kind?" (Informationen über den Wert von Beziehungen zu Gleichaltrigen und die daraus erwachsenden Chancen und Möglichkeiten)

◆ „Kinder, Fernsehen und neue Medien" (Vom kindlichen Umgang mit technischen Informations- und Unterhaltungsmitteln, deren Wirkungsweisen und den Möglichkeiten, positive Nutzung zu erlernen)

◆ „Sind Eltern machtlos?" (Über frühe Suchtprophylaxe für Kinder im elementarpädagogischen Alter; Hinweise zur Gestaltung des pädagogischen Alltags und Entlastung für Eltern und ErzieherInnen)

◆ „Kinder und Sexualität" und „Kinder in Gefahr – sexuellem Missbrauch vorbeugen" (Informationen rund um die Sexualpädagogik und ausgewählte Informationen für Eltern, um Kinder stark zu machen und sexuellem Missbrauch vorzubeugen)

◆ „Kinder fördern durch Erzählen und Vorlesen" (Was Geschichten, Märchen, Erzählungen und Bücher Kindern bedeuten, über literarische Nutzung und den fördernden Umgang von Eltern mit Erzähltem, Literatur und Büchern)

Es ist wertvoll, ausgewählte Themenbereiche dieser Art mit deutschen und zugewanderten Eltern zu erarbeiten, pädagogische Anregungen zu vermitteln und zu vertiefen, durch ElementarpädagogInnen oder durch ReferentInnen.

Durch regelmäßig wiederkehrende Einladungen erhalten Eltern in **Themenreihen** die Chance, eine aufbauende thematisch-pädagogische Arbeit als Regelerwartung zu entwickeln. Sie können hierdurch am gegenseitig stärkenden Prozess nachhaltiger mitwirken. Sie spüren persönlich – bei kontinuierlicher Beteiligung – eine sich steigernde pädagogische Kompetenz, die sie zunehmend mit Genugtuung erfüllt. Eine Erwartung in dieser Hinsicht darf von ErzieherInnen als zukünftiger Gewinn in den Raum gestellt werden.

Die neuen Einsichten in Arbeitsformen und Themenwahl tragen bei PädagogInnen zu einem **erweiterten Blickwinkel** bei, der über die als frustrierend empfundene Arbeit mit wenigen Eltern deutlich hinausgeht. Veränderte Einschätzungen können lauten: „Wir arbeiten bedarfsgerecht und bedürfnisnah mit Eltern auf der Basis der gemeinsamen Zustimmung zu unseren thematischen Vorhaben. Unsere Effizienz ist die informative und persönliche Bereicherung aus einem kommunikativen und interaktiven Geschehen heraus. Wir schaffen – in großen oder in kleineren Gruppen – Erfahrungsräume, durch die das gemeinsam Erlebte in die Familie und in den Alltag der Kindertageseinrichtung ausstrahlt. Wir werten besonders hoch die Folgeimpulse, die von gemeinsamer thematischer Auseinandersetzung ausgehen."

ReferentInnen oder Stammpersonal

Die Entscheidung, thematische Elternangebote mit externen ReferentInnen oder durch die MitarbeiterInnen der pädagogischen Einrichtung anzubieten, richtet sich nach der einzuschätzenden Bedarfslage der Eltern und MitarbeiterInnen.

Ohne externe ReferentInnen und aus eigener Kraft mittels Fachkenntnissen der ErzieherInnen ausgerichtete Elternangebote bieten die Möglichkeit, **eigenes Profil zu zeigen** – persönlich und institutionell. Besonders im Rahmen einführender Elternabende (▶ S. 70 ff.) sollte dies genutzt werden. Über Informationen und angeleitete gruppendynamische Prozesse unterstützen die ErzieherInnen, dass die Elternschaft der jetzt aktuell den Kindergarten besuchenden Kinder zusammenwächst. Dies ist ein nicht zu unterschätzender Aspekt.

Wenn das pädagogische Personal der Einrichtung thematische Angebote selbst aufbereitet und einbringt, dann sind bei der Planung neben der **Aneignung der inhaltlichen Informationen** ebenso die Fähigkeiten in Bezug auf die **Gesprächsführungs- und Moderationstechniken** zu berücksichtigen. Um den Rahmen der vorliegenden Veröffentlichung nicht zu sprengen, kann hier nur die Wichtigkeit dieser Techniken betont werden mit dem ausdrücklichen Hinweis, sich autodidaktisch, mit KollegInnen oder durch Fortbildungen mit der ergänzenden Qualifikation zu Gesprächsführung und gruppendynamischem Arbeiten zu beschäftigen.

Die Vorteile einer entsprechenden Beschäftigung sind:

◆ die eigene sich entwickelnde Sicherheit im Umgang mit dem jeweiligen Thema,
◆ die Möglichkeit, die besondere Dynamik von Gruppen zu erkennen,
◆ die Fähigkeit, gleichberechtigte Interaktionen zwischen Menschen anzuleiten,
◆ die positiven Auswirkungen auf die Gesprächsführung in Einzelkontakten,
◆ die Möglichkeit, zwischenmenschliche Kontakte gelingen zu lassen und inhaltliche Anliegen ausgewogen zu transportieren,
◆ zielorientierte Diskussionen ergebnisorientiert anzuleiten und
◆ insgesamt als Gesprächsleitung initiieren zu können, dass alle am Gruppenprozess Beteiligten am Gesprächsverlauf, der Form des thematischen Vorgehens und den atmosphärischen Gegebenheiten mitwirken können (Cohn, 1975).

Angebote mit Unterstützung von **externen ReferentInnen** bergen die Chance, dass beide Seiten – Eltern wie ErzieherInnen – Zuhörende sind und zusammen auf das Gehörte reagieren können. Sie gehen gemeinsam in den Prozess, das thematisch Dargelegte wahrzunehmen, zu diskutieren und auf die Situation vor Ort zu übertragen. Die Referentin oder der Referent kann Ausführungen unabhängig von aktuellen Diskussionen im Kindergarten, die evtl. mit einer gewissen Brisanz vorliegen, fachlich anbieten und aus einer **neutralen Position** heraus Klärungsprozesse anregen. ReferentInnen stehen nicht im Kreuzfeuer einer evtl. schwebenden Diskussion. Daraus erwächst die Freiheit, pädagogisch wertvolle Anregungen offen einbringen zu können. Viele ErzieherInnen schätzen die Möglichkeiten unabhängiger ReferentInnen sehr, um durch diese Anstöße **Klärungen oder Richtungsänderungen** in festgefahrene oder ausgeblendete Themen und Diskussionen zwischen Eltern und Personal zu bringen.

Bildungsarbeit mit Eltern – ganz gleich ob durch ReferentInnen oder Stammpersonal einer Einrichtung angeboten – gibt m. E. allen Beteiligten auch immer Gelegenheit zu **exemplarischem Lernen**. Individuen erproben in Gruppen das eigene Ich und seinen Ausdruck, die persönliche Einflussnahme auf andere und den Gruppenprozess. Neue Themen und – auch in der Kindertageseinrichtung, Grundschule oder Familienbildungsstätte – als verändert erlebte gesellschaftliche Konstellationen haben Rückwirkungen auf Prozesse im Individuum. Daher ist die Beschäftigung mit Menschen aus nahen Gruppen der Lebenswelt so bereichernd. Bildungsarbeit mit Eltern sollte daher stets handlungsorientiert und auf Veränderung ausgerichtet sein. Sie geht potenziell Wege von der Individualisierung und der Bewegtheit von Gruppen über gemeinsame Anliegen bis hin zu gestaltenden Elementen gesellschaftlicher Mitwirkung. Bildungsarbeit mit gleichberechtigter Teilhabe aller gesellschaftlichen Gruppen wird so auch Element und Instrument der Integration.

Gruppenarbeit und Mehrsprachigkeit

Als übergeordnete Regel für mehrsprachige Elternabende zu unterschiedlichen Themen gilt, die **Verständnissicherheit** zu gewährleisten. Dies kann durch die vorbereitende Klärung geschehen, welche Eltern Übersetzungshilfe benötigen. Der Tenor sollte lauten: **„Alle verstehen alles zur gleichen Zeit!"**

Vor jedem Treffen gilt es daher sicherzustellen, dass sprachliche Unterstützer in den zu erwartenden Sprachen beteiligt sind. Praktisch kann dies über die frühzeitige Organisation von **DolmetscherInnen** (▶ S. 38 „Zur sprachlichen Situation") und das Arbeiten mit so genannten **„Murmelgruppen"** gelingen.
„Murmelgruppen" bedeuten in diesem Zusammenhang, dass eine oder mehrere solide zweisprachig kompetente Personen in unmittelbarer Nähe zugewanderter Eltern sitzen, welche nicht sicher Deutsch verstehen. Diese Personen übersetzen **simultan** und **murmelnd**, aber deutlich genug verständlich, die Einlassungen des Referenten oder der Referentin.
Die vortragende Person ist vorab entsprechend zu sensibilisieren, um einen langsameren Redefluss zu pflegen und die DolmetscherInnen nicht zu überfordern. Sinnvoll ist, im Rahmen eines Vorbereitungsgespräches vorab mit den übersetzenden Personen ihre Funktion sowie **erleichternde Bedingungen** zu besprechen. Dazu kann z. B. gehören, die wesentlichsten Punkte der inhaltlichen Vermittlung bereits vorab zu erfahren, ggf. auch schriftlich. So ist eine Vorbereitung auf die zu übersetzenden Inhalte leichter möglich.

Auch **deutsche Eltern** sind über den Sinn der Vorgehensweise zu **informieren und** zu **sensibilisieren**. Dies kann auch ein Rahmen sein, um über evtl. Erwartungen gegenüber zugewanderten Eltern hinsichtlich ihrer deutschen Sprachkenntnisse zu sprechen. Im Gegensatz zu Positionen, die sich darauf beschränken, (noch) nicht vorhandene Deutschkenntnisse einzufordern, ergibt sich aus dem Angebot gleichberechtigter Teilhabe über sprachliche Brücken des Übersetzens hinweg, dass Integrationsbemühungen überhaupt erst verstanden und wechselseitige Beziehungen erwünscht werden. Nur wer die Motivation zum Verstehen und Sprechen der deutschen Sprache hat, macht auch die entsprechenden Anstrengungen, diese Sprache zu erlernen. Die Erfahrung zeigt, dass die mehrsprachige Angebotsleistung interkulturell arbeitender Tageseinrichtungen viel eher zu **Interesse an Deutschkursen** bei Migranteneltern führen als anklagende oder einfordernde Haltungen.

Im Zusammenhang mit Mehrsprachigkeit und Gruppenarbeit sei nun am Thema „Verkehrserziehung" verdeutlicht, dass interkulturell arbeiten heißt, das zu tun, was die Einrichtung ansonsten als wichtig erachtet, aber *ein bisschen anders* – nämlich interkulturell sensibel und mehrsprachig.
Informationen zur Verkehrssicherheit sollten als fundiertes Wissen über Sprachbarrieren hinweg Kindern und Eltern zur Verfügung stehen. Es sollte keine Gefährdung der Kinder im Straßenverkehr nur deshalb eintreten, weil sie und ihre Eltern Informationen zu ihrer Verkehrssicherheit sprachlich nicht adäquat aufnehmen und verarbeiten können.
Der Besuch bei der Jugendverkehrspolizei z.B. lässt oft die zugewanderten Kinder außen vor. Sie sind nicht in der Lage, die prophylaktischen und die letztlich potenziell schützenden Informationen aufzunehmen und bis auf den letzten Grund zu verstehen.
Interkulturell überdacht und verändert heißt dies: Elternteile oder andere zweisprachig kompetente Personen werden zu dem Besuch mitgenommen und erhalten bewusst die Gelegenheit, die Informationen des Jugendverkehrspolizisten zu übersetzen – besonders günstig wieder nach dem Prinzip der „Murmelgruppen". Es wird darüber nachgedacht, ob es zusätzlichen zum deutschsprachigen Informationsmaterial anderssprachige Broschüren gibt (bei der Verkehrspolizei erfragen). Broschüren in den erhältlichen Sprachen werden bestellt und ggf. im Rahmen eines Elternabends zum Thema verteilt.
Der Jugendverkehrspolizist wird für die Thematik „Mehrsprachigkeit in Kindergruppen" entsprechend sensibilisiert. Auch ihm sollte deutlich werden, dass der Schutzgedanke nicht an sprachlichen Fähigkeiten scheitern darf. Er wird gebeten, seine KollegInnen entsprechend in derartige Überlegungen einzubeziehen.
Auf diese Weise erhält das, was der Kindergarten sowieso als wichtige prophylaktische Arbeit ansieht, eine solide mehrsprachige Ausrichtung!

Planung und Durchführung

Für die **Planung** von Elternarbeit in Gruppen erweist es sich erfahrungsgemäß als günstig, **häufiger kürzere Sequenzen** anzubieten als seltene und zu lange Treffen. Dies muss jedoch nicht für den Bedarf jeder Einrichtung oder Gruppe oder eines jeden thematischen Angebotes zutreffen. Eine **umfassend gewünschte Thematik** ist bei kleineren zeitlichen Einheiten kaum abzudecken. Manchmal eignen sich daher für weit reichende Themen zeitlich längere Runden oder eine **Reihe mit aufbauenden Angeboten**.

Gelingende Gruppenarbeit hängt in großem Maße von **solider Vorarbeit** ab. Nach der Themenfindung (▶ S. 58 ff.) und der Festlegung bezüglich der ReferentInnen (▶ S. 63 f.) ist die **schriftliche Einladung** an alle Eltern, ggf. mehrsprachig, der nächste wichtige Schritt. Die folgenden Punkte sollten darin klar ausgeführt sein:

◆ Inhalt und
◆ Zielsetzung des Treffens,
◆ das Datum des Veranstaltungstages,
◆ die Zeitspanne des Treffens sowie
◆ die Nennung der verantwortlichen Person für Moderation oder Vortrag.

Die in diesem Buch vorgestellten Elternabende greifen auf ein bewährtes **Strukturschema der Gruppenarbeit** zurück. Ein Abend (bzw. eine andere gewählte Tageszeit) setzt sich demnach aus verschiedenen Abschnitten zusammen:

◆ Begrüßung,
◆ Vorstellrunde,
◆ Erläuterung des Ablaufplans (s.u.),
◆ Einführung in die Thematik,
◆ Referat oder Gruppenarbeit in Kleingruppen,
◆ Plenum,
◆ Resümee und
◆ Abschied.

Ermutigender Erfahrungsaustausch: So hat ein Elternangebot in unserer Einrichtung gut geklappt!

Die Vorbereitung des **inhaltlichen Konzepts** für den Abend (▶ S. 70 ff. u. S. 82 ff.) schließt erforderliche **Verschriftlichungen**, welche die Mitteilungen während der Gruppenarbeit unterstützen (z. B. Folien für den Overheadprojektor), mit ein. Am Tag selbst sind alle für die Moderation und Gruppenarbeit notwendigen **Utensilien sorgfältig zu bevorraten**.

Für den Ablauf einer Gesprächsrunde oder einer Veranstaltung ist ein durchdachter **Ablaufplan** eine wertvolle Gestaltungshilfe. Er sollte stets mit allen für die Durchführung Verantwortlichen abgesprochen und festgelegt sein. Außerdem ist es empfehlenswert, den Plan zur Transparenz in großer Beschriftung zu **visualisieren**. Dabei wirken ein Plakat oder die Notiz auf Flipchart besser als die Darbietung auf dem Overheadprojektor, da der Ablauf so permanent im Blickfeld bleiben kann und zwischendurch zur Orientierung dient. Der Ablaufplan beinhaltet mindestens:

◆ die Themenbenennung mit einem griffigen und ansprechenden Titel, der neugierig macht,
◆ die geplante Struktur des Abends,
◆ Hinweise auf Methodenwechsel,
◆ die Auflistung der angenommenen Zeiträume für die einzelnen Anteile des Angebotes,
◆ den erkennbaren Wunsch nach einer Phase des Einbringens der elterlichen Erfahrungen und Standpunkte sowie
◆ die Nennung der Schlussphase und des Abschieds.

Die **zeitliche Einteilung** der einzelnen Abschnitte variiert von Gestaltung zu Gestaltung, ist abhängig von teilnehmender Personenzahl und Thema sowie nicht zuletzt von den Bedürfnissen der Teilnehmenden und Durchführenden. Im Ablaufplan stellt sie kein starres Korsett dar, das unter allen

Umständen zu befolgen ist, sondern ist als hilfreiche Orientierung für die Gesprächsleitung und die Gruppe zu verstehen.

Während der **konkreten Durchführung** des Angebots spielt die **Haltung der Gesprächsleitung** eine wesentliche Rolle für das Gruppenklima. Es ist wertvoll, freundlich, authentisch und zugewandt aufzutreten. Menschen haben gerne Kontakt zu Personen, die sich nicht nur irgendwie geben, sondern sind was sie sind – die den Mut haben, sich als eine Person mit individuellem Profil zu zeigen. Dabei ist die **Mischung zwischen Neutralität in der Rolle und persönlichem Einbringen** feinfühlig herauszufinden und unter KollegInnen wohlwollend und gemeinsam lernend zu spiegeln (▶ S. 63 „ReferentInnen oder Stammpersonal").
Bei der **Sitzordnung** hat es sich im Hinblick auf ein offenes, einander zugewandtes Klima bewährt, dass die Eltern im Kreis sitzen. So sind allseitige Blickkontakte möglich und alle sind gleichermaßen in die Runde einbezogen.

Die **Begrüßung** markiert deutlich den Beginn der Veranstaltung in Richtung einer nun folgenden gemeinsamen Zeit und setzt den Maßstab für die Vorstellrunde der Eltern. Sie sollte herzlich und positiv sein – geäußerte Enttäuschung über evtl. nicht erschienene Personen geht hier ohnehin an die falsche Adresse.
Wesentlicher Bestandteil ist die eigene Vorstellung mit deutlicher Namensnennung, auch wenn die Leitung bekannt zu sein glaubt, damit sie zwischendurch exakt angesprochen werden kann. Eine schriftliche Fixierung ist dazu hilfreich.

Für die **Vorstellrunde** der Eltern gibt es verschiedene Möglichkeiten. Bei Gruppen mit weniger als 16 Personen bietet sich eine **Einzelvorstellung** an. Diese Vorstellrunde kann spielerisch erfolgen: Die sich jeweils gegenüber sitzenden Personen stehen auf, gehen aufeinander zu und begrüßen sich. Sie stellen sich gegenseitig vor und fassen evtl. kurz ihre Motivation zur Teilnahme an diesem Gruppenangebot zusammen. Diese Übung hat den Vorteil, dass sich niemand alleine zu Wort melden muss, jede Person ein konkretes Gegenüber hat und alle Beteiligten gleich zu Anfang der gemeinsamen Runde einmal zu Wort gekommen sind. Erste Hemmschwellen sind so sehr schnell zu überbrücken.

Eine Personenzahl von mehr als 16 Personen benötigt hierfür sehr viel Zeit. Daher ist es angemessener, etwa ab dieser Gruppengröße auf eine kurze **Vorstellungsphase während der Kleingruppenarbeit** zu verweisen. Ist keine Arbeit in Kleingruppen geplant, bittet die Gesprächsleitung **bei den ersten Wortmeldungen** der Eltern jeweils um eine kurze Vorstellung.

In großen Elterngruppen ist evtl. auf die Vorstellrunde nicht nur aus zeitlichen Gründen zu verzichten, sondern auch, weil sie für manche Eltern wie ein Stoß ins kalte Wasser wirkt. Insbesondere zugewanderte Eltern befürchten oftmals wegen unsicherer Aussprache oder Formulierungen im Deutschen peinliche Situationen.

Nach der Vorstellrunde erfolgt die **Erläuterung des Ablaufplans**. Dazu werden Rückfragen der Teilnehmenden erbeten und die Zeitfolge gemeinsam abgesprochen. Es empfiehlt sich auf jeden Fall, eine gemeinsame Vereinbarung im Sinne eines Kontraktes zu schließen und nicht in die inhaltliche Runde zu starten, ehe alle Beteiligten mit dem gemeinsamen Vorhaben in zeitlicher, struktureller und inhaltlicher Form einverstanden sind. Geschieht dies nicht, kann es passieren, dass diese Diskussion im Verlauf des Angebotes aufkommt und den Ablauf unterbricht oder abbricht.

Der erste thematische Impuls erfolgt in Form einer **Einführung in die Thematik** des Treffens. Diese Einstimmung kann in einigen Sätzen erfolgen und sollte nicht zu lang sein. Sie lässt sich gut abrunden mit der Anfrage nach den eigenen Verbindungen der Teilnehmenden zum Thema sowie persönlichen Erfahrungen und Einschätzungen, die Eltern beisteuern möchten.

Im Anschluss daran bietet sich die Erarbeitung des Themas über ein **Referat**, evtl. in Zusammenarbeit mit einem externen Referenten oder einer Referentin an, oder eine themenbezogene **Kleingruppenarbeit**. Die Gestaltungsformen hierzu können sehr variabel sein (▶ S. 70 „Einführende Elternabende" und S. 82 „Thematische Elternabende").

Übungen, Kleingruppenarbeit und Referat bedürfen der Aufarbeitung im **Plenum** mit dem Ziel, aus den Einzelperspektiven zu verbindenden Aussagen im Plenum zu gelangen. Gut ist es, die bedeutsamsten Gesprächpunkte in Form von Thesen festzuhalten. Es kommt dabei nicht darauf an, alle Teilnehmenden auf dieselben Schlussfolgerungen zu verweisen. Vielmehr geht es um die Möglichkeit, Wissen auszutauschen, gemeinsam zu erweitern und perspektivisch zu beleuchten. Es geht darum, Standpunkte kennen zu lernen, mit neuem Wissen zu verbinden und ggf. zu verändern. Auswertende Zusammenfassungen sind hierbei Auftrag der Gesprächsleitung, auch mit Hinweis auf die Bandbreite von Auffassungen und Wertungen.

Unter Umständen bietet sich bei zeitlich länger andauernden Veranstaltungen eine kleine **Pause** an, evtl. mit einem Imbiss. Bereits in dieser Zeit können erste informelle Meinungsbilder zum Abend ausgetauscht werden, können Gesprächsleitung und Teilnehmende Bedürfnisse für den zweiten Teil

– quasi zwischendurch – äußern, was nach der Pause ggf. in Form von Kontraktänderung angesprochen werden sollte. Der geeignete Zeitpunkt für eine Pause ist je nach Verlauf des Abends an unterschiedlichen Stellen sinnvoll. Er richtet sich sowohl nach Thema und Struktur des Abends als auch nach der Engagiertheit der Eltern.

Die abschließende Runde der Durchführenden und TeilnehmerInnen beinhaltet nicht nur ein sachlich gefasstes **Resümee**, sondern geht auch auf:

◆ die Atmosphäre während des Angebotes,
◆ das Wohlbefinden im Raum und den äußeren Umständen,

◆ die Erwartungshaltung im Rückblick,
◆ die Zufriedenheit mit den zeitlichen, arbeitstechnischen und gruppendynamischen Elementen,
◆ die momentane Befindlichkeit und
◆ weiterhin offene Bedürfnisse ein.

Der deutlich markierte **Abschied** mit Dank an die beteiligte Runde, andere Mitwirkende und Helfende zur Gestaltung des Abends rundet das Angebot ab. Es kann schließen mit einem Ausblick auf weitere Schritte, Termine oder Angebote, durchaus auch als Ankündigung nach einer Phase des Erwägens oder der Bedürfnisabstimmung im größeren Rahmen des Teams und der Elternschaft.

Einführende Elternabende für Eltern von Kindergartenneulingen

Gelungene Übergänge sind eine Bereicherung für die menschliche Identität. Dies gilt für junge wie erwachsene Menschen. Übergänge zu meistern ist eine Lebensaufgabe. Frühe Erfahrungen mit Übergangssituationen und den mit ihnen verkoppelten Gedanken und Gefühlen prägen dabei spätere Herangehensweisen – im positiven wie im negativen. Übergangszeiten für Kinder müssen durch Menschen mit Erfahrungsvorsprung zu diesem Thema sensibel begleitet werden. Das, was Kinder seitens der sie begleitenden Erwachsenen an Signalen zum Übergang in eine neue Situation wahrnehmen, hat direkten Einfluss auf sie und ihre Bewältigungsstrategien.

Je jünger Kinder sind, wenn sie Kindergartenkinder werden, umso behutsamer und fließender muss der Übergang in den Kindergarten oder die Krippe gestaltet werden, desto enger muss die Kooperation zwischen Eltern und PädagogInnen ausfallen.

Für Eltern wird der **Zugang zur Einrichtung erleichtert**,

◆ wenn sie die unterstützenden Signale der ErzieherInnen an die Kinder deutlich wahrnehmen können,
◆ wenn sie gleich spüren, dass die ErzieherInnen an einem Beziehungsaufbau zu ihnen interessiert sind,
◆ wenn sie das Angebot des Hospitierens erreicht,
◆ durch das Angebot einer Kaffee- oder Tee-Ecke für eine bestimmte Zeit während des ersten Besuchsmonats (oder nach Belieben als Dauereinrichtung),

◆ durch mehrsprachige Elternbroschüren, -briefe, -zeitungen,
◆ durch die Durchführung eines Aufnahmegesprächs mittels Aufnahmebogen (▶ S. 42 „Aufnahmegespräch"),
◆ mittels der Zusicherung, dass gemeinsame einführende und thematische Elternabende als Angebote folgen werden.

Im Weiteren finden sich zunächst drei einführende und im folgenden Kapitel sieben thematische Elternabende. Der **Begriff „Elternabend"** steht hierbei stellvertretend für alle möglichen Angebotsformen und kann selbstverständlich ersetzt werden durch „Elternnachmittag", „Frühstückstreff" o. Ä. (▶ S. 56 „Praktische Rahmenbedingungen").

Alle „Elternabende" greifen auf folgende **Struktur** zurück:

◆ Inhalte und Ziele,
◆ Materialien und Vorbereitung,
◆ Zeitstruktur,
◆ Anleitung zur Durchführung,
◆ erweiternde Anregungen zum Thema,
◆ Erfahrungen mit der Durchführung.

In den Anleitungen zur Durchführung fallen Texte in wörtlicher Rede auf. Sie sind exemplarisch vorgegeben und sollen Anregungen für einen *möglichen* Sprachgebrauch aufzeigen. Selbstverständlich ist sinngemäßen eigenen Formulierungen Vorrang zu gewähren, wo Inhalte individuell adäquaten Ausdruck finden können.

1. Informationsabend:
„Der Start in die Kindergartenzeit"

Inhalte und Ziele

Dieser erste thematische Elternabend richtet sich an Eltern, die ihr Kind seit kurzer Zeit in die Kindertageseinrichtung bringen. Als Durchführungszeitraum bietet sich der erste Besuchsmonat an.

Eltern neu aufgenommener Kinder wird durch dieses Angebot ermöglicht:

◆ die Einrichtung näher kennen zu lernen,
◆ erste Einblicke in die Struktur, den täglichen Ablauf und das Leben in der Kindertagesstätte zu erhalten,
◆ Lern- und Beschäftigungsmöglichkeiten in der Einrichtung kennen zu lernen,
◆ mit dem Personal und anderen Eltern in Kontakt zu kommen,
◆ Informationen über die Formen der Elternmitwirkung zu erhalten und
◆ mit den Zielen der ErzieherInnen in der Elementarpädagogik vertraut zu werden.

Die Inhalte des Abends transportieren die Haltung, dass das frühe gegenseitige Kennenlernen sowie die Möglichkeit, Fragen zu Struktur und Angebot der Einrichtung zu klären, eine gute Basis für die zukünftige Zusammenarbeit bilden.

Material

4 DIN A2 Plakate, Kreppklebeband, 1 Stapel Karteikarten, 1 Filzstift pro TeilnehmerIn; evtl. Diareihe mit Bildern aus dem Kindergartenalltag, Projektor mit Ersatzlampe, Leinwand

Vorbereitung Schritt 1

Je zwei Plakate werden mit folgenden Überschriften versehen:
Plakat 1: „Das weiß ich bereits über den Alltag und das Angebot der Kindertageseinrichtung"
Plakat 2: „Was ich über den Kindergarten und sein Angebot noch wissen möchte".
Alle vier Plakate werden mit dem Klebeband gut sichtbar nebeneinander im Raum aufgehängt.

Vorbereitung Schritt 3 (fakultativ)

Das Team der Tageseinrichtung wählt bis zu 20 Dias (nicht mehr!) aus, die als besonders aussagekräftig erachtet werden (z. B. zu Tagesablauf, Jahreslauf, Förderangeboten, Projekten, Festen, Elternarbeit oder Öffentlichkeitsarbeit).
Zu jedem Dia wird ein Begleittext vorbereitet, der kurz, prägnant und von gutem Informationswert ist. (Den Begleittext mit DolmetscherInnen vorab besprechen.)
Der Projektor wird vor dem Abend auf seine Funktion überprüft und am Elternabend rechtzeitig aufgestellt.

Zeitstruktur

Gesamtdauer: 3 Unterrichtsstd. à 45 Min. = 2 $1/4$ Zeitstd.
15 Min.: Begrüßung, Einleitung in den Abend, Anleitung Schritt 1
15 Min.: Karten ausfüllen in Einzelarbeit
30 Min.: Auswertung Schritt 1
45 Min.: Anleitung und Auswertung Schritt 2
15 Min.: Diavortrag Schritt 3
15 Min.: Schlussphase mit Resümee zum Gesamtabend

„Inhalte und Ziele" als Gesprächsleitung erläutern – Erzieherinnen üben für den nächsten Elternabend

Einleitung

Die Gesprächsleitung begrüßt die Teilnehmenden und stellt sich selbst, die beteiligten KollegInnen und ggf. die dolmetschenden Personen zunächst vor. Es ist günstig, an dieser Stelle zu betonen, dass eine weitgehende Verständnissicherheit zu Beginn der Kindergartenzeit ein besonders hohes Anliegen der Einrichtung ist.

Die Gesprächsleitung erläutert kurz die Inhalte und Ziele des vorgesehenen Elternabends. Die TeilnehmerInnen werden nach dieser Begrüßung gebeten, zwei Arbeitsschritte zu leisten.

Anleitung Schritt 1

„Für eine erste Annäherung an unsere heutige Thematik sind zwei Aspekte interessant, die wir von Ihnen erfahren möchten. Daher bitten wir Sie uns zu sagen:

1. Was wissen Sie bereits über den Alltag und die Arbeit der Kindertageseinrichtung?
2. Was möchten Sie noch gerne über das Angebot und den Alltag in der Kindertageseinrichtung wissen?"

Es werden jedem Elternteil vier Karteikarten und ein Stift ausgehändigt. Auf den aushängenden Plakaten können die Eltern bereits jetzt den erweiternden Schritt nach der Kartenabfrage erkennen.

*„Notieren Sie bitte nun Ihre Aussagen oder Fragen zu diesen beiden Aspekten, so wie sie Ihnen spontan einfallen. Versehen Sie bitte zwei Karten mit jeweils einer Aussage und zwei Karten mit jeweils einer Frage. Wir werden in einer anschließenden Gesprächsrunde alles zusammentragen und auf den Plakaten notieren, was Ihnen zu diesen Aspekten wichtig ist. Bitte wählen Sie für Ihre Notizen die Sprache, die Ihnen am nahesten ist und in der Sie sich am besten ausdrücken können. Sie haben für das **Ausfüllen der Karten** ca. 15 Minuten Zeit."*

Auswertung Schritt 1

Die Karteikarten mit den Fragen werden zunächst verdeckt zur Seite gelegt und nur die Aussage-Karten bereitgehalten. Alle Eltern stellen sich einzeln namentlich vor und lesen ihre Notizen zur ersten Themenstellung vor. Durch Übersetzen der Beiträge wird sichergestellt, dass alle Aussagen verstanden und gegenseitig mitgeteilt werden.

Jede Aussage wird direkt auf ihre Gültigkeit hin überprüft. Dies stellt sicher, dass keine Annahmen über den Kindergarten bestehen bleiben, die nicht der Realität entsprechen. Es gilt auch zu klären, ob die auf den Karten benutzten Begriffe im Alltag des Kindergartens verwendet werden und ob sie allen geläufig sind.

Alle zutreffenden Aussagen werden nach jedem Beitrag auf die Plakate geschrieben; spätere Mehrfachnennungen werden entsprechend zusammengefasst.

Anleitung und Auswertung Schritt 2

Danach sammelt die Gesprächsleitung von allen Eltern die Frage-Karten ein. Alle Karten werden von ihr einzeln nacheinander aufgedeckt, auf dem Plakat notiert und miteinander besprochen.

Schritt 3 (fakultativ)

Wenn es das Zeitkonzept zulässt, werden in einem dritten Schritt Diareihen gezeigt, die den Eltern der Kindergarten-Neulinge den Alltag, seine Rhythmen und Besonderheiten deutlich machen.
Für diesen Schritt werden Murmelgruppen gebildet (▶ S. 64). Das Vortragen des Textes zu den langsam wechselnden Dias soll klar und deutlich sein sowie die Simultanübersetzung zulassen.

Hinweis: Dias haben Videos gegenüber den Vorteil, wechselnd in beliebiger Geschwindigkeit gezeigt werden zu können. Es ist möglich, Bild für Bild so lange zu verweilen, wie es bei Rückfragen oder Übersetzung nötig ist.

Schlussphase

Gegenstand des abschließenden Gespräches können – evtl. angeregt durch die Dias – Fragen zu Gruppenalltag, Organisation, Pädagogik, Konzept, Elternmitwirkung, Sprachförderung etc. sein.

Erweiternde Anregungen zum Thema

◆ Alternativ kann ein gemeinsamer Elternabend mit neuen und „alten" Eltern organisiert werden, mit der Gelegenheit zum Austausch über Erfahrungen zur Anfangszeit der Kinder im Kindergarten. Die Eltern werden entsprechend gruppiert zusammengesetzt. Die Gestaltung orientiert sich an den o. g. Anregungen.

Wortkarten unterstützen die persönliche Beteiligung und fördern die Klärung von Begriffen und Fragen

◆ Der erste Abend kann den Anstoß zur Gestaltung einer „Familienwand" geben, damit alle neuen Kinder und Eltern im Kindergarten bekannt werden. Dazu werden Fotos und Kurzbeschreibungen der Familien im Flurbereich aufgehängt. Die Gestaltung darf auf jeden Fall nur mit den Familien gemeinsam erfolgen. Dabei ist zu klären, wie sich die Familien darstellen möchten – streng gläubige Muslime möchten sich u. U. nicht mit Fotos darstellen, damit ist entsprechend respektvoll umzugehen.

◆ Die Eltern können alternativ zu den bisherigen Vorschlägen gebeten werden, in den Kindergarten auszuschwärmen und sich einen Gegenstand zu suchen, über den sie eine Frage zur pädagogischen Arbeit mit den Kindern oder dem Kindergartenalltag stellen möchten.

Erfahrungen mit der Durchführung

Die Motivation zum Besuch dieses Elternabends ist sehr hoch. Viele Eltern fühlen sich mit der Vorgehensweise wohl, weil ihr Wissensstand, ihre Haltung und Meinung erfragt und beachtet wird. Sie spüren, dass man ihnen einen Informationsstand unterstellt, sie aber jederzeit das Anrecht auf Erweiterung ihres Wissens und Einblicks in die Arbeit haben. Durch die zweite Kartenabfrage kommen regelmäßig Wünsche nach Erläuterung zum Tragen, die das Bild der Eltern über die Tageseinrichtung sehr gut abrunden.

Durchführungen mit Übersetzung werden sehr dankbar und oft auffallend herzlich entgegen genommen.

Längerfristige Auswirkungen derart gestalteter Elternabende waren:

◆ Die Eltern bringen ihre Kinder pünktlicher in den Kindergarten,
◆ sie sorgen für einen regelmäßigeren Besuch der Kinder,
◆ es wird häufiger zwischendurch nachgefragt, wie sich die Kinder entwickeln,
◆ die Eltern kommen zu späteren Elternangeboten häufiger hinzu,
◆ sie wirken in der Folge des Angebotes insgesamt engagierter,
◆ die Diskussionen über die Entwicklung der Kinder werden intensiver und
◆ Gespräche über Integration von Kindern aus Zuwandererfamilien und über verschiedene Erziehungsziele finden häufiger statt.

Eventuell reicht die Zeit im Rahmen des ersten Elternabends nicht aus, um eingehender Fragen zur pädagogischen Arbeit mit den Kindern oder den Förderaspekten im Kindergartenalltag zu stellen. Das Bedürfnis nach intensiverer Auskunft in Bezug auf verwendete Materialien, individuelle Förderung der Kinder, Bildungsangebote, Sinn und Ziel einzelner Beschäftigungsmöglichkeiten etc. wird jedoch häufig gezeigt. Der im Folgenden beschriebene Informationsabend „Unser Kindergarten – Ort des Lebens, des Lernens und der Begegnung" bietet sich daher als Erweiterung an.

2. Informationsabend: „Unser Kindergarten – Ort des Lebens, des Lernens und der Begegnung"

Inhalte und Ziele

Zusätzlich zum Kennenlernen der Erzieher-Innen, zu ersten Informationen über die pädagogische Arbeit und den Kindergartenalltag (▶ S. 71 ff. 1. Informationsabend: „Der Start in die Kindergartenzeit") ist es für Eltern hilfreich, vertiefte Kenntnisse über die Methoden der Elementarpädagogik und die Arbeitsmittel zu erhalten. Die Durchführung bietet sich im ersten Halbjahr des Kindergartenbesuchs an.

Dieser Elternabend verstärkt ergänzend:

◆ die Vorstellungen über den Kindergarten als Begegnungsstätte und Beheimatung der Kinder,
◆ die Einsichten in Ausstattung, Spielformen, Spielangebote und ihre Förderwirkung auf die Kinder,
◆ das Kennenlernen des pädagogischen Konzepts, möglicher Projekte, besonderer Förderangebote, Arbeitsweisen und Handlungsrepertoire der ErzieherInnen,
◆ die Möglichkeit, die praktische Durchführung von elementarpädagogischer Arbeit nahe zu bringen und gemeinsam zu reflektieren,
◆ die Möglichkeit, eigenhändig und damit aktiv praktische Erfahrungen mit Material und Inventar der Einrichtung zu machen.

Materialien

Der Kindergarten mit seinem gesamten Inventar, Papp- oder Papierbögen, (Filz-)Stifte, Klebeband

Vorbereitung

Einige Spiele, Bücher und sonstige Materialien werden anregend ausgelegt. Zur leichteren Orientierung wird der Weg durch den Kindergarten mehrsprachig beschriftet.

Zeitstruktur

Gesamtdauer: 3 Unterrichtsstd. à 45 Min. = 2 $1/4$ Zeitstd.
15 Min.: Begrüßung, Einleitung in den Abend, Anleitung Schritt 1
60 Min.: Rundgang und Benutzung der Materialien
30 Min.: Auswertung Schritt 1
15 Min.: Anleitung Schritt 2
15 Min.: Schlussphase mit Resümee zum Gesamtabend

Einleitung

Nach der Begrüßung und der Erläuterung des Ziels der Zusammenkunft werden die Eltern dazu eingeladen, den Kindergarten in Beschlag zu nehmen und sich 45 bis 60 Minuten lang mit den Dingen zu beschäftigen, die sonst die Kinder benutzen.

Anleitung Schritt 1

„Bitte sehen Sie sich im Kindergarten um. Sie können in alle Räume gehen, die Bauecke nutzen, Bücher ansehen oder vorlesen, ein Spiel spielen, malen, den Bewegungsraum oder den Stille- und Sinnesraum nutzen usw. Schauen Sie sich alles in Ruhe an und zögern Sie nicht etwas zu benutzen. In jedem Raum ist ein Erzieher oder eine Erzieherin, die Sie befragen können, wenn sie Unterstützung oder Orientierung

wünschen. Bitte sprechen Sie zur besseren Verständigung ggf. folgende übersetzende Personen (diese nun bitte vorstellen!) an, die ihre Fragen übermitteln können."
Die ErzieherInnen geben für den **Rundgang** und die **Benutzung der Materialien** ggf. einen spielerischen Impuls, um die erste Hemmschwelle zu überbrücken. Eltern, die nur zuschauen möchten, werden freundlich respektiert.

Auswertung Schritt 1

Die Eltern kommen wieder in der Gesamtrunde zusammen. Sie tauschen ihre Erfahrungen darüber aus, wie sie sich selbst als „Eroberer" der Einrichtung erlebt haben. Erweiternd wird erörtert, was die *kindliche* Beschäftigung mit den besprochenen Angeboten für ihre Entwicklung erbringt. Das Gespräch erfolgt im Stuhlkreis mit dem Einsatz eines Erzählsteins (ein schön geformter Stein wird reihum an die jeweils nächste sprechende Person weitergegeben), womit die Eltern erweiternd eine Vorgehensweise erleben, die auch ihren Kindern vertraut ist. Übersetzungen werden da, wo sie erforderlich sind, eingefügt.

Anleitung Schritt 2

Die Erörterung wird ggf. erweitert durch Schilderungen der ErzieherInnen zu möglichen kindlichen Beschäftigungen und Förderangeboten, die bisher noch nicht benannt worden sind.

Schlussphase

Die Schlussphase ist ein guter Zeitpunkt, ein Resümee zum Gesamtabend zu ziehen und Eltern zu Hospitationen einzuladen, um ihr eigenes Kind in aktiver Nutzung des Kindergartens und der Kontakt- und Beschäftigungsmöglichkeiten zu erleben.

Erweiternde Anregungen

◆ Je nach zeitlich verbleibender Kapazität werden den Eltern abschließend Informationen gegeben zum Thema: „Wie kann ich hier als Mutter, als Vater mitwirken?", sowohl in Bezug auf Gremienarbeit als auch der Möglichkeiten freier Mitarbeit.
◆ Der Aspekt des Kindergartens als Begegnungsstätte für Eltern und Kinder kann auch mithilfe eines Brainstormings erweitert werden: Eltern geben durch Zuruf ihre Haltungen, Wünsche und Ideen in die Gesprächsrunde. Die leitenden Fragen lauten: „Wie will ich hier mitwirken?" „Welche Ideen zur Mitgestaltung habe ich?" Alle Anregungen werden auf Plakaten notiert.

Diese Gesprächsphase ist gut geeignet um zu klären, ob weitere thematische Elternangebote bereits jetzt gewünscht werden. Es erfolgt dann eine gemeinsame Planung.

Erfahrungen mit der Durchführung

Die Eltern lernen auf diese Weise zügig die Aufteilung der Räumlichkeiten, ihre Ausstattung und ihre Funktionalität kennen. Sie finden unkompliziert Kontakt zum gesamten Personal der Einrichtung und können aktiv Materialien, Angebote und Spiele kennen lernen. Nicht nur Gerätschaften, Materialien und Spiele werden in Funktion gezeigt, sondern – quasi als Nebeneffekt – auch die damit „spielenden" Eltern und ErzieherInnen als Personen. Man erfährt sich somit gegenseitig auf einer anderen Ebene, auf der die Berufs- bzw. Elternrolle mit freudigem Erleben gekoppelt werden kann.
Eine Erzieherin sagte: „Mir gefällt: Eltern können sich bei der Gestaltung eines solchen Abends nicht verstecken! Und sie wollen es auch gar nicht. Im Gegenteil, sie machen überraschend locker mit!"

Die wichtigste Botschaft ist allerdings die tief greifende Erkenntnis über die Bedeutung des kindlichen Spiels. Deutlich wird, dass Sachwissen, motorische Fertigkeiten, soziale Kompetenz, emotionale Intelligenz, Kommunikations- und Konfliktfähigkeit gemeinsam die „Bildung" des Kindes bedeuten und sie durch Aktion und Material im Kindergarten entwickelt wird. Der Abend transportiert sowohl die Erfahrung als auch das Wissen, dass Spielen und Förderung einander bedingen.

Wird dieses Angebot im Verlauf der Kindergartenzeit wiederholt, entwickelt sich der Vorteil, dass zwischenzeitlich Überdachtes einen Raum zur Äußerung erhält. Neue Fragen bieten dann die Chance zur vertieften Klärung, frei nach der Prämisse: „Erkläre mir und ich vergesse. Zeige mir und ich erinnere. Lass' es mich tun und ich verstehe." (nach Konfuzius, s. Elschenbroich, 2001, S. 48).

3. Informationsabend: „Interkulturelle Pädagogik – eine Chance für mein Kind!"

Inhalte und Ziele

Die Beschäftigung mit *Interkultureller Pädagogik* im Rahmen von Elternarbeit – und dies gleich zu Beginn der gemeinsamen Kindergartenzeit – birgt die Chance, Ziele dieser pädagogischen Ausrichtung früh zu transportieren und plausibel zu machen.

Dabei ist Ziel dieses Elternabends, mit Eltern Inhalte Interkultureller Pädagogik zu erarbeiten und ihnen die Besonderheiten und Vorzüge dieses Ansatzes näher zu bringen.

Eltern erhalten durch die intensive gemeinsame Beschäftigung mit dem Thema die Gelegenheit zu verstehen, dass Interkulturelle Pädagogik ihren Kindern:

◆ Wege zu gegenseitiger Vertrautheit über die Grenzen der Herkunft hinweg ermöglicht,
◆ damit sinnvolle Wege gegen Fremdsein und Abgrenzung eröffnet,
◆ hilft, Haltungen von Ausgrenzung weitgehend zu vermeiden,
◆ Anreize zur Entwicklung mitmenschlicher, demokratischer, friedfertiger und toleranter Fähigkeiten anbietet,
◆ Zugang zur Realität *Mehrsprachigkeit* verschafft,
◆ gleichberechtigte Deutungsmuster für Gruppenzugehörigkeit, Kultur, Religion und Philosophie aufzeigt und
◆ Gelegenheit gibt, Offenheit und interessierten Austausch zu schulen.

Es sollte darüber hinaus benannt werden, dass sich alle interkulturellen Ziele sowohl auf das Lernen und die Beziehungen der Kinder als auch auf den Kontakt und die Beziehungen der Erwachsenen beziehen. Die grundsätzliche Fragestellung: „Interkulturelle Pädagogik – was bedeutet sie für mein Kind?" heißt also auch immer: „Was bedeutet sie für uns als einheimische Eltern und als Eltern mit Migrationshintergrund?" Eltern sollte mittels dieser Veranstaltung bewusst gemacht werden, dass Interkulturelle Pädagogik das Ziel hat, das gemeinsame Aufwachsen in einer multikulturellen Gesellschaft als Anlass und Auftrag wahrzunehmen. Ziel ist die Einsicht: „Wenn wir wollen, dass die nächsten Generationen von Kindern als spätere Erwachsene friedfertig und tolerant sowie auf der Basis demokratischen Denkens miteinander leben und uns – als alte Menschen – entsprechend regieren, dann gibt es zur Interkulturellen Pädagogik und ihren Möglichkeiten keine Alternative." ErzieherInnen schließen sich selbstbewusst in diese Überlegungen ein, erläutern ihre Herangehensweise an den pädagogischen Ansatz und geben Auskunft dazu, wie er sich im Konzept der Einrichtung widerspiegelt.

Voraussetzung ist, dass der Kindergarten über ein interkulturelles Konzept verfügt bzw. dieses erarbeiten will, aber bereits jetzt mit den Grundlagen der Thematik inhaltlich vertraut ist.

Materialien

7 DIN A2 Bögen weiße Pappe, viele verschiedenfarbige dicke Filzstifte

Vorbereitung

Aus den sieben weißen Pappbögen werden Plakate in Form von Wolken ausgeschnitten.

Die Plakate werden mit schwarzem Filzstift in der Mitte der Wolken folgendermaßen beschriftet:

1. Plakat: „Der Kindergarten bereitet die Kinder auf ein Leben in der multikulturellen Gesellschaft vor"
2. Plakat: „Kinder werden als Individuen wahrgenommen und haben ein Recht darauf, in ihrer sprachlichen, kulturellen und religiösen Identität gefördert zu werden."
3. Plakat: „Interkulturelle Pädagogik ist keine besondere Einzelaktion. Sie findet alltäglich in der Kindertageseinrichtung statt."
4. Plakat: „Wir orientieren uns an der tatsächlichen Lebenssituation aller Kinder und denken über Herkünfte nicht in Klischees."
5. Plakat: „Wir achten die den Familien wichtigen kulturellen, traditionellen und religiösen Gepflogenheiten und geben Kindern und Eltern Gelegenheit, den Alltag des Kindergartens hiermit zu bereichern."
6. Plakat: „Wir fördern mit Sprachrespekt die Erst- und Zweitsprache aller Kinder. Bei besonderem Förderbedarf der deutschen Sprache gelten die Angebote deutschen wie zugewanderten Kindern."
7. Plakat: „Wir entwickeln Ideen für unsere Arbeit mit den Eltern gemeinsam und freuen uns über interkulturelle Zusammenarbeit über alle Generationen hinweg."
Rund um die Notizen soll ausreichend Platz für elterliche Ergänzungen vorhanden sein.

Zeitstruktur

Gesamtdauer: 3 Unterrichtsst. à 45 Min. = 2 1/4 Zeitstd.

10 Min.:	Begrüßung, Einleitung in den Abend, Anleitung
105 Min.:	7 x Plakatarbeit im Wechsel von 15 Min.
15 Min.:	Auswertung
5 Min.:	Schlussphase mit Zusammenfassung des Abends

Hinweis: In der Regel sollen für die Durchführung dieses Abends pro Plakat eine Erzieherin oder ein Erzieher als Gesprächsbegleitung für je eine von sieben Kleingruppen zur Verfügung stehen, die alle mit den Grundaussagen Interkultureller Pädagogik und den Aussagen auf den Plakaten maßgeblich vertraut sind.
Stehen keine sieben PädagogInnen zur Verfügung, können vorab Mitglieder des Elternrates oder engagierte Eltern, die mit Inhalten der Interkulturellen Pädagogik oder der Diskussion des interkulturellen Konzepts vertraut sind, hinzugezogen werden.
Bei geringer TeilnehmerInnenzahl ist es außerdem möglich, mit zwei statt sieben Kleingruppen zu arbeiten: Die Eltern teilen sich in zwei Gruppen und gehen jeweils zu einem Plakat, sodass parallel nur zwei ErzieherInnen für die Gesprächsbegleitung benötigt werden. Sind die ersten beiden Plakate besprochen, wechseln die beiden Gruppen, bevor sie zum dritten und vierten Plakat übergehen usw. Das siebte Plakat wird abschließend von jeder der beiden Gruppen abwechselnd bearbeitet.

Alternative Zeitstruktur

10 Min.:	Begrüßung, Einleitung in den Abend, Anleitung
30 Min.:	Plakat 1 und 2
30 Min.:	Plakat 3 und 4
30 Min.:	Plakat 5 und 6
15 Min.:	Plakat 7
15 Min.:	Auswertung
05 Min.:	Schlussphase mit Zusammenfassung des Abends

Einleitung

Nach der Begrüßung orientiert sich die Gesprächsleitung zur Vorstellung des Themas an den skizzierten Zielen auf den Wolken. Sie nutzt die geschilderten Grundgedanken, fasst sie jedoch in eigene Worte und

Die „Wolken" füllen sich rasch mit vielen persönlichen Aussagen

richtet sich nach dem interkulturellen Verständnis des Kindergartenteams.

Anleitung

„Für den heutigen Abend haben wir eine besondere Vorgehensweise geplant, die bewirken soll, dass alle Teilnehmenden zum Thema miteinander ins Gespräch kommen können. Die Ihnen wichtigen Überlegungen zu unserem Thema sollen in Gesprächen erfasst werden. Dazu lege ich nun sieben Plakate in Form von Wolken in großen Abständen auf dem Boden aus. Ich bitte Sie, sich unter Berücksichtigung der sprachlichen Möglichkeiten in sieben Kleingruppen um je ein Plakat herum zusammenzusetzen. Sie werden jeweils von einer Erzieherin oder einem Erzieher begleitet.
Sehen Sie sich bitte gemeinsam die Aussage auf dem Plakat an, tauschen Sie Ihre Auffassung dazu aus und notieren Sie Ihre Haltungen oder Fragen dazu auf die Wolke. Diskutieren Sie nach Bedarf Ihre Einschätzungen. Nennen oder entwickeln Sie praktische Beispiele zur Aussage.
Bitte wechseln Sie mit der Gesprächsbegleitung des Kindergartens im Rhythmus von ca. 15 Minuten von Plakat zu Plakat. Erörtern Sie die spezielle Aussage des Pla-

kates gemeinsam und notieren Sie bitte jeweils Ihre Auffassungen und Anregungen. So erhalten wir von allen Teilnehmenden einen uns wertvollen Beitrag. Vielen Dank!"

Auswertung

Im Plenum erfolgt der Austausch über die Notizen auf den Plakaten, die nun die Eindrücke zu verschiedenen Facetten Interkultureller Pädagogik spiegeln. Nicht jede Nennung soll einzeln vorgelesen und besprochen werden, vielmehr geht es darum, Gelegenheit zu schaffen, dass die Teilnehmenden die ihnen besonders wichtigen Aspekte oder Gesprächsanteile erläutern können bzw. auftauchende Fragen Raum zur Beantwortung erhalten.

Schlussphase

Die Gesprächsleitung fasst die wichtigsten Einlassungen zusammen und zeigt auch an Beispielen aus der gelebten Praxis des Kindergartens exemplarisch auf, wie interkulturelle Arbeit im Einzelnen gelingen kann.

Erweiternde Anregungen

Folgende Geschichte kann Ausgangspunkt für eine Diskussion sein. Wird der Text zuvor von einem (älteren) Kind auf Band gesprochen, kann er den Eltern vorgespielt statt vorgelesen werden.

„Kenan, ein türkischer Junge, erzählte:
Ich habe einen deutschen Freund, der heißt Stefan. Den habe ich einmal zu Hause besucht. Aber ich gehe da nicht mehr hin. Er hatte mich eingeladen. Als ich schellte, machte seine Mutter auf und führte mich sofort in Stefans Zimmer und ließ uns alleine. Wir spielten dann und nach einiger Zeit klopfte die Mutter an die Tür und

Die Plakate bieten reichhaltigen Diskussionsstoff – noch Fehlendes wird gemeinsam ergänzt

fragte, ob wir etwas trinken oder essen wollen. Sie brachte Saft und Plätzchen und ging dann sofort wieder raus.

Wir spielten den ganzen Nachmittag allein in Stefans Zimmer. Als ich gehen musste, brachte mich Stefan zur Tür. Der Vater war schon von der Arbeit gekommen und saß im Wohnzimmer. Wir gingen da aber nicht rein. Seine Mutter war in der Küche, ich glaube sie machte das Abendessen. Sie winkte nur und sagte: Tschüß!

Ich glaube, die wollten nicht, dass ich sie besuche. Bestimmt mögen die keine Türken."

Fragen zur Aufarbeitung:

◆ Warum glaubt Kenan, dass er Stefans Eltern nicht willkommen ist?
◆ Welche Erwartungen hatte er bei einem ersten Besuch?
◆ Wie wird Besuch in türkischen Familien empfangen?
◆ Wie deuten Sie das Verhalten von Stefans Eltern?

◆ Welche Auswirkungen könnte der Besuch auf das Verhältnis beider Eltern haben?
◆ Welche Möglichkeiten sehen Sie, solche Missverständnisse zu vermeiden?

Erfahrungen mit der Durchführung

Die interkulturellen Zusammenhänge sind meist vielen Eltern nicht bewusst, erscheinen ihnen aber bei der Bearbeitung als sehr bedeutsam. Sie schätzen das Wandern von Plakat zu Plakat in einer Kleingruppe und das Resümieren in der großen Runde. Das Vertrautwerden erhält in jedem Fall eine gute Chance. Beschlüsse für Mitarbeit im Kindergarten reifen durch den Abend wirkungsvoll und nachhaltig.

Thematische Elternabende

Die folgenden Anleitungen zu thematischen Elternabenden sind alle aus langjähriger Praxisarbeit mit Eltern und ErzieherInnen hervorgegangen. Sie verstehen sich als **Angebotsimpulse** zu Themen, die Eltern wünschen, die sie als bereichernd empfinden und die durch eine gruppendynamische Vorgehensweise einen hohen Gesprächsaustausch ermöglichen. Sie zeichnen sich dadurch aus, dass sie Eltern sowohl in ihrer Persönlichkeit wahrnehmen, sie als Menschen mit eigener – von den Kindern unanhängiger – Lebensthematik erachten sowie als Menschen, die eine wichtige Aufgabe im Rahmen der Erziehung ihrer Kinder übernehmen.

Die Elternangebote berücksichtigen, dass „Erziehungsgespräche auch immer Selbstgespräche sind", wie Donata Elschenbroich sinngemäß hervorhebt (Elschenbroich, 2001, S. 19). In Kindern begegnen Erwachsene sich selbst, erleben die **Entwicklungsphasen** der frühen Kindheit bis hinein in die Adoleszenz erneut und unmittelbar vor ihren Augen... und vor ihren Herzen. Sie können unter günstigen Umständen, parallel und gleichzeitig zum Entwicklungsgeschehen ihrer Kinder, *nachentwickeln*, was die eigene Kindheit an Entwicklungserfordernissen offen ließ.
„Nicht nur wir zeigen (den Kindern, A.d.V.) die Welt. Auch die Kinder zeigen uns die Dinge (des Lebens, A.d.V.) frisch." (a.a.O., S. 21) Zu einem guten Teil bestimmt der unbewusste Wunsch nach Selbstheilung unsere Beschäftigung mit Kindern, also der Wunsch, selbst noch einmal zu wachsen, heil zu werden mit allen Chancen der Erneuerung an Geist und Seele.
Diese Überlegungen haben wesentlich dazu beigetragen, meine Vorschläge zu thematischer Elternarbeit **methodisch neu zu gestalten**, im Unterschied zu ausschließlichen Vortragsformen. Obwohl diese einen eigenen Stellenwert haben, erscheint mir im Rahmen interkultureller Zusammenarbeit mit Eltern die Notwendigkeit, sehr gruppenzentriert, kommunikativ und dabei auch variabel mit Zweiergesprächen, Kleingruppen und Plenumrunden zu arbeiten, von besonderer Bedeutung. Nach meiner Erfahrung sind so Blockbildungen, Kontaktscheu und – meist unberechtigte – Angst vor thematischen Unkenntnissen seitens der Eltern am ehesten zu vermeiden.
Für die **praktische Umsetzung** der Elternabende ist es erforderlich, regelmäßig sicher zu stellen, dass für alle teilnehmenden Eltern die **sprachliche Verständnissicherheit** gewährleistet ist. Mit der Bereitschaft zur Teilnahme durch Eltern ist gleichzeitig der jeweilige Wunsch und Bedarf nach unterstützenden DolmetscherInnen zu klären (▶ S. 64 „Gruppenarbeit und Mehrsprachigkeit").
In die Verabschiedung zum Ende eines Elternabends kann der Hinweis eingeflochten werden, dass weitere Angebote vorgesehen sind, die Gestaltung seitens der Eltern beeinflusst werden kann, Wünsche dahingehend gerne angenommen werden und die Hoffnung auf einen gegenseitig bereichernden Dialog besteht.

Die thematischen Elternabende Nummer 1 bis 6 können sehr gut als interkulturelle pädagogische Reihe präsentiert werden. Die Abfolge der Elternabende ist in dieser Form konzipiert und mit Erfolg durchgeführt worden.

Thematische Angebotsreihen haben allgemein den Vorteil, dass:

◆ Kindertageseinrichtungen mit Eltern kontinuierlich im austauschenden Gespräch bleiben,
◆ sich zunehmend elterliches Wissen über pädagogische und entwicklungspsychologische Kenntnisse erhöht,
◆ Eltern sich untereinander besser kennen lernen und ggf. unterstützen können und
◆ sich die Abstimmung der Förderung in Elternhaus und Kindergarten verbessert und intensiviert.

Alle in der Folge aufgeführten Themen und Bearbeitungsvorschläge eignen sich in besonderer Weise auch für die sensibilisierende Arbeit in Teams der Kindertageseinrichtungen, für Träger bezogene oder regionale Konferenzen der MitarbeiterInnen aus Kindertageseinrichtungen, für die Qualifizierung von FachberaterInnen, für Fortbildungen im Bereich sozialpädagogischer Berufe, für die Übernahme in Elemente der Ausbildung für ErzieherInnen und für die Berücksichtigung sensibilisierender Maßnahmen in der Stadtteil- und Gemeinwesenarbeit.

Es hat sich bewährt, die einzusetzenden gruppendynamischen Methoden zunächst selbst erlebt und erprobt zu haben, ehe sie in Kooperation mit Eltern umgesetzt werden. Daher rege ich an, zunächst diesen vorbereitenden Schritt in Teams oder anderen berufsbezogenen und vom Interesse her verbundenen Gruppen durchzuführen.

1. Elternabend:
„Spiele und Lieder meiner Kindheit"

Inhalte und Ziele

Der erste thematische Elternabend dient dazu den Eltern die Gelegenheit zu geben:

◆ sich ohne die Kinder zu treffen und miteinander ins Gespräch zu kommen,
◆ sich bei einem offenen, nicht konfrontierenden Thema näher kennen zu lernen,
◆ eigenes Erfahrungswissen beitragen zu können, ohne dass fachliches Wissen eingefordert wird,
◆ mit einem Elternabend Spaß und kreatives Erleben verbinden zu können,
◆ Erinnerungen an die eigene Kindheit aufleben zu lassen und gemeinsam zu besprechen sowie
◆ alte Kinderspiele und Lieder wieder neu in den Alltag der Kinder zu integrieren, im Kindergarten wie im Elternhaus.

Materialien

Pro TeilnehmerIn 1 Gesprächsleitfaden zum „Paarinterview" (▶ S. 88); evtl. Plakat und Stift, muttersprachliche Lieder- oder Spielbücher mit Noten von Eltern mitbringen lassen

Vorbereitung

Sind die teilnehmenden Eltern vorher bekannt, ist es ratsam, die Partneraufteilung für das Paarinterview vorab festzulegen, um geeignete Gesprächspaare zusammenzubringen. Zu diesen Vorschlägen ist jedoch stets die Zustimmung der Beteiligten einzuholen. Eventuell werden zusätzlich DolmetscherInnen einbezogen. Die Vorschläge zu den Gesprächspaaren werden auf ein Plakat notiert und für alle sichtbar aufgehängt.

Eventuell mitgebrachte oder vorhandene Lied- oder Spielvorschläge aus muttersprachlichen Büchern zugewanderter Eltern werden anschließend für alle TeilnehmerInnen kopiert.

Zeitstruktur

Gesamtdauer: 3 Unterrichtsstd. à 45 Min. = 2 1/4 Zeitstunden

15 Min.: Begrüßung, Einleitung in den Abend, Anleitung Schritt 1
30 Min.: Paarinterview
05 Min.: Auswertung Schritt 1
60 Min.: Anleitung Schritt 2 – Vorstellrunde im Plenum
15 Min.: Auswertung Schritt 2
10 Min.: Schlussphase und Verabschiedung

Einleitung

Nach der Begrüßung erläutert die Gesprächsleitung, dass es im Rahmen des heutigen Elternabends um die Möglichkeit geht, sich näher kennen zu lernen und darum, Erinnerungen an die persönliche Kindheit auszutauschen. Dabei sollen Eindrücke unterschiedlicher Kindheitsverläufe, kulturelle Prägung, geliebte Geschichten und erinnerte Spiele aufzeigen, wie Kindheit für die Eltern verlief und im Vergleich dazu heute verläuft. Zwei Schritte – Paarinterview und Gespräch im Plenum – werden den Weg zur Bearbeitung der Thematik gestalten.
Die ErzieherInnen sollten sich an der Durchführung des Paarinterviews beteiligen.

Anleitung Schritt 1

„Als erste Übung wird das Paarinterview mit vorgegebener Gesprächsthematik angeregt. Je zwei Personen unterhalten sich anhand von konkreten Fragen über ihre persönliche Kindheit und lernen sich dabei näher kennen. Anschließend werden wir die Gesprächsinhalte der Zweiergruppen in die gesamte Gruppe überleiten, indem die Paare sich in der großen Runde vorstellen."

Die TeilnehmerInnen werden gebeten, sich paarweise – wenn vorhanden entsprechend dem Plakat – zusammenzufinden und erhalten die Gesprächsleitfäden.

Finden sich die Paare spontan zusammen, muss die Gesprächsleitung darauf achten, dass alle in der Lage sind, sich ohne Sprachbarrieren zu unterhalten. Sie muss klären, ob eine veränderte Paarkombination der Gesamtgruppe die sprachliche Verständigungssituation verbessern kann. Möglicherweise erweist es sich als sinnvoll, zu einer Zweierkonstellation eine dritte – zweisprachig sichere – Person hinzuzunehmen.

Der Auftrag für das folgende **Paarinterview** lautet: *„Unterhalten Sie sich bitte nun über Ihre persönliche Kindheit und tauschen Sie sich darüber aus, was Ihnen in Bezug auf dieses Thema wichtig ist. Nutzen Sie dazu den Gesprächsleitfaden, den Sie soeben erhalten haben. Sie haben für das Gespräch 30 Minuten Zeit. Bitte teilen Sie diesen zeitlichen Rahmen so auf, dass Sie ca. 15 Minuten Gesprächszeit für jede Person haben. Sie werden im Anschluss an das Gespräch zu zweit gebeten, Ihren Partner oder Ihre Partnerin der Gesamtgruppe vorzustellen."*

Auswertung Schritt 1

Nach 30 Minuten werden die TeilnehmerInnen gebeten, sich im Plenum einzufinden. Es bietet sich dazu ein offener Stuhlkreis an. Die Gesprächsleitung bittet offen in die Runde um eine kurze Rückmeldung, wie dieser erste Teil des Austauschs empfunden worden ist und leitet dann zum nächsten Schritt über.

Anleitung Schritt 2

Die Übung wird fortgesetzt, indem die TeilnehmerInnen im Plenum paarweise über ihr Gespräch berichten. Dabei stellen sich die GesprächspartnerInnen wechselseitig vor. Schön ist es, wenn der oder die jeweils Sprechende hinter der Person steht, die gerade vorgestellt wird, und in der Ichform spricht.

Nach jeder Vorstellung erkundigt sich die Gesprächsleitung zunächst danach, ob sich die vorgestellte Person gut und treffend vorgestellt fühlt oder etwas ergänzen möchte. Danach dürfen alle TeilnehmerInnen ebenfalls Rückfragen stellen.

Alle TeilnehmerInnen sollen mit ihrer Präsentation des Paarinterviews an die Reihe kommen. Wichtig ist, niemanden zu übergehen und auf vergleichbare Zeiträume der Vorstellung zu achten.

Im Keis führen sich Eltern gegenseitig in neue Lieder und Spiele ein.

Eltern erhalten Liedtexte in verschiedenen Sprachen, um auch zu Hause mit den Kindern singen zu können

Auswertung Schritt 2

Dieser zweite Schritt des Paarinterviews dient in erster Linie dem intensiven Kennenlernen. Er bringt dabei kulturelle und traditionelle Prägungen und Besonderheiten mit ins Gespräch und zeigt die Relevanz der Sprache oder Sprachen auf, in denen man groß geworden ist. Es gilt, in der Auswertung den Entlastungsfaktor durch die Erinnerung an die eigene Kindheit und die Eröffnung dieser Erfahrungen gegenüber anderen zum Tragen zu bringen. Dabei entscheidet jede Person in Eigenverantwortung, wie intensiv sie sich mit Erzählungen auf den Kontakt und den Austausch einlässt.

Darüber hinaus regt die Gesprächsleitung Rückschlüsse auf die Kindheit der Kinder in der heutigen Zeit an. Auswertende Aspekte können dann sein:

◆ Was prägte (meine) Kindheit damals?
◆ Was prägt die Kindheit (unserer Kinder) heute?
◆ Wie ähnlich oder abweichend schätzen wir die Kindheit unserer eigenen Kinder zu unserer persönlich erlebten Kindheit ein?
◆ Welche Forderungen stellen diese Überlegungen an die heutigen Erziehenden?

Schlussphase

Sind die Gespräche über die eigene Kindheit und der verbindende Blick auf die Kindheit der eigenen Kinder besinnlich und ernst geworden – was ganz in Ordnung ist und sicherlich oft sehr stark entlastende Funktion hat –, kann es zum Abschluss angenehm sein, den Übergang in den Alltag über eine kleine exemplarische Runde des Spielens anzuleiten. Die Gesprächsleitung muss hierzu feinfühlig herausfinden, ob dies angemessen ist oder als Bruch empfunden wird. Sie kann das Angebot in den Raum stellen, wenn sie es selbst von der Atmosphäre her als geeignet empfindet: *„Wir haben auch allerhand Erinnerungen an Spiele und Lieder aus der eigenen Kindheit gehört. Haben Sie Lust dazu, gemeinsam ein altes Spiel der Kindheit nachzuspielen? Möchte jemand uns allen ein Kinderlied beibringen, von dem heute die Rede war?"*

Die Abschlussrunde vor der eigentlichen Verabschiedung sollte mit der Bitte erfolgen, freiwillig und ungezwungen auszudrücken, wie der Elternabend erlebt wurde und wie die Befindlichkeit nun zum Ende des Abends ist.

Erweiternde Anregungen

◆ Statt der abschließenden Spielrunde werden die Geburtsorte aller TeilnehmerInnen auf einem Globus gesucht, die Distanzen wahrgenommen und die aktuellen Verbindungen zum Herkunftsland erläutert.
◆ In der Folge des Abends wird vereinbart, den Kindern die erinnerten Kinderlieder und Spiele vorzustellen und sie mit ihnen zu erlernen und zu pflegen, sozusagen als Erhaltung des kulturellen Erbes.

Eventuell ergeben sich Verabredungen mit Eltern, die bereit sind, an einem Vormittag in die Einrichtung zu kommen und gemeinsam mit den ErzieherInnen und Kindern Spiele und Lieder der elterlichen Kindheit einzuführen. Dazu ist es sinnvoll, wenn zuerst Eltern und ErzieherInnen sich gegenseitig die Lieder und Spiele beibringen und sie danach den Kindern im Kindergarten als geleitete Elternaktion weitergeben. Hierdurch gelingt es, Eltern einen Raum zu bieten, um initiativ tätig zu werden und ihr Expertentum sichtbar zu machen.

Erfahrungen mit der Durchführung

Das Paarinterview wird stets sehr offen angenommen und intensiv genutzt. Diese Art und Weise des Kennenlernens kommt sehr gut an. Sie wird als sanft und nicht konfrontativ erlebt.

Die Paaraufteilung vorab, wenn die Teilnehmenden bekannt sind, hat sich sehr bewährt. Aber auch ohne diese vorherige Klärung ergeben sich immer Paarungen, die sprachlich kommunizieren können. Wenn dies schwierig ist, gehen mit gutem Erfolg auch drei und vier Eltern in eine gemeinsame Interview-Gruppe.

In den Plenumrunden entwickeln sich rege Unterhaltungen. In einzelnen Gesprächen zeigt sich viel Verständnis für spezielle Fragestellungen und Probleme von Männern und Frauen, eine thematische Ausrichtung, die vorab nicht unbedingt zu erwarten ist. Internationale Unterschiede im Erleben der Kindheit werden verglichen und als prägend wahrgenommen. Die Erinnerungen an die eigene Kindheit berühren die TeilnehmerInnen und erbringen eine persönliche Nähe.

Insgesamt wird überwiegend offen erzählt. In einer Gruppe ergab sich eine rege Unterhaltung über Gefühle und Familienerlebnisse.

Das Thema „Erinnerungen" wird darüber hinaus auf andere Lebensalter ausgedehnt. Es herrscht schnell eine vertraute, positive,

teilweise heitere Atmosphäre, aber auch sehr emotionale Stimmung. Es werden deutlich Unsicherheiten abgebaut.

Eine Gesprächsrunde zu diesem Thema und mittels der Übung „Paarinterview" fand mit einheimischen und ausgesiedelten deutschen Müttern statt. Bei der Auswertung wurde deutlich, wie die Verfolgung und Unterdrückung des Deutschtums in der Kindheit spürbar gewesen ist. Die deutsche Sprache durfte in Russland nicht überall gesprochen werden. Teilweise scheuten sich die Familien, mit ihren Kindern Deutsch zu sprechen, damit sich diese nicht „verplapperten".

Eine Mutter erzählte, dass sie in der ersten Zeit in Deutschland kaum ruhig schlafen konnte, weil die Fenster nicht wie zu Hause vergittert waren und sie sich ungeschützt fühlte. Nach 1990, als die Ausreise möglich wurde, gab es für kaum jemanden deutscher Abstammung die Alternative, nicht auszureisen, so wurde aus einzelnen Regionen berichtet. Der Druck auf alle nicht russischen Volksgruppen wurde als enorm erhöht empfunden.

Einige Mütter hatten kaum positive Kindheitserinnerungen und bezogen dies darauf, dass sie schon mit neun Monaten in die Kinderkrippe kamen und von da an fest ins staatliche pädagogische System eingebunden waren.

Die Informationen beeindruckten die Gesprächsrunde sehr. Im Laufe des Abends und besonders nach der Auswertung der Interviews wurde die Unterhaltung entspannter. Man erzählte sich auch lustige Begebenheiten, und selbst TeilnehmerInnen, die zunächst ganz ruhig und ernst waren, wirkten entlastet und beteiligten sich. Durch die sich aufbauende Form der Gestaltung des Angebotes können – wie geschildert – Annäherungen und Einsichten gewonnen werden, die in Alltagskontakten kaum eine Chance haben, benannt zu werden.

1. Elternabend: „Spiele und Lieder meiner Kindheit"
Gesprächsleitfaden für das Paarinterview:
Meine eigene Kindheit – Fragen zur Orientierung

Bitte stellen Sie sich gegenseitig vor. Besprechen Sie anschließend folgende Fragen:

Wo haben Sie gelebt?

_____

_____

Mit welchen Menschen haben Sie zusammen gelebt?

_____

_____

Mit welcher Sprache oder welchen Sprachen sind Sie aufgewachsen?

_____

_____

Was haben Sie als Kind besonders gerne gemacht?

_____

_____

Gibt es ein Erlebnis aus Ihrer Kindheit, das Sie nicht vergessen können?

_____

_____

An welches Lied oder Spiel erinnern Sie sich noch?

_____

_____

An welche Geschichte Ihrer Kindheit erinnern Sie sich noch?

_____

_____

Was ist Ihnen persönlich außerdem wichtig zu erzählen?

_____

_____

2. Elternabend: „Förderung der Mehrsprachigkeit und Deutsch als Zweitsprache"

Eltern und ErzieherInnen sind auch im Rahmen dieses Themas besonders effektiv in ihrer Unterstützung der Kinder, wenn sie:

◆ das Wissen rund um die Thematik Sprachförderung, Förderung der Mehrsprachigkeit und Deutsch als Zweitsprache miteinander teilen,
◆ genau hinsehen, wer für welche Aufgaben in der sprachlichen Unterstützung der Kinder zuständig und verantwortlich ist, und
◆ klären, wie die Lern- und Fortschrittsprozesse der Kinder in diesem Entwicklungsbereich miteinander abgestimmt werden können.

Das zu teilende Wissen umfasst vor allem folgende Informationen:

◆ dass Eltern auf der ganzen Welt ihren Kindern intuitiv Angebote zur Entwicklung ihrer sprachlichen Fähigkeiten vermitteln,
◆ dass sie dies meist ohne bewusstes Vorwissen tun, ohne die genauen Umstände kindlicher Sprachentwicklung und die Gesetzmäßigkeiten einer soliden Förderung der Mehrsprachigkeit zu kennen,
◆ dass sie auch ohne sprachwissenschaftliche Schulung erahnen, was ihren Kindern an Sprachvermögen im jeweiligen Entwicklungsstadium möglich ist,
◆ dass sie vom Gefühl her erspüren, wie sie sich verbal und nonverbal auf ihr Kind einstellen,
◆ dass sie ihre Sprachgebräuche an die Kinder vermitteln und eine indirekte Steuerung der kindlichen Sprachentwicklung erfolgt,

◆ dass Eltern ihren Kindern Wörter und Redewendungen direkt übermitteln, die grammatische Struktur einer Sprache jedoch nur indirekt,
◆ dass sie oft beiläufig die sprachlichen Äußerungen der Kinder spiegeln und erweitern und ihnen damit indirekt Korrekturen zuspielen,
◆ dass sie am ehesten klar korrigieren, wenn Kinder etwas sagen, was nicht stimmt oder wenn sie unhöflich sind,
◆ dass sie ab und zu auch grammatikalisch eingreifen, wenn sie eine grammatikalisch falsche Anwendung ihrer Kinder als nicht mehr altersgerecht ansehen.

Der nun beschriebene Elternabend zielt besonders darauf ab, den Dialog zur umfassenden Thematik der Sprachförderung – einer Thematik von hohem Rang – zu initiieren. Dabei ist Mehrsprachigkeit nicht nur relevant im Hinblick auf Familien mit alltäglicher Zwei- oder Mehrsprachigkeit, sondern interessant für *alle* Familien, ganz gleich ob die Mehrsprachigkeit sich im frühen Kindesalter durch Muttersprache(n) und Zweitsprache Deutsch ergibt oder durch die spätere ergänzende Fremdsprachigkeit in der Schule für die Kinder bedeutsam wird.

Inhalte und Ziele

Eltern erhalten durch die inhaltliche und methodische Gestaltung dieses Abends eine gemeinsame – ggf. erste – Heranführung an die Thematik der allgemeinen Sprachförderung und der Besonderheit „Mehrsprachigkeit". Sie erfahren, welches Wissen dazu Eltern und ErzieherInnen als gemeinsam Erziehende unterstützt. Die Dimension der weit reichenden Bedeutung von gemeinsamer sprachlicher Förderung für die Kinder soll vermittelt und die persönliche Auseinandersetzung mit dem kindlichen Spracherwerb bewusst initiiert werden.

Eltern unterstützen ErzieherInnen als wichtige PartnerInnen im Prozess der Entwicklung der Mehrsprachigkeit ihrer Kinder, indem sie:

◆ Auskunft geben zum Stand der Sprachfähigkeit in der Erstsprache (s. auch Aufnahmebogen in: „Wir verstehen uns gut – Spielerisch Deutsch lernen", Ökotopia Verlag, 2001, S. 189 ff.) sowie zu Sprechfehlern, die ihnen u. U. in der Familiensprache auffallen,

◆ PädagogInnen helfen, die jeweilige kindliche Persönlichkeit zu verstehen, ihre Eigenarten zu sehen, ihre sprachlichen Vorlieben und Talente zu entdecken,

◆ PädagogInnen Aspekte eröffnen, die dem Kind in sprachlicher Hinsicht schwer fallen oder es belasten; sie können evtl. Gründe hierfür benennen,

◆ mit ihnen kooperieren, wenn es darum geht, Konsens über die angestrebten Entwicklungsziele zu erlangen – hier speziell über die sprachlichen Entwicklungsziele.

ErzieherInnen unterstützen Eltern, indem sie:

◆ alle Kinder in der deutschen Sprache fördern,

◆ angebotene Sprachförderprogramme umfassend bekannt machen,

◆ verdeutlichen, dass Sprachförderangebote in Kindertageseinrichtungen nicht in vergleichbaren Formen wie in der Schule angeboten werden,

◆ erläutern, dass verfrühte Angebote für eine kognitive Förderung, die alters- und entwicklungsgemäß erst später angemessen sind, vermieden werden sollten, die Gesamtentwicklung der Kinder auf der Basis eines altersgerechten Angebotes gefördert wird und Sprache ein untrennbarer Bestandteil ganzheitlicher Förderung ist,

◆ klar machen, wie Eltern selbst die Sprachentwicklung und die Entwicklung der kindlichen Mehrsprachigkeit im häuslichen Bereich unterstützen können, welche Rolle die Muttersprache spielt und wie der Kindergarten ggf. die Zweitsprache Deutsch stärkt,

◆ erörtern, dass auch einheimische Eltern aufgefordert sind, die muttersprachliche Qualität der Familiensprache Deutsch zu reflektieren, da auch sie die Basis für jede sprachliche und mehrsprachige Erweiterung bildet.

Ergänzend zu vermittelnde Informationen finden sich in reichhaltiger Form in den *Didaktischen Hinweisen* der Veröffentlichung „Wir verstehen uns gut – Spielerisch Deutsch lernen", Ökotopia Verlag, 2001.

Materialien

64 weiße DIN A4 Pappkarten, Stift, Schere, Klebstoff

Vorbereitung

Alle deutschen, türkischen und französischen Begriffe werden einzeln gut lesbar auf eine Pappe übertragen.

Die Bildvorlagen werden einmal kopiert, die 16 Bilder einzeln ausgeschnitten und auf DIN A4 hochkopiert. Alle Bilder werden auf eine Pappkarte geklebt oder laminiert, um sie dauerhaft verwenden zu können.

Zeitstruktur

Gesamtdauer: 3 Unterrichtsstd. à 45 Min. = 2 1/4 Zeitstd.

30 Min.: Begrüßung, Einleitung in den Abend, Anleitung Schritt 1

45 Min.: Anleitung Schritt 1-3: Übung „Fremde Wörter – vertraute Bilder"

15 Min.: Auswertung im Plenum

45 Min.: Erweiterte Schlussphase mit ergänzenden Informationen zu Wissenswertem über den kindlichen Spracherwerb und die Förderung der Mehrsprachigkeit (in freier Form oder ggf. mit Sprachbaum nach Wendlandt) und Verabschiedung

Einleitung

Die Gesprächsleitung begrüßt die Eltern. Für die Übung sitzen alle TeilnehmerInnen im Stuhlkreis.

Die Gesprächsleitung erläutert, dass der heutige Abend sich ganz um das Thema der kindlichen Sprachentwicklung und die Förderung der Zwei- und Mehrsprachigkeit der Kinder dreht. Sie wärmt das Gespräch und die nachfolgende Übung durch folgende Angaben an:

„Gute Sprach- und Sprechkompetenzen bilden in der ganzen Welt die besten Grundlagen für die Nutzung aller weiterer Bildungsangebote. Sprachliche Ausdrucksvielfalt aller Kinder zu fördern bedeutet, dem Einzelnen die nötigen individuellen Chancen zu geben. Hierdurch erschließt sich für die Gruppe der gemeinsam lernenden Kinder die erhöhte Lernchance durch die Teilhabe aller an den individuellen Fähigkeiten und Entwicklungsfortschritten einzelner Kinder.

*Der aufmerksame Blick auf die Förderthematik Sprache muss von Eltern und PädagogInnen gemeinsam eingenommen werden. Je unterstützender die Familien-*sprache und die Zweitsprache von ihren jeweiligen VertreterInnen angeboten werden, desto motivierender wirkt sich dies auf Ihr Kind aus. Kooperation in dieser Hinsicht zieht nach sich, dass der Erwerbsprozess zweier Sprachen für Kinder konfliktfreier verläuft und sie durch Kontakt mit mehrsprachigen Menschen als Modell gute Identifikationsangebote erhalten.

Sie als Eltern sind ExpertInnen für Ihre Familiensprache und insofern für Ihre Kinder und auch die anderen Kinder der Tageseinrichtung von besonderer Bedeutung. Die Einrichtung kann Gelegenheit bieten, die Welt jeder hier vertretenen Sprache Kindern als faszinierend zu vermitteln."

Sie ergänzt nach dieser thematischen Einführung:

„Die folgende spielerische Übung hilft dabei, sich mit dem Thema, den eigenen Erfahrungen und den Förderaspekten für die Kinder zu beschäftigen. Die Übung hat den Titel: **‚Fremde Wörter – vertraute Bilder.'** *"*

Hinweis: Es hat sich bewährt, die Vorgehensweise dieser Übung bis zu einer TeilnehmerInnenzahl von ca. 14 Personen mit der ganzen Gruppe durchzuführen. Bei größeren Gruppen ist es ratsam, die Übung mit sieben Personen exemplarisch vorzumachen, sodass alle TeilnehmerInnen diese gut einsehen und nachvollziehen können.

Anleitung Schritt 1

Die vorbereiteten Karten mit deutschen oder türkischen Wörtern liegen in der Mitte des Stuhlkreises auf dem Boden.

Alle in der ersten Runde ausliegenden Wörter haben eine *unterschiedliche* Bedeutung. Für jedes Elternteil liegt ein Wort in der Mitte, das der Person *nicht* bekannt ist. Sie erscheinen bei sprachlich gemischten Gruppen in zwei oder mehr Sprachen und sie werden zunächst nicht übersetzt.

Die Wortkarten mit den entsprechenden Übersetzungen werden für den zweiten Schritt der Durchführung zurückbehalten. Französische oder anderssprachige Wörter werden dann relevant, wenn ein Elternteil aus den ausgelegten deutschen und türkischen Worten keinen Begriff findet, der *nicht* bekannt ist. Spontan können auch Wörter aus dem Englischen oder anderen Sprachen frei ergänzt werden. Als Gemeinsamkeit ist die lateinische Schriftform erforderlich.

Hinweis: Sorgfältiges Vorsortieren ist unabdingbar! Beim ersten Schritt dürfen auf keinen Fall Wörter *und* ihre Übersetzungen in der Mitte des Stuhlkreises liegen!

Ob die Übersetzung wohl stimmt? Freies Assoziieren nach Wortklang und Silbenanzahl

Die Gesprächsleitung erklärt weiter: *„Die folgende Übung hat drei Stufen. Es ist für unsere Schlussfolgerungen aus der Übung wichtig, der Spielanleitung genau zu folgen und keine Wörter anderer MitspielerInnen zu übersetzen, die man selbst kennt. Die Übung wird erst dann aufgelöst, wenn alle drei Stufen gespielt sind und alle Blätter, die zur Übung gehören und die ich Ihnen gebe, verteilt sind.*
Bitte nehmen Sie sich nun ein Wort aus der Mitte, das Sie nicht kennen. Schauen Sie sich das Wort an, lassen Sie es still in sich klingen, so wie Sie es aussprechen würden. Nehmen Sie bitte wahr, was Ihnen das Wort spontan sagt. Denken Sie bitte für sich in Ruhe nach: Welche Bedeutung hat das Wort Ihrer Meinung nach? Haben Sie eine Assoziation dazu? Eine Fantasie zum Wort? Fällt Ihnen spontan etwas dazu ein? Bitte sagen Sie es erst dann, wenn Sie an der Reihe sind. Ich erteile Ihnen nun nacheinander das Wort."
Alle TeilnehmerInnen nehmen sich daraufhin eine Karte mit einem ihnen unbekannten Wort. Alle versuchen nacheinander das Wort richtig auszusprechen und sagen, welche Bedeutung dieser Begriff ihrer Meinung nach haben könnte. Assoziationen oder Vermutungen zur Wortbedeutung können nun geäußert werden. Die Übersetzung darf zu diesem Zeitpunkt auf keinen Fall verraten werden!

Anleitung Schritt 2

Wenn sich alle TeilnehmerInnen geäußert haben, werden die Blätter mit den Übersetzungen der zuerst verteilten Wörter in die Runde gelegt, allerdings ohne die Begriffe einander zuzuordnen und damit die Übersetzung zu verraten!
Die TeilnehmerInnen schauen nach, ob ihre vermutete oder assoziierte Wortbedeutung bei den ausgelegten Wörtern der zweiten Runde dabei ist. Ist dies nicht der Fall,

wählen sie ein Wort aus, dass ihnen für die Übersetzung jetzt am treffendsten erscheint. Jedes Wort der Übersetzungskarten kann nur einmal gewählt werden, da jede Übersetzung zutreffend zu den ersten Wortkarten ausgelegt wurde und nur einmal stimmt.

Am Ende dieses Schritts haben alle TeilnehmerInnen zwei Karten mit der vermuteten gleichen Bedeutung vor sich liegen. **Auch jetzt wird die korrekte Zuordnung noch nicht aufgeschlüsselt!** Die Teilnehmenden sagen der Reihe nach, welche Vermutung sie zunächst hatten und ob und nach welchen Kriterien sie sich nach den ausgelegten tatsächlichen Wortbedeutungen neu entschieden haben.

Anleitung Schritt 3

Als abschließender Schritt werden die Bildkarten in den Kreis gelegt. Die Gesprächsleitung bittet die Teilnehmenden, *spontan* das Bild zu ihren beiden Wörtern hinzu zu nehmen, welches nach ihrer Meinung zu den Begriffen passt.

Auswertung

Erst nach diesem Schritt wird die Übung aufgelöst: Die Begrifflichkeiten und die Bilder aller TeilnehmerInnen werden *der Reihe nach* einander korrekt zugeordnet. Irrtümliche Vermutungen und Assoziationen werden aufgelöst und die Wörter von den anwesenden MuttersprachlerInnen korrekt ausgesprochen, um Eigenheiten der Aussprache genau wahrzunehmen.

Die Eltern werden nun gefragt, welche der Karten sie am leichtesten zuordnen konnten. Die TeilnehmerInnen nennen meist die Bildkarte, die das Bild zu dem ihnen vertrauten Wort in einen sicheren Zusammenhang bringt, ganz gleich ob das erste, fremdsprachige Wort passt oder nicht. Eine *gelungene Bild-Synonym-Kopplung* gibt ihnen also die entsprechende Sicherheit.

Diese Erkenntnis zieht die Möglichkeit nach sich, in der Auswertungsphase weitere wichtige Zusammenhänge aufschlüsseln zu können.

Wichtig ist hier die Tatsache herauszuarbeiten, dass wir für die Verwendung von Wörtern Bilder als Vorstellung im Kopf haben, basierend auf sinnlichen Erfahrungen mit den Gegenständen und gefühlvollen Erlebnissen mit den in Worte gefassten Phänomenen. Es sollte deutlich werden, dass Eltern ihre Kinder an die Phänomene der Welt heranführen und sie stellvertretend für ihre Kinder die erste Zeit in Sprache fassen sowie ihnen mit der Darbietung von Wörtern eine sprachliche Kodierung der Umwelt liefern.

Danach wird die Ableitung für Sprache lernende Kinder in Erst- und Zweitsprache vorgenommen. Die Grundsätze des spielerischen und ganzheitlichen Vorgehens bei der vorschulischen Sprachförderung werden an dieser Stelle herausgestellt. Betont werden sollte, dass das konkrete Erleben von Phänomenen Vorrang hat vor rein bildhaften Darstellungen, diese aber hilfsweise sinnvoll sein können, wenn eine konkrete Erfahrung nicht geschaffen werden kann (z. B. Schlange).

Es ist im Zusammenhang mit der Übung wichtig zu erläutern, dass z. B. die Sprachen Deutsch und Türkisch keinen gemeinsamen Sprachstamm haben und entsprechend aus Klangähnlichkeiten, Silbenanzahl oder Wortlänge keine Ableitungen hergestellt werden können. Deutsch entstammt als germanische Sprache dem indoeuropäischen Sprachstamm; Türkisch ist eine Altai-Sprache (▶ Spektrum der Wissenschaft S. 153, Literatur). Die Achtung vor dem Sprache lernenden Menschen – ganz gleich welchen Alters – wird so im Rahmen der Auswertung der Übung deutlich erhöht.

Eine tropische Frucht ist „marangoz" nicht – vielleicht bedeutet das türkische Wort im Deutschen „Kalender"?

Zusammenfassend werden in der Reflexion Eindrücke, Einsichten und persönliches Empfinden während der Übung resümiert.

Schlussphase

Abrundend wird Bezug auf die sprachrelevanten Informationen genommen, die unter den einleitenden Ausführungen zum Elternabend erläutert sind und nach der methodisch dynamischen Bearbeitung nun resümiert werden.

Eltern sollten das Gefühl vermittelt bekommen, dass sie die Muttersprache grundsätzlich zuverlässig vermitteln und sie hierfür Wertschätzung erfahren. Das Gespräch sollte einfühlsam verdeutlichen, dass Ein-

schränkungen dann erwachsen, wenn die muttersprachliche Ausdruckskraft der Eltern in der Migration verarmt ist oder wenn sie selbst keinen qualifizierten Zugang zur reichen Muttersprache erlebt haben. Erzieherlnnen können nun initiieren, dass Eltern bewusst ihre eigenen muttersprachlichen Fähigkeiten einschätzen. Sie geben an dieser Stelle die Ermutigung weiter, die eigene Muttersprache erneut bewusst zu pflegen und sie qualitativ mit gutem Selbstbewusstsein wieder auszubauen.

Die Gesprächsleitung kann den Abend abschließen mit Hinweisen auf in der Einrichtung vorhandene Formen der Sprachförderung, Achtung der Muttersprachen und Förderung der Mehrsprachigkeit.

Den Abschluss des Abends kann gut eine anekdotische Schilderung bilden. Dazu eignet sich besonders folgendes Beispiel kindlich-sprachlicher Fantasie und Treffsicherheit, welches mich regelmäßig mit großer Bewunderung erfüllt:

Eine Kindergartengruppe machte einen Ausflug in einen Tierpark. Auf einem Weg durch die Anlage kam den Kindern ein freilaufender Pfau entgegen. Zum Erstaunen der Kinder schlug der Pfau das Rad, ein Erlebnis, welches für viele der Kinder völlig neu war. Entsprechend groß fiel die Begeisterung aus. Ein kleines Mädchen – ganz überwältigt – will die Erzieherin auf das wunderbare Geschehen aufmerksam machen. Sie kennt allerdings das Wort für dieses Phänomen Pfau nicht, das da auf sie zukommt, und ringt entsprechend nach Worten: „Frau Wolters, Frau Wolters, guck' doch mal: Da kommt... da kommt... da kommt... ein blühendes Huhn!"
(Ich verdanke die Schilderung einer Erzieherin, erzählt im Rahmen einer von mir durchgeführten Fortbildung.)

Erweiternde Anregungen

Als erweiternde Information zur kindlichen Sprachentwicklung wurde an Elternabenden regelmäßig der Sprachbaum nach Wendlandt vorgestellt (▶ Wendlandt, 2000 oder Schlösser, 2001, S. 135f.), entweder direkt nach der Übung „Fremde Wörter – vertraute Bilder" oder als gesonderter zweiter Informationsabend.

Zur Umsetzung dieses Informationsmittels im Rahmen eines Elternabends – hierfür werden etwa 30 Minuten benötigt – hat es sich bewährt, auf ein großes Plakat vorab einen Baum nach der Original-Grafik Wendlandts zu zeichnen, ihn allerdings zunächst noch nicht zu beschriften. Die inhaltlichen Aussagen zum Sprachbaum werden im Verlaufe des Elternabends gemeinsam erarbeitet und mit den entsprechenden Begriffen, die vorab auf Kärtchen notiert wurden, beschriftet. Dies kann in Deutsch und ebenso anderssprachig geschehen. Dazu sind vorbereitende Sitzungen mit zugewanderten Eltern oder muttersprachlichen KooperationspartnerInnen ratsam, um die anderssprachigen Begriffe vorher gesichert auf Wortkärtchen vorbereiten zu können.

Erfahrungen mit der Durchführung

Das Spiel mit Worten und Bildern macht die fundamentalen Anforderungen beim Erlernen einer Sprache bzw. Zweit- und Fremdsprache deutlich. Manchmal können zugewanderte Eltern so gut Deutsch, dass auf einen anderssprachigen Begriff (z.B. österreichisch: „Paradeiser" = Tomate) zurückgegriffen werden muss. Alle Teilnehmenden versuchen stets, die Begriffe, die beim Sprachspiel ausgelegt werden, auszusprechen, zu begreifen und für sich zu erinnern.

ErzieherInnen berichten, dass Eltern ihnen einige Tage nach der Durchführung des Elternabends Folgendes erzählt haben:

- ◆ Sie gingen nun viel bewusster mit der eigenen Sprache um.
- ◆ Sie seien sensibler für die Sprache der Kinder.
- ◆ Die Atmosphäre des Elternabends sei als locker und schön empfunden worden.

Ich höre oft, dass es für die ErzieherInnen selbst bemerkenswert ist, einmal die Rolle zu haben, sprachliche Angebote komplett nicht verstehen zu können. Das stimme sie sehr nachdenklich.

Der Sprachbaum wird regelmäßig von allen Teilnehmenden sehr interessiert aufgenommen und besonders geschätzt, da er die komplexen Sachverhalte einleuchtend erklärt. Alle Teilnehmenden versichern, dass sie nach den Erläuterungen ein viel besseres Verständnis für die Sprachentwicklung bei Kindern und den Erwerb einer Zweitsprache gewonnen haben. Vor allem die simultane Übersetzung ins Türkische, Russische oder andere Sprachen, die von sicher doppelsprachigen Menschen geleistet werden, ergibt ein optimales gemeinsames Erleben. Auch Zwischenbemerkungen der Eltern werden in der Regel übersetzt. Das führt stets zu einem lebhaften und interessierten Gedankenaustausch.

Zugewanderte Eltern sind häufig erstaunt und erleichtert, wenn sie hören, dass sowohl im häuslichen Bereich als auch in den pädagogischen Institutionen die Familiensprache nicht verdrängt zu werden braucht. Oft ist ihnen selbst der Grundsatz: „Je besser das Erlernen der Erstsprache gelingt, umso leichter erwirbt ein Kind eine Zweitsprache" nicht bekannt oder in seiner Bedeutung nicht bewusst. Sie sind sehr beruhigt darüber zu erfahren, dass ihre Muttersprache einen hohen Wert hat als fruchtbarer Boden zur Entwicklung jeder Zweitsprache.

Den Eltern wird durch die Inhalte klar, dass sie die Tatsache der Mehrsprachigkeit mit den Kindern – auch bereits im Vorschulalter – thematisieren und offen damit umgehen können. Sie können sich nach den gemeinsamen Erörterungen vorstellen, dass es die Kinder entlastet, in den Eltern und ErzieherInnen bereitwillige GesprächspartnerInnen bezüglich ihrer Konfrontation mit den Faktoren der Mehrsprachigkeit zu finden. Allen Beteiligten wird regelmäßig ebenso klar, wie viel Bedeutung der von Erwachsenen transportierte Sprachrespekt hin zu jeder das Kind umgebenden Sprache hat.

Die Eltern fragen sich stets: Wie helfe ich meinem Kind beim Sprechen lernen in der Muttersprache oder der zweiten Sprache? Sie sind in der großen Mehrzahl offen und motiviert, sich der eigenen Rolle in diesbezüglicher Verantwortung zu stellen. Sie nehmen den hilfreichen Blickwinkel ein, dass Kinder sich untereinander bei der sprachlichen Entwicklung helfen und Kinder auch von Kindern lernen.

Gemeinsam mit den ErzieherInnen spürten wir als Beispiel auf, dass recht häufig zu beobachten ist, dass Kinder, die solide Deutsch sprechen, zugewanderten Kindern hilfreich mit einem fehlenden Wort beispringen, wenn diese in einem Satz um den passenden Ausdruck ringen. Die exemplarisch stützende Vorgehensweise der Kinder untereinander markiert in diesem Zusammenhang für Eltern und ErzieherInnen deutlich, wie wichtig unter diesen Aspekten Freundschaften der Kinder über Herkunftsgrenzen hinweg sind.

Durch das interessante Thema und das konzentrierte Zuhören im Rahmen der Elternabende entwickelt sich häufig der Wunsch, auch nach der thematischen Bearbeitung noch in lockerer Runde zusammen zu sitzen. Es kommt vor, dass Eltern ausdrücklich das Ende des jeweiligen Elternabends bedauern.

Liebe LeserInnen, manchmal ist es wie verhext – da haben wir mit aller Sorgfalt an Struktur, Inhalten und Formulierungen gearbeitet, und dennoch haben wir etwas übersehen: Leider sind einige der französischen Begriffe auf S. 97/98 fehlerhaft. Bitte verwenden Sie diese korrigierte Fassung.

2. Elternabend: „Förderung der Mehrsprachigkeit und Deutsch als Zweitsprache" Arbeitsblatt zur Übung „Fremde Wörter – vertraute Bilder"		
Deutsch	**Türkisch**	**Französisch**
Tisch	masa	table
Sessel	koltuk	fauteuil
Schlange	yılan	serpent
Teppich	halı	tapis
Treppe	merdiven	escalier
Kind	çocuk	enfant
Bett	yatak	lit
Seerose	nilüfer	nénuphar

2. Elternabend:
„Förderung der Mehrsprachigkeit und Deutsch als Zweitsprache"
Arbeitsblatt zur Übung „Fremde Wörter – vertraute Bilder"

Deutsch	Türkisch	Französisch
Gitarre	gitar	guitare
Waschbecken	lavabo	lavabo
Luftballon	balon	ballon
Schaukel	salıncak	balançoire
Briefmarke	postapulu	timbre
Kalender	takvim	calendrier
Schreiner	marangoz	menuisier
Fuchs	tilki	renard

2. Elternabend:
„Förderung der Mehrsprachigkeit und Deutsch als Zweitsprache"
Arbeitsblatt zur Übung „Fremde Wörter – vertraute Bilder"

Deutsch	Türkisch	Französisch
Tisch	masa	table
Sessel	koltuk	fauteuil
Schlange	yılan	serpin
Teppich	halı	tapis
Treppe	merdiven	escallier
Kind	çocuk	enfant
Bett	yatak	lit
Seerose	nilüfer	nenuphar

2. Elternabend: „Förderung der Mehrsprachigkeit und Deutsch als Zweitsprache" Arbeitsblatt zur Übung „Fremde Wörter – vertraute Bilder"		
Deutsch	**Türkisch**	**Französisch**
Gitarre	gitar	gitar
Waschbecken	lavabo	lavabo
Luftballon	balon	balon
Schaukel	salıncak	balanqoxre
Briefmarke	postapulu	timbre
Kalender	takvim	calendrier
Schreiner	marangoz	menusier
Fuchs	tilki	renard

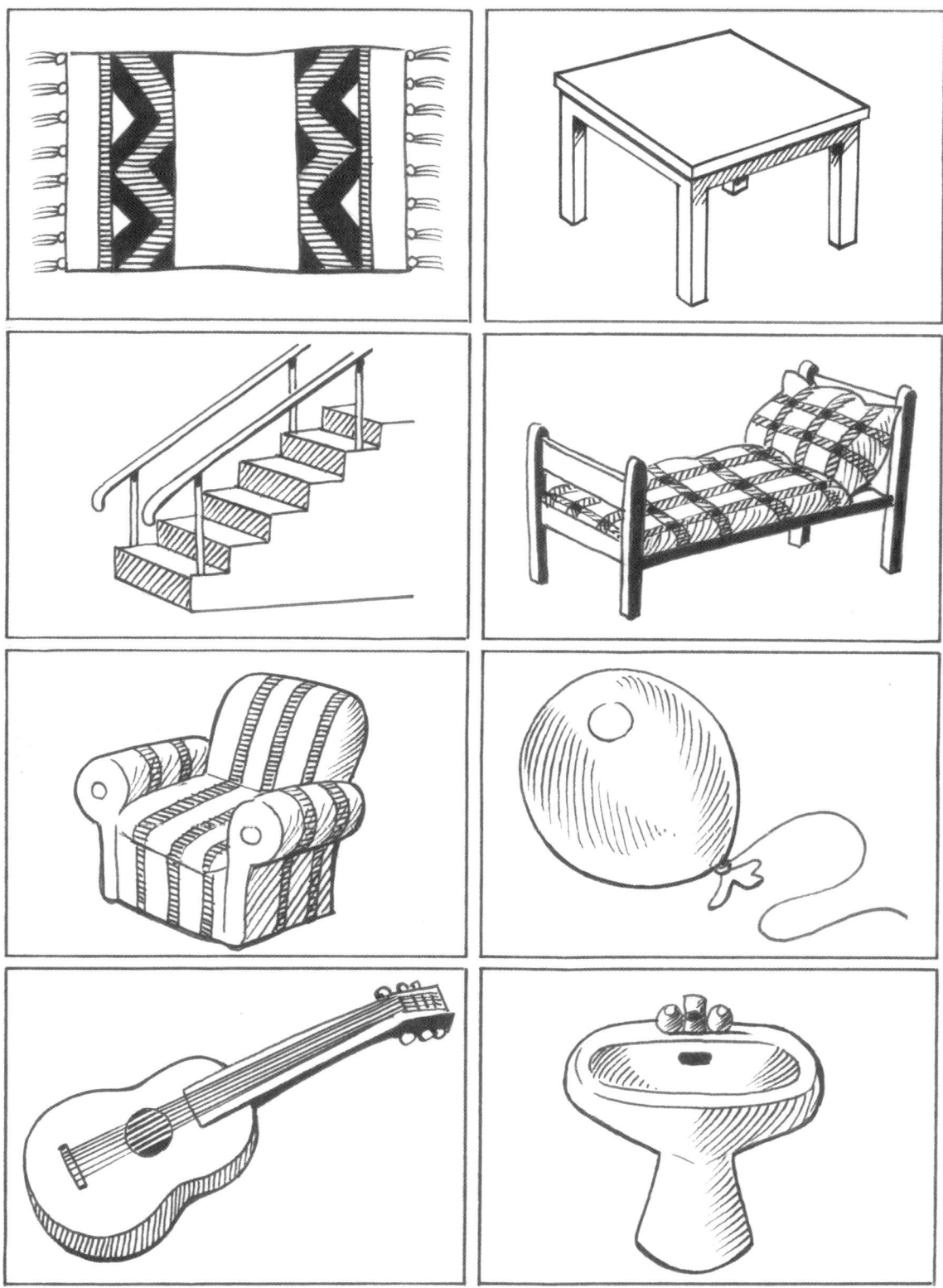

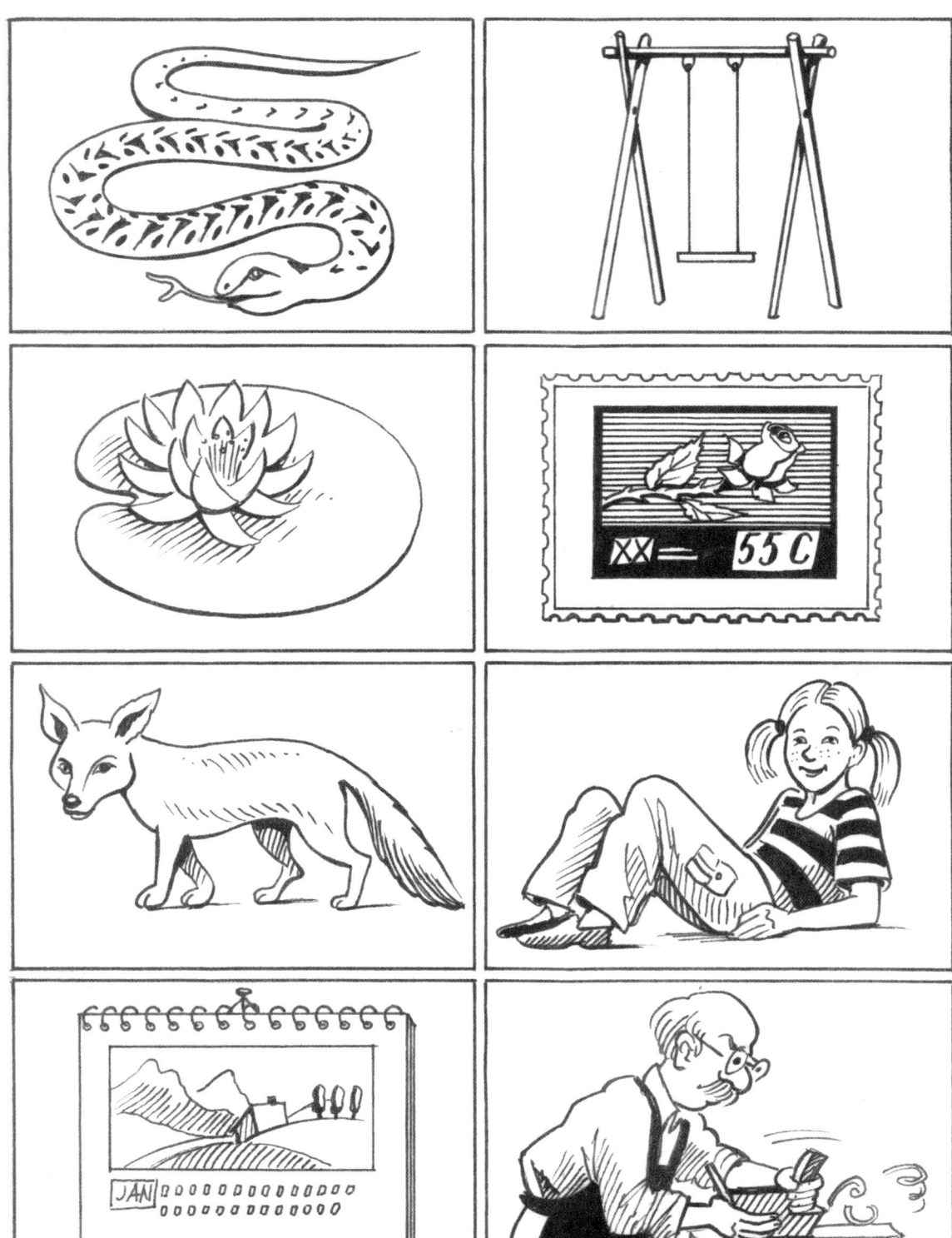

3. Elternabend: „Prägende Beziehungen – mein persönlicher Beziehungs-Stammbaum"

Viele frühe Erfahrungen im Leben eines Menschen sind an Informationen gekoppelt, die er durch andere Menschen aufgenommen hat. Wertvorstellungen und Lebensgewohnheiten wurden erworben, vermittelten sich uns durch Erziehung.

Erziehung ist ein wechselseitiges Geschehen, findet nicht im luftleeren Raum statt und hängt von der persönlichen Ausstattung der Erziehenden ab. Moralische Werte, Kultur und Tradition wandern von Generation zu Generation, bleiben jedoch nicht statisch, sondern verändern sich durch das Zutun der neuen Generation.

Werte der jetzt erziehenden Erwachsenen unterliegen der Prüfung, Variation und Neuentscheidung der nächsten Generation im jungen Erwachsenenleben und in der Zeit der Reife. Dieser Prozess ergibt eine Verantwortlichkeit gegenüber den nächsten Generationen ebenso wie dem eigenen Leben gegenüber. Das Wechselspiel der gegenseitigen Beeinflussung von Kindern und Erwachsenen ist die Chance zum gemeinsamen Wachstum. Dabei sind Kinder Anreiz und Herausforderung zugleich, das eigene Geworden-Sein zusammen mit der Entwicklung der Kinder erneut zu reflektieren. Diese Gelegenheit an den gemeinsamen Prozessen mit Kindern zu wachsen ist universell, also allen Menschen gegeben, unabhängig davon, wo und unter welchen Umständen sie mit den Kindern leben.

Nicht nur die eigenen Eltern oder Verwandten hinterlassen Spuren in unserer Persönlichkeitsentwicklung. Anregungen durch Schlüsselerlebnisse und Kontakte mit prägenden Persönlichkeiten sind den meisten Menschen präsent, wenn sie ihren Lebensweg betrachten. Brüche und Veränderungen in der Biografie werden nicht selten an Beeinflussungen durch markante Begegnungen festgemacht.

Die menschliche Entwicklung ist darüber hinaus abhängig von einer permanenten Auseinandersetzung mit der Umwelt, in der diese Prägungen stattfinden. In ihren Wirkungen hängt diese Auseinandersetzung ab von der jeweils spezifischen Lebenswelt eines Kindes.

Eltern können zwar – und tun dies auch – mit individueller Ausprägung auf ihr Kind oder ihre Kinder eingehen, jedoch nie ohne Rückkopplung auf den jeweiligen gesellschaftlichen, kulturellen, religiösen oder sozialen Kontext. Insofern ist Kindheit nicht beliebig. Sie ist schicksalhaft und nicht in jeder Beziehung wählbar. Sie ist geprägt durch spezifische Angebote ebenso wie durch ausschließende oder ausgeschlossene Erfahrungen (etwa durch Krankheit, Armut, Leben in gesellschaftlichen Randgruppen etc.).

Jede erlebte Kindheit ist ein Unikat mit ihren Chancen und Hindernissen, Träumen und Möglichkeiten, Prägungen und Auslassungen, Freuden und Enttäuschungen, Angeboten und Realitäten – die eigene Kindheit der Eltern ebenso wie die jetzt anstehende der Kinder.

Menschen können irgendwann über den Tellerrand der eigenen Erfahrungen sehen und von diesen Erfahrungen abweichende Angebote annehmen. Auch Kinder entwickeln eine Neugier und ein Interesse an Andersartigkeit, um sich selbst und das von anderen Kindern und Erwachsenen Gehörte und Wahrgenommene zu relativieren. Diese Fähigkeit entwickeln sie bereits im Kindergartenalter beständig, wobei sie die Möglichkeit des Vergleichens auch verunsichern kann: Phasen der Sicherheit und Unsicherheit wechseln sich ab. Das persönliche Abwägen dient dazu, sich die Einzigartigkeit der eigenen Persönlichkeit zu bestätigen und der Veränderung durch andere offen gegenüber zu stehen.

Abgrenzen und Verändern ist ein lebenspermanenter Prozess. Je mehr Wahl- und Relativierungsangebote einem Menschen zur Verfügung stehen, desto reichhaltiger ist seine Chance zur selbstbestimmten Persönlichkeitserweiterung. Mit zunehmendem Alter wählen wir also selbstbestimmter, was uns prägt.
Je fremder die Eindrücke sind, die Kindern oder Erwachsenen begegnen, desto herausfordernder ist die Auseinandersetzung, desto höher aber möglicherweise auch der Gewinn: weit reichende Toleranz gegenüber Neuem.

Inhalte und Ziele

Ein Elternabend dieser Thematik bietet sich an, wenn eine Elterngruppe sich vertieft kennen lernen möchte und ein intensiver persönlicher Austausch ermöglicht werden soll. Im Rahmen dieser Form der Bearbeitung stärken sich vor allem reflektierende Fähigkeiten zum eigenen Geworden-Sein, zu prägenden Beziehungen und zu heutigen Einflüssen auf die eigenen Kinder. Die Diskussion dieser Aspekte und die Gelegenheit,

◆ im Schonraum einer Elterngruppe in den Austausch über eigene prägende Erfahrungen und persönliche Haltungen sprechen zu können und
◆ die beeinflussenden Faktoren für die eigenen Kinder erwägen zu können,

sind Ziele dieses Elternabends.

Der Brückenschlag zur Situation der Kinder und zu erzieherischen Fragen im Rahmen des Elternabends gelingt da, wo Verbindungen zu heute relevanten Situationen hergestellt werden können. Zu fragen ist:

◆ wodurch und durch wen unsere Beziehungen und die Beziehungen unserer Kinder heute beeinflusst sind und
◆ wie wir die entsprechenden Beziehungsqualitäten beurteilen.

Materialien

1 vergrößerte DIN A3 Kopie des Baumes (▶ S. 106) pro TeilnehmerIn, mind. 20 kleine weiße Klebeetiketten pro TeilnehmerIn, viele schwarze und bunte Stifte

Hinweis:
Die Einladung zur Gesprächsrunde dieser Themenstellung muss ganz persönlich erfolgen und erreicht Menschen nicht ausschließlich über die schriftliche Form!

Zeitstruktur

Gesamtdauer: 3 Unterrichtsstd. à 45 Min. = 2 1/4 Zeitstd.
15 Min.: Begrüßung, Einleitung in den Abend, Anleitung Schritt 1
30 Min.: Einzelbeschäftigung mit der Übung „Beziehungs-Stammbaum"
60 Min.: Auswertung Schritt 1 im Plenum
15 Min.: Schritt 2: Übertragung der Thematik auf die Situation der eigenen Kinder
15 Min.: Schlussphase mit Resümee

Einleitung

Nach der Begrüßung gibt die Gesprächleitung mit eigenen Worten eine kurze Einführung in die Thematik im Sinne der einführenden Erläuterungen (▶ S. 101).
Sie fährt fort: *„Woher komme ich? – Wohin gehe ich? bedeutet innezuhalten und den*

eigenen Lebensweg anzuschauen. Dabei geht es um Fragen wie:

◆ Welche Menschen haben mich in meinem bisherigen Leben geprägt?
◆ Welche Veränderungen haben die Kontakte und Beziehungen zu bestimmten Menschen für mich ausgelöst?
◆ Zu welchem dieser Menschen habe ich heute noch Kontakt?
◆ Wie änderten sich meine Kontakte und Beziehungen ggf. durch Migration?
◆ Habe ich nach meinem Bedürfnis ausreichende und befriedigende Beziehungen zu deutschen Menschen oder anderen zugewanderten Menschen?
◆ Habe ich als Deutsche oder Deutscher für mein Empfinden ausreichende und befriedigende Kontakte zu zugewanderten Menschen?
◆ Welche Begegnungen, Kontakte, Beziehungen wünsche ich mir, meiner Familie, meinen Kindern?

Manche Menschen beschäftigen sich mit ihrem Stammbaum, d.h. mit zusammengetragenen Informationen darüber, welche Personen zur Familiengeschichte gehören. Stammbäume zeigen auf, welche Verwandtschaftslinien und welche Verschwägerungen sich ergeben haben. Sie lassen erkennen, welche Zweige kinderreich waren oder nicht, welche Personen einander heirateten, kinderlos blieben, alt wurden oder früh starben.
Für manche Menschen ist diese Beschäftigung mit den Wurzeln der Herkunft interessant und spannend. Oft lassen sich weit zurückreichende Daten ermitteln und es entwickelt sich ein Gefühl dafür, einen eigenen Standort in einer Ahnenreihe zu haben. Daher interessiert uns nun zunächst:

◆ Hat sich jemand von Ihnen schon einmal mit dem eigenen Stammbaum beschäftigt?

◆ Was denken Sie über die Bedeutung des persönlichen Stammbaumes?"

Anleitung Schritt 1

„Wir wollen uns heute Abend jedoch nicht mit Stammbäumen der gerade beschriebenen Art beschäftigen. Vielmehr soll Ihr Augenmerk auf eine andere Art von Stammbaum gelenkt werden – den **Beziehungs-Stammbaum**.
Es geht dabei nicht im Wesentlichen um tatsächliche Abstammungen, sondern wir fragen hierbei: Welche Menschen sind mir in meinem Leben begegnet, die mich beeinflusst haben? Diese Menschen können leibliche Verwandte sein oder mit Ihnen nicht genetisch verbunden sein. Sie gehören evtl. nicht zu Ihrem Stammbaum der Ahnen, haben Sie aber persönlich geprägt und eine hohe Bedeutung für Sie und Ihre Entwicklung.
Es können lebende oder verstorbene Menschen sein, Menschen, die Sie persönlich kennen gelernt haben oder die Sie geistig beeinflusst haben. Menschen, die über ihre Beziehung zu Ihnen für Sie von Bedeutung sind oder waren. Es können Menschen sein, die Ihnen im übertragenen Sinne ein Stammvater oder eine Stammmutter sind oder waren. Vielleicht gibt es Menschen, die an Wandlungen Ihres Lebens beteiligt waren, die Ihnen besonders wichtig sind.
Ich bitte Sie nun, einen solchen anderen Stammbaum, der die prägenden Beziehungen zeigt – Ihren Beziehungs-Stammbaum – zu erstellen."

Die Gesprächsleitung teilt an alle TeilnehmerInnen die vorbereiteten Materialien aus.

„Bitte stellen Sie sich den Baum als Ihren Lebensbaum vor. Auf die kleinen Etiketten schreiben Sie Namen von Menschen auf, die Sie besonders beeindruckt oder beeinflusst haben. Geben Sie den Personen nun *einen Ihnen angemessen erscheinenden Platz in Ihrem Lebensbaum, z. B. als Wurzeln, Stamm, Rinde, Äste, Krone, in der Umgebung oder im Himmel etc. Arbeiten Sie ganz in Ruhe und lassen Sie sich Zeit für die Überlegungen und die Ausführung."*

Auswertung Schritt 1

Die Auswertung erfolgt im Plenum. Die erste auswertende Frage allgemein in die Runde lautet: *„Wie haben Sie die Übung erlebt?"*
Danach erhalten alle TeilnehmerInnen die Gelegenheit, ihren persönlichen Beziehungs-Stammbaum vorzustellen und die Markierungen zu erläutern. Einleitende Fragen dazu können sein:

◆ *„Wie sieht Ihr Beziehungs-Stammbaum aus?"*
◆ *„Welche Gedanken kamen Ihnen während der Beschäftigung?"*

Seitens der Gesprächsleitung ist es wichtig, die Bedeutung der Positionen einzelner, als prägend erlebter Personen zu achten. Die Interpretationen stehen dabei den Ausführenden zu. Vermutungen dürfen als solche behutsam vorgebracht werden, so wie die Situation, die Mitteilungsbereitschaft und die Atmosphäre dies erlauben.

Anleitung Schritt 2

Nun erfolgt eine Überleitung zu der Frage, wie die Eltern die prägenden Beziehungen ihrer Kinder zurzeit einschätzen. Hilfreiche Fragestellungen sind z. B.:

◆ Wie erleben Sie sich als für Ihr Kind prägende Persönlichkeit?
◆ Wie sehen die wichtigsten Beziehungen für Ihre eigenen Kinder aus?
◆ Verfügen Ihre Kinder über von Ihnen unabhängige Beziehungen?

◆ Haben Ihre Kinder die Freiheit, selbst gewählte Kontakte und Freundschaften zu erleben?
◆ Welche prägenden Beziehungen wünschen Sie als Eltern Ihren Kindern für die Zukunft?

Auswertung Schritt 2

Die Aussagen der Eltern zu den Gesprächsaspekten werden ausgetauscht und in Zusammenhang mit den Erfahrungen des ersten thematischen Aspektes *Beziehungs-Stammbaum* gebracht.

Schlussphase

Die Abschlussrunde mit der Bitte um Feedback ist von hoher Bedeutung, damit Gelegenheit besteht, bisher unausgesprochene Eindrücke, Empfindungen und Gedanken auszudrücken:

◆ Wie haben die TeilnehmerInnen den Abend erlebt?
◆ Gibt es „Reste" von Eindrücken, die geklärt werden sollten, ehe man auseinander geht?

Folgender Sinnspruch eignet sich als abschließender Gedanke für den Themenabend:
„Wer sich nicht erinnert, woher er kommt, wird nie genau wissen, wohin er geht."
Benjamin Wilkomirski

Erweiternde Anregungen

Als Einstieg können gemeinsam Kinderfotos der Teilnehmenden angeschaut werden. Dies muss vorab angekündigt werden mit der Bitte, entsprechende Fotos mitzubringen. Zugewanderte Menschen verfügen u. U. nicht oder nicht mehr über eigene Kinderfotografien. Dieser Umstand kann ebenfalls sensibel besprochen werden. Hat dies eine Bedeutung? Wenn ja, welche?

Erfahrungen mit der Durchführung

Bisher wurde dieses Thema in Elternrunden angeboten, die sich als Gruppe vorab kannten. Wegen der zu erwartenden Intensität der Thematik ist dies besonders günstig.

Die Eltern erleben die Herangehensweise als interessant und machen gerne mit. Die Bäume werden jeweils sehr unterschiedlich gestaltet. In vielen Fällen sind es nur lebende und nur ein enger Kreis von sehr nahe stehenden Personen, die dargestellt werden.

Einmal waren statt Personen Orte und Städte stellvertretend für bestimmte Entwicklungsphasen eingefügt, ein anderes Mal wurden nur die Initialen der prägenden Personen aufgeschrieben, dazu aber jeweils die Bedeutung, die diese Person hat. Ein dargestellter Baum war quer geteilt: im unteren Bereich befand sich die Vergangenheit und Kindheit und im oberen Bereich befanden sich die Personen, die heute als besonders wichtig erlebt werden. Es gab auch Tränen, z.B. wenn an eine wichtige Person gedacht wurde, die zurzeit unerreichbar ist.

Die inhaltliche Beschäftigung ist stets von großer Offenheit gekennzeichnet und die Gespräche sind sehr persönlich. Die Zielperspektive des Themas wird stets gut nachvollzogen und es ergeben sich veränderte Haltungen durch die unterschiedlichen Blickwinkel: Was prägte mich früher? – Was prägt meine Kinder heute?

3. Elternabend: „Prägende Beziehungen – mein persönlicher Beziehungs-Stammbaum"
Arbeitsblatt zur Übung „Beziehungs-Stammbaum"

4. Elternabend: „Sag' mir deinen Namen! Persönliche und sprachliche Identität"

Unter „identisch sein" versteht man landläufig die völlige Übereinstimmung zweier Dinge. Im psychologischen Sinne bezieht sich „Identität" darauf, dass sich eine Person in ihrem – inneren und äußeren – Erscheinungsbild in Übereinstimmung empfindet mit den sie umgebenden sozialen und gesellschaftlichen Bildern. Die Frage nach der persönlichen Identität bindet drei Aspekte:

◆ Wie bin ich?
◆ Wie möchte ich sein?
◆ Für wen hält man mich?

Der Prozess der Selbstfindung bis hin zu einer weitgehend ausgereiften Identität ist eine Lebensaufgabe. Er verläuft in Schüben, beginnend in der frühkindlichen Entwicklung über die Pubertät, das junge Erwachsenenalter bis hin zur reifen Identität und Lebensgestaltung im höheren Alter. Der Mensch ist – bewusst und unbewusst – ständig befasst mit Fragen der Entwicklung seiner Identität. Jeder Mensch sollte Gelegenheit haben, seine Identität in fruchtbaren Prozessen zu entwickeln, auszugestalten und nach eigener Wahl zu bewahren. Der Austausch mit anderen trägt hierzu in besonderem Maße bei.

Als Facette dessen, woran sich Identität – für den Betreffenden und für andere – festmachen lässt, bietet sich die Beschäftigung mit dem persönlichen Vornamen an. Der eigene Name ist Teil der Person, nach innen wie in Beziehungen zu anderen. Menschen benutzen entwicklungsbedingt ihren eigenen Namen vor der Nutzung des Wortes Ich.

Die Geschichte, die sich rund um jeden Namen erzählen lässt, ist zugleich ein Teil der Lebensgeschichte und wirkt entsprechend biografisch. Das Verhältnis eines jeden Menschen zu seinem Namen ist höchst individuell, kann zum Programm werden, im Lebensskript wirken und Signal sein für bestimmte Formen der Fremdwahrnehmung. Namensgleichheiten zu anderen wirken. Sympathien und Antipathien beginnen manchmal mit dem Namen und der vermuteten Eigenart. Namen können begrenzen und befreien. Sie sind meist lebenslange Begleiter und haben u. U. Bezug zum Lebensplan.

Symbolische Selbstdarstellungen bereiten dann den Weg von der Selbst- zur Fremdwahrnehmung und schließen dazwischen Lücken.

Inhalte und Ziele

Dieser Elternabend soll allgemeine Einsichten in die Entwicklung von Identität ermöglichen. Die grundlegenden Informationen besagen:

◆ dass Kinder sensibel sind für Vorgänge, Stimmungen und Gegebenheiten um sie herum,
◆ dass sie abhängig sind von den Lebensumständen, in die sie hinein geboren werden,
◆ dass Migration – selbst erlebte Migration oder langfristig wirksame Folgen der Wanderung von Eltern oder Großeltern – die Wahrnehmung und Identitätsentwicklung der hierdurch berührten Kinder beeinflusst,
◆ dass gemeinsame Aktivitäten unterschiedlicher Menschen individuell Iden-

tität bildend sind und dazu geeignet, die gemeinsame Identitätsentwicklung aller Beteiligten zu fördern,

◆ dass kulturelle Angebote nährende Faktoren für die individuelle und kollektive Identitätsbildung sind,

◆ dass Sicherheit über kulturelle Zusammenhänge unterstützend auf die persönliche Identitätsentwicklung wirkt,

◆ dass das Erlernen einer Sprache einen Zuwachs an Wissen und an Kontakt zur jeweiligen Kultur bedeutet,

◆ dass Menschen mit stigmatisierten Muttersprachen mit ihrer Sprache leiden und schmerzhaft die Auswirkungen auf ihre ausgegrenzte sprachliche Identität und Person erleben,

◆ dass jeder Mensch als Kind vor allem durch die Muttersprache eine erste Selbstdefinition entwickelt, die gekoppelt ist an mit Worten verbundene Bilder und Gefühle,

◆ dass Kompetenzerfahrungen in jeder Form – auch sprachliche – dazu beitragen, Identität solide auszubauen und dass Kinder über alle Erfahrungen, etwas zu *können*, positive Identität entwickeln,

◆ dass zugewanderte Kinder, Jugendliche und Erwachsene in der Lage sind, eine bikulturelle Identität aufzubauen, dies aktiv, selbstbewusst und gestaltend zu tun und keinen Leidensdruck in dieser Hinsicht entwickeln zu müssen.

Die auf den eigenen Namen bezogene Übung soll Eltern vermitteln, wie bedeutsam es für Kinder ist, einen Namen zu haben, zu ihm Beziehung aufzubauen und sich mit ihm identisch zu fühlen.

Materialien

viele weiße DIN A4 Blätter, viele Bunt- und Filzstifte

Zeitstruktur

Gesamtdauer: 3 Unterrichtsstd. à 45 Min. = 2 1/4 Zeitstd.

15 Min.: Begrüßung, Einleitung in den Abend
45 Min.: Anleitung Schritt 1: Vorstellrunde zur Übung „Die Geschichte meines Vornamens"
15 Min.: Auswertung Schritt 1
15 Min.: Anleitung Schritt 2: Übung „Selbstportrait"
30 Min.: Auswertung Schritt 2
15 Min.: Schlussphase und Verabschiedung

Einleitung

Nach der Begrüßung und der Einführung in die Dimension der Thematik geht die Gesprächsleitung auf die folgende Übung ein:

„Der heutige Abend dient dazu,

◆ *die Bedeutung des eigenen Namens aufzuschlüsseln,*
◆ *sich gegenseitig das persönliche Verhältnis zum eigenen Namen zu erläutern,*
◆ *über andere Wunschnamen zu sprechen,*
◆ *ggf. von Kose- oder Necknamen zu erzählen,*
◆ *über Gefühle in Bezug auf den eigenen Namen zu sprechen,*
◆ *über die Entwicklung des Selbstbildes zu sprechen und*
◆ *sich über die Entwicklung der kindlichen Identität Ihrer Kinder zu unterhalten."*

Anleitung Schritt 1

*„Die folgende Übung trägt den Titel: ‚**Die Geschichte meines Vornamens'**. Ich bitte Sie nun, reihum den eigenen Vornamen und Aspekte zu seiner Geschichte zu nennen:*

◆ *Was wissen Sie über die Bedeutung Ihres Namens?*
◆ *Was wissen Sie über die Wahl Ihres Namens? Wer hat ihn ausgewählt? Warum?*
◆ *Hat dieser Name innerhalb Ihrer Familie eine Geschichte?*
◆ *Welches Verhältnis haben Sie zu Ihrem Namen?*
◆ *Heißen Sie gerne so oder würden Sie gerne anders heißen?*
◆ *Wie würden Sie sich selbst nennen?"*

Die Gesprächsleitung erinnert zwischendurch ggf. an einzelne Fragestellungen und fragt interessiert nach.

Auswertung Schritt 1

Die Auswertung im Gespräch soll erbringen, inwieweit sich die Teilnehmenden mit dem eigenen Namen identifizieren. Gehört er zur Identität oder wird er vom Namensträger, der Namensträgerin als unpassend, als blockierend empfunden? Wo werden der Name und der damit verbundene Selbstausdruck als stimmig, wo als sperrig erachtet?

Die besprochenen Namen werden durch die Vorgehensweise im Gespräch mit persönlichen Geschichten verbunden, bekommen einen ganz bestimmten „Klang". Die damit verbundene Person wird auf eine besondere Art und Weise wahrgenommen. Sie erscheint als jemand, die oder der eine eigene Stellungnahme sowohl zum Namen als auch zum Selbstbild mitteilt.

Durch das Nachfragen innerhalb der Gruppe kann deutlich gegenseitiges Interesse aneinander signalisiert werden. Die Rückmeldungen geben Anlässe zur Selbstreflexion und nähren die Fremdwahrnehmung, ohne dass überhöhte Interpretationen nötig sind.

Alle TeilnehmerInnen bekommen vergleichbar intensive Aufmerksamkeit, da das Thema alle betrifft und jeder mitreden kann.

Anleitung Schritt 2

Eine weitere Übung vertieft die Thematik der persönlichen Identität. Sie bietet Gelegenheit zu einer kreativ darstellenden Ausdrucksweise und ist ein symbolisch gemaltes persönliches Selbstportrait. Die Übung trägt den Titel: **„Selbstportrait"**.

Die Gesprächsleitung stellt für die Übung weiße DIN A4 Blätter und zahlreiche Bunt- und Filzstifte zur Verfügung. Sie erläutert den Zusammenhang der Übung: *„Identität ist nicht nur eine Frage im Zusammenhang mit dem Namen und der damit verbundenen persönlichen Selbstinterpretation, sondern sie hat auch höchst aktuelle Bedeutung. Um der persönlichen Identität in der Jetzt-Situation auf die Spur zu kommen, bietet sich eine weitere Übung an. Es geht darum, wie Sie sich jetzt fühlen, wie es Ihnen jetzt geht. Wie erleben Sie sich in diesem bestimmten Augenblick?*

Bitte nehmen Sie sich nun ein Blatt und Stifte Ihrer Wahl und malen Sie ein spontanes Selbstportrait. Malen Sie sich so, wie es Ihnen zurzeit geht! Malen Sie sich so, wie Sie sich zurzeit fühlen! Verwenden Sie bitte dabei symbolisch die Merkmale, Attribute, Stimmungen, Informationen, die Sie in das Selbstportrait einfließen lassen möchten, welche nach Ihrer Meinung die eigene Person ausmachen. Lassen Sie sich von den Fragen leiten:

◆ *Was ist mir wichtig, über mich auszudrücken?*
◆ *Was ist mit meiner Person verbunden?*
◆ *Wie fühle ich mich zurzeit?*

Haben Sie keine Sorge: Es geht bei dieser Übung nicht um gekonntes Malen oder Zeichnen, sondern um die Symbolik der Darstellung und das Persönliche der Aussage. Jede Form der Darstellung ist erlaubt! Alles, was Ihnen wichtig ist, ist in der dargestellten Form richtig!"

Als erste Anregung für eine symbolische Darstellungsmöglichkeit nennt die Gesprächsleitung beispielhaft:

„Stehen Ihnen die Haare zu Berge? Raucht Ihnen der Kopf? Sprudelt es aus Ihrem Mund? Sehen Sie mit beiden Augen in dieselbe Richtung?"...

Auswertung Schritt 2

Die TeilnehmerInnen stellen sich in beliebiger Reihenfolge mit ihrem Selbstportrait vor. Je nach Vertrautheit der Gruppe und Gesprächsoffenheit wird auf die einzelnen Symbole und Assoziationen in gemeinsamer Erörterung eingegangen.

Der Wert des Auswertungsgespräches liegt in der Chance, Respekt vor der jeweils spezifischen Identität und Lebenssituation zu zeigen. Eltern können sich so deutlich als Menschen mit persönlicher Geschichte und der Fähigkeit zum bewussten Selbstausdruck wahrnehmen.

Schlussphase

Eine Abrundung erfolgt durch die Möglichkeit für alle Teilnehmenden, in einem abschließenden Blitzlicht mitzuteilen, wie Form und Inhalte des Angebotes erlebt wurden. Rückmeldungen, die noch abschließend zur Thematik im Raum stehen, können so in den Austausch einfließen.

Erweiternde Anregungen

Die Übung „Selbstportrait" kann alternativ unter folgenden Aspekten durchgeführt werden:

◆ *„Bitte stellen Sie dar, wie Sie sich zurzeit als Migrant oder als Migrantin in Deutschland fühlen!"*
◆ *„Bitte stellen Sie dar, wie Sie sich als Deutscher oder als Deutsche zurzeit in Deutschland fühlen!"*
(▶ S. 112, 5. Elternabend)

Erfahrungen mit der Durchführung

Die Erfahrung zeigt, dass die Namen der Teilnehmenden nach dem Elternabend deutlich schneller behalten und sicherer erinnert werden als ohne die besprechenden Elemente des Elternabends. Eventuell bisher nicht wahrgenommene persönliche Profile der Teilnehmenden werden durch diese Übung wesentlich bewusster.

Durch die Aktion ergibt sich regelmäßig ein sehr anregender Gedankenaustausch. Die Runde mit der Erklärung der Vornamen kommt jeweils sehr spontan in Schwung. Es werden oft auch noch die Namen von Ehepartnern, Kindern, Verwandten und Freunden gedeutet.

Türkische Eltern erläuterten, dass im traditionell türkischen Gebrauch oftmals die älteren Familienmitglieder, eine Tante oder Nachbarin den Namen des Neugeborenen bestimmen und nicht die Eltern.

In allen Kulturen gibt es veraltete und somit unbeliebte, ja zum Teil heute lächerlich wirkende Namen. Ebenso gibt es Modenamen, die zu einer bestimmten Zeit von vielen Eltern an Kinder vergeben werden.

Die Erinnerungen an die Bedeutung der Vornamen bringt häufig zu Tage, welche Erlebnisse man in der Kindheit mit anderen Kindern hatte, ob man geneckt wurde, ob der Name verändert wurde oder ein ganz anderer Name als der in der Geburtsurkunde verwendet wurde und warum.

Die Übung „Selbstportrait" lässt sich sehr gut mit der vorangegangenen Übung „Die Geschichte meines Vornamens" kombinieren. Sie wurde bisher stets als zweites Angebot des Elternabends angeboten. Steht nicht so viel Zeit zur Verfügung, eignen sich die beiden Übungen getrennt zur Gestaltung zweier Termine zum gleichen Thema. Der Vorschlag zum Selbstportrait wird zunächst mit dem Einwand, man könne nicht zeichnen oder malen, abgelehnt oder skeptisch betrachtet. Doch nach eingehender Erklärung der Übung und dem Hinweis, dass das Zeigen der Blätter freiwillig ist und der Selbstbestimmung unterliegt, malen alle ihre persönlichen Bilder.

Die TeilnehmerInnen entwickeln oft Freude an der Vorgehensweise und sind zu ausdrucksstarken Darstellungen in der Lage.

Wesentlich ist, immer wieder zu betonen, dass es um die Sinnhaftigkeit des Dargestellten geht und nicht um die Qualität des zeichnerischen Ausdrucks.

Es kam einmal vor, dass eine Teilnehmerin sich nach dem intensiven Malen nicht zu ihrem Bild äußern wollte. Sie nahm jedoch zugewandt an der Gesprächsrunde als reagierende Gesprächspartnerin teil. Es ist wichtig, dies ganz natürlich zu akzeptieren. Durch ihre Reaktionen auf andere offenbarte sie viele persönliche Einstellungen und zog offensichtlich aus der Gesprächsrunde einen bestimmten Wert für sich. Da sie sich weiterhin einbrachte, empfand niemand der übrigen Teilnehmenden eine Störung durch diese Zurückhaltung. Es ist gut, mit Reaktionen dieser Art zu rechnen und entsprechend behutsam und rücksichtsvoll damit umzugehen.

5. Elternabend: „Integration leben – Erfahrungen, Vorstellungen und Wünsche"

„Integration" ist die Kontaktaufnahme zwischen Mitgliedern unterschiedlicher Herkünfte, Kulturen und Religionen, mit dem Ziel, in einen wechselseitigen Prozess des Austauschs über Werte, Normen, Traditionen, Rituale und Glaubensinhalte einzutreten. Integration zielt nicht auf das Einverleiben, Aufweichen oder Verdrängen der bedeutsamen Merkmale des anderen ab, sondern auf Reduzierung von Fremdheit.

Assimilation, d.h. das weitgehende Eintauchen in die Kultur der umgebenden Gesellschaft und einseitige Übernahme von deren Normen und Werten bei Leugnung oder Verdrängung der Ursprungskultur, sowie Gettoisierung, also das weitgehende Abgrenzen von der umgebenden Kultur und Rückzug in ein Leben mit der ethnischen Minderheit mit geringen sozialen Kontakten zur einheimischen Bevölkerung, führen häufig im gleichen Maße zu innerpsychischen wie auch zu sozialen Konflikten. Sie laufen m. E. einem wohlverstandenen Integrationsbegriff entgegen.

Ziel respektvoller Integrationsbemühungen ist ein gegenseitiges Vertrautwerden bei allem Recht auf das Ausleben des *Eigenen*. Ziel ist kulturelle Bereicherung statt Reduktion auf den kleinsten gemeinsamen Nenner, verstanden als Balance zwischen Norm- und Wertevorstellungen der Herkunftsgesellschaft und der Aufnahmegesellschaft. Geleistet wird dies von MigrantInnen auf der einen Seite und den Mitgliedern der Aufnahmegesellschaft auf der anderen Seite – im Idealfall in Ausgewogenheit und Gemeinsamkeit.

Thematische Elternabende zum Aspekt „Integration" bieten Zeit und Raum, um zum persönlichen Austausch über Faktoren der Integration zu gelangen. Dies geschieht im Kindergarten auf der Basis naher zwischenmenschlicher Kontakte, im konkreten Lebensvollzug und über die solidarische Beschäftigung mit der Erziehung noch junger Kinder. Gerade die Auseinandersetzung mit Fragen der Erziehung ist ein Menschen verbindendes Phänomen und eröffnet die Chance, Themen von grundlegender Bedeutung in den Erörterungsprozess hinein zu nehmen.

Ein Elternabend in der Kindertageseinrichtung ist bisher selten der Platz, an dem erwartet wird, über die Begrifflichkeit „Integration" und die damit verbundenen persönlichen Einschätzungen – von so genannten Einheimischen ebenso wie von Menschen mit Migrationshintergrund – zu sprechen. Doch es lohnt sich, zeigen doch die angenommenen Angebote seitens der Eltern, dass durchaus eine Bedürfnislage zur Erörterung solch' grundsätzlicher Fragestellungen auch bei Kindergarteneltern besteht.

Inhalte und Ziele

Ziel des Abends ist es, zu fragen und zu klären:

◆ Was verstehen wir persönlich unter Integration?
◆ Was verbindet und was trennt uns einheimische, zugezogene oder zugewanderte Eltern?
◆ Welche Erfahrungen prägen uns?
◆ Wie können wir uns gegenseitig Werte eröffnen und gemeinsame Ziele entdecken?

◆ Welche neuen Erfahrungen können wir als Eltern in der Kindertageseinrichtung miteinander machen, die bedeutsam sind im Zusammenhang mit der persönlichen und gesellschaftlichen Frage der Integration?

Vermittelt werden sollte eine Vorstellung von Integration, die von einem wechselseitigen Entgegenkommen ausgeht. Erleben, Annähern und gemeinsam Gestalten sind Verantwortung und Chance aller Beteiligten am Prozess gesamtgesellschaftlich relevanter Integrationsbemühungen.

Materialien

viele weiße DIN A4 Blätter, viele Bunt- und Filzstifte, Wachsmaler, je 1 weißes DIN A3 Plakat und 1 kopiertes Arbeitsblatt zur Übung „Integrationshaus" (▶ S. 118) für je zwei TeilnehmerInnen

Zeitstruktur

Gesamtdauer: 3 Unterrichtsstd. à 45 Min. = 2 1/4 Zeitstunden
15 Min.: Begrüßung, Einleitung in den Abend, Anleitung Schritt 1
15 Min.: Übung „So fühle ich mich in Deutschland"
05 Min.: Anleitung Schritt 2
45 Min.: Übung „Das Integrationshaus"
45 Min.: Auswertung Schritt 2
10 Min.: Schlussphase und Resümee zum Gesamtabend

Einleitung

Die Gestaltung des Abends erfolgt in zwei Phasen. Die einzelnen Übungen werden so erläutert, dass der Verlauf der gesamten Veranstaltung von Anfang an erkennbar wird.
Nach der Begrüßung benennt die Gesprächsleitung das Ziel des Abends folgendermaßen: *„Heute Abend wollen wir uns*

mit dem Thema Integration befassen, also mit dem Eindruck darüber,

◆ *wie Menschen unterschiedlicher Herkünfte in Deutschland miteinander leben,*
◆ *was ihr Zusammenleben bestimmt,*
◆ *wie nah oder wie fern sie sich in ihren Beziehungen sind,*
◆ *wie ihre Bemühungen zur gegenseitigen Annäherung aussehen,*
◆ *wie ausgeschlossen oder beteiligt sie sich fühlen,*
◆ *was sie als Trennendes oder Gemeinsames empfinden und*
◆ *was sie letztendlich unter Integration verstehen.*

Im Mittelpunkt des Interesses steht heute Ihre Haltung und Ihre Verbundenheit zum Thema Integration. Dabei richtet sich die Frage nach dem hier eingangs ausgeführten Verständnis an alle hier lebenden – einheimischen, zugezogenen oder zugewanderten – Eltern. Wir wollen mit Ihnen gemeinsam in den Austausch über Chancen und Schwierigkeiten dieses persönlichen und gesellschaftlichen Phänomens eintreten. Zu Beginn schlage ich Ihnen eine Einzelbeschäftigung vor, später werden Sie paarweise an einer Aufgabe arbeiten."

Anleitung Schritt 1

„Die erste Übung trägt den Titel: ‚So fühle ich mich in Deutschland.' Bitte nehmen Sie ein weißes Blatt und Stifte zur Hand und malen Sie nun zu Beginn des Abends eine freie Bildgestaltung auf das Blatt Papier. Die Darstellung soll zeigen, wie Sie persönlich sich zurzeit in Deutschland fühlen. Es soll symbolhaft und nicht künstlerisch vorgegangen werden. Für das Erstellen des Bildes sind ca. 15 Minuten vorgesehen."

Am Ende dieser Phase werden die Bilder zunächst zur Seite gelegt, um in einem weiteren Schritt wieder hervorgeholt zu werden.

Anleitung Schritt 2

„Die zweite Übung ist eine Aufgabe für jeweils zwei Personen, die zusammenarbeiten. Sie heißt: **‚Das Integrationshaus‘***. Bitte bilden Sie nun Paare, die zusammenarbeiten möchten. Wählen Sie Ihren Partner so aus, dass Sie sich ohne Hilfe sprachlich gut verständigen können.“*

Die Gesprächsleitung verteilt pro Paar je eine Kopiervorlage des Arbeitsblatts und ein Blanko-Plakat und stellt viele bunte Stifte und Wachsmaler bereit.

Der Gestaltungsauftrag lautet: *„Sie erhalten nun einen Plakatbogen und Stifte sowie ein Arbeitsblatt mit einigen Stichwörtern darauf. Alle diese beispielhaft genannten Wörter haben auf eine bestimmte Weise mit dem Thema Integration zu tun. Malen Sie nun gemeinsam ein Haus auf den großen Bogen Papier und schreiben Sie nach Ihrer beider Wahl die Begriffe zum Thema Integration hinein. Was bildet in Ihrem gemeinsamen Integrationshaus z. B. das Fundament? Was die Eingangstür? Was setzen Sie in den Schornstein? Welchen Bauteil des Hauses bildet in Ihrem Bild die Sprache?*

Natürlich können Sie zusätzlich auch weitere Begriffe Ihrer eigenen Wahl verwenden. Bitte unterhalten Sie sich darüber und postieren Sie die Ihnen wichtigen Begriffe in das gemeinsam gemalte Integrationshaus.

Um den Einstieg zu erleichtern, nehmen Sie bitte das zuerst in alleiniger Arbeit gestaltete Bild ‚So fühle ich mich in Deutschland‘ hinzu. Das reflektierende Gespräch hierüber wird Ihnen den Start in die Übung ‚Integrationshaus‘ erleichtern. Sie haben ca. 45 Minuten Zeit für Ihr Gespräch und die gemeinsame Gestaltung des Plakats.“

Auswertung Schritt 2

„Bitte stellen Sie nun paarweise ihre Ergebnisse vor. Pro Paar stehen drei Bilder zur Verfügung – die beiden Bilder zur eigenen Jetzt-Situation in Deutschland und das gemeinsame Integrationshaus. Lassen Sie uns durch Ihre Schilderungen an den Darstellungen teilhaben. Wählen Sie aus, was Sie vom Erarbeiteten vorstellen möchten.“

Die unterschiedlichen Faktoren der Integration, die persönlichen Wertungen und Gefühle zu den entstandenen Gestaltungen können nun ausgedrückt werden. Folgende Fragen sind in diesem Zusammenhang zu besprechen:

◆ Was kann Integration fördern?
◆ Welche Wünsche in Bezug auf Annäherung und Abgrenzung haben Einheimische und Zugewanderte?
◆ Was kann jeder Einzelne zur Integration leisten?
◆ Was können Eltern und ErzieherInnen in der Tageseinrichtung gemeinsam zur Integration beitragen?

Schlussphase

In einer abschließenden Runde wird Gelegenheit gegeben, folgende Aspekte abzurunden:

◆ Welche Fragen oder Anmerkungen möchten Sie zum Abschluss unseres Abends noch gerne äußern?
◆ Was bedeutet der heutige Abend für Sie persönlich?

Erweiternde Anregungen

Einen besonderen Aspekt in diesem Zusammenhang bietet der Begriff „Heimat“ an. Zu diesem Begriff ein Brainstorming zu machen und die Nennungen zu diskutieren, kann schon für ein Elterntreffen Pro-

Geschafft! In partnerschaftlicher Arbeit ist ein gemeinsames Integrationshaus entstanden

gramm füllend sein. Der Gedanke: „Da wo ich mich wohl fühle, da ist meine Heimat", führt unweigerlich zu der Frage, ob man sich denn hier in Deutschland wohl fühlt und entsprechend heimatliche Empfindungen spüren kann – auch als Deutsche oder als Deutscher und nicht nur als zugewanderte Person.

Berührt werden kann auch die Frage, wie heimatlich die Gefühle zum Herkunftsland der zugewanderten Eltern sind. „Die Heimat, in die man nach der Erfahrung des Heimwehs zurückkehrt, ist nie mehr ganz die Gleiche" – dies ist ein zusätzlicher Gedanke, der diskutiert werden kann. Zu erreichen, dass möglichst viele Menschen sich in unserem Gemeinwesen wohl fühlen und daran auf der Ebene des für mich persönlich beeinflussbaren Bereichs mitzuwirken, kann in die Schlussfolgerungen Eingang finden.

Alternativ zu dem beschriebenen Ablauf können für die verschiedenen Elemente „Portrait" und „Integrationshaus" zwei Durchführungstermine angeboten werden. Besonders, wenn man mit Eltern am Vormittag oder Nachmittag arbeitet und der restliche Tagesablauf alle Beteiligten noch beschäftigen wird, ist der gesamte Programmverlauf u. U. zu anspruchsvoll.

Abends, wenn nach der Bearbeitung des Themas für die Eltern keine Verpflichtungen mehr folgen, bietet sich – auch wegen der evtl. eher offenen zeitlichen Situation nach hinten – der Ablauf wie beschrieben an. Es ist damit auch der Möglichkeit Rechnung getragen, dass initiierte Gedanken und Gefühle nachwirken können und nicht in den Erfordernissen einer anschließenden Tagesgestaltung untergehen.

Bitte wählen Sie die Elemente so aus, wie es Ihrem Angebotsrahmen entspricht.

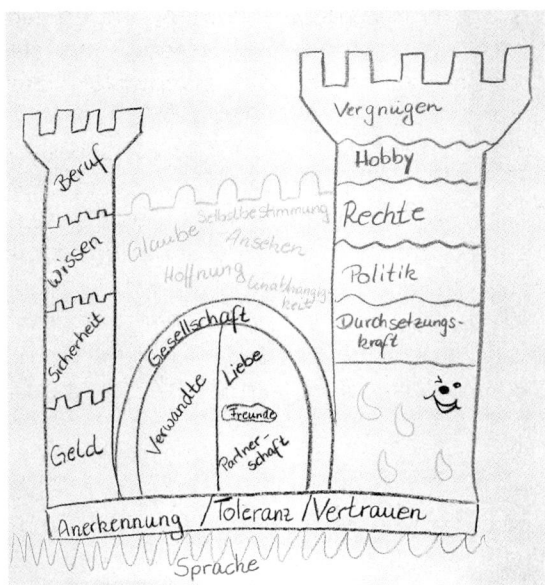

So sicher wie eine Burg wünschen wir uns "Integration"

Erfahrungen mit der Durchführung

In allen Auswertungen kommen die Positionen, wie sich die Teilnehmenden selbst im Prozess der Integration sehen, sehr deutlich zum Ausdruck. Manche äußern, sich in Deutschland nur sehr eingeschränkt verwirklichen zu können. Andere Eltern fühlen sich hier stark beobachtet und in ihrer Rolle permanenter Beurteilung ausgesetzt. Es wird von den deutschen TeilnehmerInnen oft als erstaunlich wahrgenommen, dass besonders türkische Frauen keine Integrationsprobleme äußern. Nur wenige haben immer noch ab und zu das Gefühl, hier nicht angenommen zu sein.

Bei der Erstellung und Erklärung der paarweise gemalten Häuser gibt es zum Teil sehr unterschiedliche Meinungen zu Positionen der einzelnen Stichwörter im Haus der Integration und ihrer dahinter stehenden Wertungen. Die Nennungen werden jeweils intensiv erklärt und diskutiert.

Eine türkische Mutter interpretierte ihr Integrationshaus wie folgt:

„Wissen führt zu Anerkennung. Anerkennung und Toleranz, darauf baut für mich das Leben und die Integration auf. Das sind Grundbausteine, deshalb stehen sie für mich im Fundament. Die Sprache stellt für mich die Tür dar; sie öffnet alle Türen und führt mich mit anderen zusammen. Fenster verbinde ich mit Freunden. Durch die Fenster der Integration blicke ich nach außen und lasse auch nach innen blicken. Freunde geben mir Sicherheit und Vertrauen, das ist für meine Integration sehr wichtig. Das Transparente der Fenster steht für Offenheit nach außen. In den oberen Fenstern sitzt die Liebe und die Religion. Es ist mir wichtig, dass sie sich nach außen zeigt. Vergnügen findet eher in der Außenwelt rund um das Haus statt. Selbstbestimmung bedeutet in diesem Zusammenhang, Dinge im Leben bewusst und freiwillig zu tun. In den Dachfenstern erscheinen die Verwandten. Auch wenn sie nicht immer da sind, geben sie mir Sicherheit, denn sie werden da sein, wenn ich sie brauche.

In den Mülleimer habe ich den Rassismus gesteckt. Dort gehört er hin. Der Weg zum Haus ist die Unabhängigkeit. Mein Eingangstor ins Haus ist die Gesellschaft. Alles geht durch die Gesellschaft und alles wird durch die Gesellschaft erlebt, das ist für mich die richtige Stelle. Dann gibt es noch einen Zaun. Er symbolisiert die Rechte. Hinter dem Zaun beginnen meine persönlichen Rechte. Vor dem Zaun die öffentlichen. Die Sonne ist die Hoffnung, denn ohne Hoffnung sieht man alles schwarz."

Eine deutsche Mutter trug Folgendes zur Übung bei:

„Die Übung war für mich eine Herausforderung. Sie verlangte von uns eine große Sorgfalt bei der Interpretation der Begriffe. Das Erklären rund um die Begriffe war sehr intensiv. Zum Beispiel konnte das Verständnis des Begriffs ‚Verwandte' variieren von ‚Sie gehören als wertvoll in die sich öffnende Tür' bis zur Haltung, dass man sie in den Mülleimer stecken könne. Verwandte können also behindernd und fördernd erlebt werden.

Einige Positionen wurden mir in ihrer Bedeutung und Rolle erst durch meine Gesprächspartnerin klar. Zum Beispiel, dass jemand die Bürgerrechte wie einen schützenden Zaun empfinden kann, das war mir bis dahin nicht bewusst. Andere Begriffe, wie die Sprache, waren sofort in ihrer Wichtigkeit in die für beide Gesprächspartner richtige Position zu bringen, also in die Tür.

Insgesamt erleben die Teilnehmenden die Übung durchweg als spannend und sie schätzen es sehr, die Stichworte des Übungsblattes zu einer persönlichen Stellungnahme zusammenzubringen. Die Aufgabe, die Schlüsselbegriffe an bestimmte Positionen zu binden, setzt voraus, sich über die Wertigkeiten der einzelnen Stichworte zu unterhalten. Der geeignete Platz ist oftmals nicht auf Anhieb klar und zieht Diskussionen nach sich. Der damit verbundene persönliche Austausch entwickelt sich entsprechend intensiv.

Dadurch, dass die Paare Menschen unterschiedlicher Kulturen sind, steigt der Reiz des Dialogs. Im Aushandeln der stimmigen Position muss jede Person ihr eigenes Grundverständnis der Begriffe erläutern und der anderen Person bei deren Erläuterungen aufmerksam folgen. Der Auftrag für beide Personen, ein gemeinsames Integrationshaus zu erstellen, führt sie so in einen besonderen Prozess: Begriffe definieren, sich gegenseitig erläutern, Meinungsunterschiede, -ähnlichkeiten oder -gleichheiten erkennen, Annäherungen finden, Kompromisse schließen, Festlegen der Positionen und Umsetzung im Bild.

5. Elternabend: „Integration leben – Erfahrungen, Vorstellungen und Wünsche" Deutsch-Türkisches Arbeitsblatt zur Übung „Das Integrationshaus"			
Toplum Gesellschaft	Kilise Kirche	Hobi Hobby	Dil Sprache
Arkadaşlar Freunde	Akrabalar Verwandte	Para Geld	Güven Sicherheit
Bilgi Wissen	Meslek Beruf	Itibar Ansehen	Haklar Rechte
Eşlik Partnerschaft	Sevgi/Aşk Liebe	Bağımsızlık Unabhängigkeit	Otonomi/Muhtariyet Selbstbestimmung
Inanç Glaube	Umut Hoffnung	Takdir Anerkennung	Itimat Vertrauen
Hoşgörü/Müsamaha Toleranz	Politik Politik	Fikrini geçirme kabiliyeti Durchsetzungskraft	Eğlenmek Vergnügen

6. Elternabend: „Eine gute Mutter, ein guter Vater sein... was ist das? Von Rollenbildern und Anspruchsdenken"

Sehen wir uns die elterliche Ausgangslage einmal näher an: Die Worte „gute Mutter" und „guter Vater" setzen in Eltern unterschiedliche Vorstellungen, Gefühle und Fantasien in Gang. Diese sind geprägt:

◆ von unseren persönlichen Erfahrungen und Erlebnissen in der Kindheit und unseren Erinnerungen an sie,
◆ von Erinnerungen an die eigene Mutter, den eigenen Vater; an das, was wir an ihnen liebten, was wir uns von ihnen wünschten, vielleicht vermissten und bis heute als nicht erlebt bedauern (Schellenbaum, 1989),
◆ von den Vorsätzen und Absichten, die Menschen für die eigene Elternschaft haben,
◆ von Zielbeschreibungen und Erwartungen pädagogischer Fachleute, die beschreiben, was Kinder zu ihrer gesunden geistigen, körperlichen und seelischen Entwicklung brauchen,
◆ von den gesellschaftlichen Erwartungen, die Eltern umgeben und die u. U. als Druck erlebt werden, sich gemäß der gesellschaftlich gewünschten Richtung zu verhalten.

Zunehmend realisieren Eltern pädagogische Erkenntnisse wie z. B.:

◆ dass das emotionale Klima, das ein Kind umgibt, seine Persönlichkeitsentwicklung prägt,
◆ dass sowohl direkte Verhaltensweisen als auch indirekte Einstellungen der Eltern (und anderer Bezugspersonen) dem Kind gegenüber seine psychische Entwicklung beeinflussen,

◆ dass Einstellungen der Eltern, die nicht auf das Kind selbst gerichtet sind, sondern z. B. auf den Ehepartner, andere Familienmitglieder, auf den Beruf, die Umwelt usw., Auswirkungen auf die psychische Entwicklung des Kindes haben,
◆ dass die Familie für das Kind einen Filter gesellschaftlicher und kultureller Eindrücke darstellt, die dem Kind in Familien spezifischer Form übermittelt werden und so auf seine geistige und psychische Entwicklung wirken,
◆ dass familiäre Beziehungs- und Deutungsmuster innerhalb verschiedener Familien auch bereits in *einer* Kultur sehr unterschiedlich ausfallen können.

Diese Erkenntnisse sind wichtig und wünschenswert, doch sie tragen auch dazu bei, hohe Verantwortlichkeit zu empfinden, die zum persönlichen Druck werden kann. Selten entwickelt sich für Eltern eine offene Diskussion über dieses Thema, die helfen konnte zu klären, welche Erwartungen realistisch und zu verwirklichen sind. Eher entwickeln sich elterliche Schuldgefühle, wenn man dem Bild der vermeintlich „guten Mutter" oder des „guten Vaters" nicht entspricht.

Inhalte und Ziele

Ziel des Abends ist es, Eltern in einer vertrauten Umgebung mit entlastenden Aussagen und wohlwollenden Erörterungen dazu zu verhelfen, Positionen zu überdenken und neue Sichtweisen einnehmen zu können.
Viele Eltern tröstet es, mit anderen Eltern zu sprechen und zu erleben, dass sie nicht die Einzigen sind, denen die Erziehung ih-

rer Kinder manchmal Schwierigkeiten bereitet. Es berührt sie, dass selbst große Denker mit Hochachtung von der Größe der erzieherischen Aufgabe sprechen. Entlastend soll der vermittelte Gedanke wirken: Perfekte Eltern gibt es nicht, also Eltern, die einem Erziehungsideal in ihrem tagtäglichen Umgang mit den Kindern vollständig nachkommen können. Menschen, die handeln und aktiv ihr (Familien-)Leben gestalten, machen dabei Fehler. Sie spüren, dass sie an manchen Tagen ihrer gut gemeinten Absicht, friedfertig, gerecht, tolerant und partnerschaftlich mit ihren Kindern zusammenzuleben, nicht nachkommen können. Sie spüren, dass Erziehung in erster Linie Selbsterziehung ist und die persönliche Bereitschaft zur Reflexion voraussetzt. Und sie bemerken, dass sie selbst auch von ihren Kindern – und zwar von jedem Kind in unterschiedlicher Weise – beeinflusst werden. Eltern formen nicht nur ihre Kinder, sondern auch Kinder ihre Eltern. Ein Wechselspiel mit offenem Ausgang, denn Kinder bringen sich in den Prozess als eigenständige und eigenwillige Menschen ein.

Bedeutsam ist, dass Eltern die Grundüberlegung teilen können: Alles, was mein Kind tut, hat seinen guten Grund. Auch wenn dieses Verhalten für mich als erwachsene Person unlogisch ist und unsinnig erscheint – für das Kind ist seine momentane Reaktion vermutlich die einzige auszulebende Möglichkeit. Ist sein Verhalten für mich belastend, so steht dahinter oft eine kindliche Not und keine Böswilligkeit. Bruno Bettelheim, ein bekannter Pädagoge, drückt dies so aus: „So werden gute Eltern sich nicht nur sagen, dass ihr Kind bei allem, was es tut überzeugt ist, dass es zurzeit nichts Besseres tun könne. Sie werden sich auch fragen: Was in aller Welt könnte mich veranlassen, mich so zu verhalten, wie es mein Kind zurzeit tut? Und wenn ich nicht anders

könnte: Was würde mich wieder beruhigen?" (Bettelheim, 1987) Auf diesen entlastenden Perspektivwechsel zielt der vorgeschlagene Elternabend ab.

Ein Elternabend dieses Themas trägt dazu bei, eine Projektionsfläche für all die vorgenannten Gedanken und Gefühle sein zu können.

Materialien

1 Kopie des 1. Arbeitsblatts „Eine gute Mutter, ein guter Vater sein..." (▶ S. 125) pro TeilnehmerIn, 4 DIN A3 Plakate, viele Schreibstifte; evtl. 1 Kopie des 2. Arbeitsblatts „10 Gebote für den Umgang mit Kindern" (▶ S. 127 ff.) pro TeilnehmerIn in entsprechender Sprache

Vorbereitung

Die vier Plakate werden mit folgenden Überschriften versehen:
1. Plakat: „Drei Eigenschaften oder Verhaltensweisen, die eine gute Mutter/einen guten Vater auszeichnen:"
2. Plakat: „Drei Eigenschaften oder Verhaltensweisen, die eine gute Mutter/ein guter Vater vermeiden sollte:"
3. Plakat: „Sinnvolle Erziehungsziele – WAS ist sinnvoll anzustreben?"
4. Plakat: „Sinnvolle Erziehungsziele – WIE sind sie sinnvoll zu erreichen?"

In der schriftlichen Einladung ist es gut, einige Vorüberlegungen zur Bedeutung des Themas zu skizzieren. Gegebenenfalls sichert auch hier eine ergänzende persönliche Einladung ab, dass Eltern der thematischen Erarbeitung des Themas erwartungsvoll entgegensehen.

Zeitstruktur

Gesamtdauer: 3 Unterrichtsstd. à 45 Min. = 2 1/4 Zeitstd.

15 Min.: Begrüßung, Einleitung in den Abend, Anleitung Schritt 1

15 Min.: Einzelarbeit 1. Arbeitsblatt „Eine gute Mutter, ein guter Vater sein..."

60 Min.: Auswertung Schritt 1 im Plenum mit Sammlung auf vorbereiteten Plakaten

30 Min.: Anleitung Schritt 2: Gemeinsame Zusammenstellung sinnvoller Erziehungsziele als Plakatarbeit

15 Min.: Schlussphase und Abschlussblitzlicht

Einleitung

Wichtig ist, sich als Gesprächsleitung für diese Übungen sicher zu fühlen hinsichtlich der eigenen pädagogischen Haltung sowie der Fähigkeit, Toleranz zu spiegeln und problematische Haltungen wohlwollend ansprechen zu können, ohne dass Mütter und Väter den Eindruck haben, ihr Gesicht zu verlieren. Sinnvoll ist, diese Thematik und die vorgeschlagenen Übungen mit Gruppen durchzuführen, die sich bereits kennen, und die TeilnehmerInnenzahl auf 12 bis 14 Personen zu begrenzen.

Für Durchführende erweist es sich als besonders entlastend, zu zweit in den Elternabend zu gehen, sich in der Runde gegenüberzusitzen, Rollen (Einführung, Erläuterungen zu den Übungen, Plakatarbeit, Diskussion, Resümee) abzusprechen und sinnvoll zu verteilen.

Die Gesprächsleitung führt ein: „Eine gute Mutter, ein guter Vater sein..." – was das bedeutet, ist nicht für alle Eltern gleich, wird nicht von allen Menschen auf die gleiche Weise interpretiert. Das Bild der guten Mutter und des guten Vaters ist eine Vorstellung, die von eigenen Vorerfahrungen, pädagogischen Kenntnissen, Wünschen, Hoffnungen und Zielen geprägt ist. Es ist davon beeinflusst, wie man die Erwartungen der Umwelt an die Rolle als Mutter oder Vater erlebt und wie andere Menschen der näheren und ferneren Umgebung auf mich als Erziehende reagieren. Es ist ein Bild, das zum Mythos werden und missbraucht werden kann. Es kann hohen Erwartungsdruck erzeugen oder mich positiv mit Menschen ähnlicher erzieherischer Auffassung verbinden.

Auffallend ist, dass Haltungen zum Bild der guten Mutter oder des guten Vaters oft unausgesprochen im Raum stehen, wirken, beeinflussen und oft belasten – selten aber ausgesprochen, diskutiert und an der Realität gemessen werden. Vielleicht fragen Sie sich auch:

◆ Gebe ich meinem Kind genügend Aufmerksamkeit?
◆ Gebe ich ihm genügend Anregungen?
◆ Welche Erlebnisse und Erfahrungen mache ich meinem Kind zu welcher Zeit möglich?
◆ Entwickelt sich eine solide emotionale Beziehung zu meinem Kind?
◆ Fühlt es sich sicher und geborgen?
◆ Zeige ich sowohl sinnvolle Konsequenzen und Grenzen auf als auch Entwicklungsspielräume?
◆ Tue ich meinem Kind gut in der Art und Weise wie ich es erziehe?

Oft bleiben Eltern mit den angesprochenen Überlegungen allein. Dieser thematische Elternabend soll Isolierung vermeiden. Ein berühmter Philosoph – Immanuel Kant – sagte: ‚Die Erziehung ist das größte Problem und das Schwierigste, was dem Menschen kann aufgegeben werden.' Auch große Denker wissen also, welche bedeutungsvolle und anspruchsvolle Rolle Sie als Eltern inne haben.

Wir wollen uns heute mit Ihrem Bild der guten Mutter oder des guten Vaters beschäftigen, um Gedanken und Gefühlen Raum zu geben. Und um Gelegenheit zum Austausch darüber zu schaffen, Überlegungen abwägen zu können und entlastend mit dieser Thematik umzugehen. Eventuell gelingt es uns, Haltungen und Erwartungen an die eigene Person als Erziehende zu überprüfen und Druck, überzogene Anforderungen durch mich selbst oder durch andere, also überzogenen Ballast, abzuwerfen. Vielleicht werden lohnenswerte Erziehungsziele und damit erreichbare pädagogische Haltungen klarer und die eigene Rolle mit ihren Chancen und Grenzen deutlicher."

Anleitung Schritt 1

Für diesen Schritt teilt die Gesprächsleitung die **Arbeitsblätter „Eine gute Mutter, ein guter Vater sein..."** aus und stellt Stifte bereit. Sie erläutert: *„Damit wir mit der Thematik gut und persönlich in Kontakt kommen und alle TeilnehmerInnen gleichberechtigt Gelegenheit erhalten sich einzubringen, bitte ich Sie, einzeln ein Arbeitsblatt in Stille auszufüllen. Auf dem Arbeitsblatt geht es um:*

◆ *drei Eigenschaften oder Verhaltensweisen, die eine gute Mutter bzw. einen guten Vater auszeichnen und*
◆ *drei Eigenschaften oder Verhaltensweisen, die eine gute Mutter bzw. ein guter Vater Ihrer Meinung nach vermeiden sollte.*

Lassen Sie sich Zeit, die Fragen zu überdenken und das Blatt in Ruhe alleine zu bearbeiten. Wählen Sie dazu die Sprache, in der Sie sich sicher fühlen. Teilen Sie bitte mit, wenn Sie mit der Bearbeitung des Blattes fertig sind. Vielen Dank!"

Auswertung Schritt 1

Wenn alle TeilnehmerInnen ihr Arbeitsblatt bearbeitet haben, hängt die Gesprächsleitung die Plakate 1 und 2 auf.

Die Teilnehmenden nennen nun in beliebiger Reihenfolge, was sie auf ihrem Arbeitsblatt in den beiden Rubriken benannt haben. (Diese Gelegenheit kann mit persönlichem Vorstellen verbunden werden.) Die Gesprächleitung trägt die Nennungen auf den beiden Plakaten entsprechend ein.

Die TeilnehmerInnen berichten im freien Erzählen von ihren Überlegungen. Dabei hat jede Äußerung ihre Berechtigung – niemand soll für seine Haltung kritisiert oder angegriffen werden. Vielmehr geht es darum aufzuspüren, wo Haltungen Druck machen, überzogen sind, Probleme erzeugen, von innen her oder von außen wirken. Es geht um den Rahmen der „1000 erzieherischen Möglichkeiten" und der Einschätzung von „Wunsch und Wirklichkeit" in der jeweiligen Rolle. Es gilt herauszufinden, welche positiven oder belastenden Haltungen wirken, was überhöhte Erwartungen sind, die somit zu Gefühlen führen können, sich in der Elternrolle als unzureichend und bedrückt zu empfinden. Kreative und entlastende Haltungen sollen verstärkt und positiv hervorgehoben werden. Fähigkeiten und positiv verwandelte Anfangserfahrungen als Eltern gilt es herauszustreichen.

Insgesamt soll erreicht werden, dass Erwartungen, die bisher nicht reflektierend ausgesprochen werden konnten, nun zur Sprache kommen und in einer wohlwollenden Atmosphäre diskutiert und abgewogen werden können. Ideal ist, wenn es zu neuen Bewertungen bezüglich der Erziehungshaltungen oder Verhaltensweisen kommt, die sich für Eltern und Kinder als bedrückend erwiesen haben.

Hinweise:

◆ Nimmt diese Phase der Bearbeitung nach Bedarfslage der Eltern – was nach einzelnen Erfahrungen durchaus sein kann – die restliche Zeit des Abends in Anspruch, so ist dem Raum zu geben. Für diesen Fall sollte an dieser Stelle unmittelbar die Schlussphase folgen. Die weiteren Schritte sollten dann nach Bedarf zu anderen Terminen erfolgen.

◆ Die zweite Übung kann auch direkt als Einstiegsübung genutzt werden. Sie eignet sich dann eher für große Gruppen, bleibt jedoch evtl. unpersönlicher und der entlastende Charakter wird nicht so deutlich sichtbar. Wird Schritt 1 vorangestellt, sind die dortigen Nennungen bereits einer Diskussion und persönlichen Wertung unterzogen worden. Der Aufforderungscharakter der zweiten Übung wirkt *nach* Schritt 1 weniger belastend.

Die Wahl der Vorgehensweise sollte entsprechend erwogen werden.

Anleitung Schritt 2

Eine **Plakatarbeit zum Thema „Sinnvolle Erziehungsziele"** kann sich anbieten, um die vorangegangene Übung abzurunden. Es werden zu diesem Zweck die Plakate 3 und 4 aufgehängt.

Wie in einem Brainstorming nennen alle TeilnehmerInnen zu beiden Plakaten die Begriffe, die nach der vorangegangen Diskussion als Fazit sinnvoll erscheinen. So ist eine Quintessenz der Gespräche des Abends heraus zu kristallisieren. Diese Vorgehensweise erlaubt, ggf. geänderte Positionen oder geklärte Haltungen zu vertreten.

Die TeilnehmerInnen erhalten die Zusage (wenn sich die ErzieherInnen diese Arbeit machen wollen), dass die Nennungen verschriftlicht werden und an alle Teilnehmenden verteilt werden. Da die Gespräche zu diesem Thema mit hoher Wahrscheinlichkeit länger nachwirken, ist diese Vorgehensweise sehr zu empfehlen.

Schlussphase

Wichtig ist eine Reflexionsrunde zum Eindruck hinsichtlich der gesamten Gestaltung des Abends. Ganz gleich, ob einzelne oder mehrere der hier und im Folgenden vorgestellten Elemente in einem thematischen Elternangebot umgesetzt wurden, ist es ratsam, in Form eines Blitzlichts zu klären: „Wie geht es Ihnen am Ende des Abends? Wie fühlen Sie sich? Was beschäftigt Sie noch? Was nehmen Sie mit nach Hause?" Entlastend und erheiternd hat sich das abschließende Zitat von Erich Maria Remarque erwiesen: „Man kann erst wissen, wie gut man seine Kinder erzogen hat, wenn man sieht, wie gut die Enkel geraten sind." Ist die innere oder gemeinsame thematische Beschäftigung noch erkennbar intensiv, sollte ein Folgeabend in kurzem Zeitabstand Gelegenheit geben, die Gedanken, Überlegungen und Gefühle ergänzend abzurunden.

Erweiternde Anregungen

Der Text „10 Gebote für den Umgang mit Kindern" (▶ S. 127 f.) ist besonders deshalb als ergänzende Diskussionsgrundlage geeignet, weil er in hohem Maße nachdenklich macht und auffordert, sich selbst an den in den Raum gestellten „Geboten" zu messen. Er eignet sich gut, die persönliche Haltung mit der eines Autors zu vergleichen und Position zu beziehen. Da der Autor kein persönlich anwesender Mensch ist, fällt es vielen Eltern leichter, seine Darstellungen zu diskutieren und zu kommentieren. Bei der Nutzung des Textes ist es wichtig zu betonen, dass er als Diskussionsangebot zu verstehen ist und die Inhalte auf keinen Fall als für alle verbindlich zu verstehen sind!

Mögliche Fragen zur Gesprächsgestaltung:

◆ Habe ich über diese Aspekte bereits nachgedacht?
◆ Was bedeuten diese Gedanken für mich?
◆ Teile ich diese Haltungen und den Aufforderungscharakter?
◆ Was ziehen diese Haltungen im alltäglichen Leben nach sich?
◆ Was lebe ich davon bereits?
◆ Was fällt mir davon schwer/würde mir schwer fallen umzusetzen?
◆ Möchte ich davon etwas in mein eigenes Leben mit Kindern integrieren?

Der Text spricht insgesamt folgende Themen an: „Selbstachtung", „Selbstbestimmung", „Verantwortung", „Eigentum", „Zeiteinteilung", „das Recht auf die Wahl eigener Freunde", „sinnhaftes Lernen", „Wertevermittlung", „Vorbildhaftigkeit", „toleranter Umgang mit Gefühlen", „Menschenwürde", „Mitverantwortung für Kinder und für den Zustand der Welt". Diese Themen lassen sich in Bezug auf die elterliche Rolle, die ihr innewohnende Verantwortung und ihre Perspektiven tiefgreifend erörtern.

Hinweis: Auch dieses Element ist dazu geeignet, bereits als alleiniges Angebot an einem Elternabend Programm füllend zu sein. Es setzt ebenfalls eine sensible und eingehende eigene Beschäftigung der Gesprächsleitung mit dem Thema voraus.

Erfahrungen mit der Durchführung

Das erste Arbeitsblatt wird immer von allen Teilnehmenden bearbeitet, teilweise nur mit Stichworten, teilweise sehr ausführlich. Alle Äußerungen werden im einzelnen besprochen.

Über die einzelnen Erziehungsschwerpunkte gibt es in jedem Fall sehr ausführliche, lebhafte und interessierte Diskussionen. Die Ansichten sind in vielen Punkten auffallend ähnlich zwischen deutschen und zugewanderten Eltern. Dies wurde vorab weder in Frage gestellt noch als Aspekt erörtert. Im Anschluss an die Durchführung wird dies jedoch als verbindendes Element geäußert.

Die Beiträge zu den einzelnen Übungen sind sehr differenziert, reichhaltig und sensibel. Die Abrundung durch das gemeinsame Lesen der Thesen nach Hartmut von Hentig (▶ S. 154) bringt stets erweiternde Aspekte. Die Eltern können die eigenen Nennungen durchweg mit dem fremden Text in Verbindung bringen und empfinden die anderen Ausdrucksweisen als nah. Viele Eltern betrachten diesen Text als ergänzend und nehmen ihn mit, auch um ihn noch einmal nachzulesen oder in der Familie zu besprechen.

Das hohe Engagement um zu einem guten Verständnis des Mutter- oder Vater-Seins zu gelangen, ist stets bemerkenswert. Die TeilnehmerInnen zeigen nicht nur Interesse, sondern den ganzen Abend über auch eine hohe Konzentration.

6. Elternabend:

„Eine gute Mutter, ein guter Vater sein ... was ist das? – Von Rollenbildern und Anspruchsdenken"

1. Arbeitsblatt „Eine gute Mutter, ein guter Vater sein ... was ist das?" (Deutsche Version)

Drei Eigenschaften oder Verhaltenswe sen, die eine gute Mutter/einen guten Vater auszeichnen:

Drei Eigenschaften oder Verhaltensweisen, die eine gute Mutter/ein guter Vater vermeiden sollte:

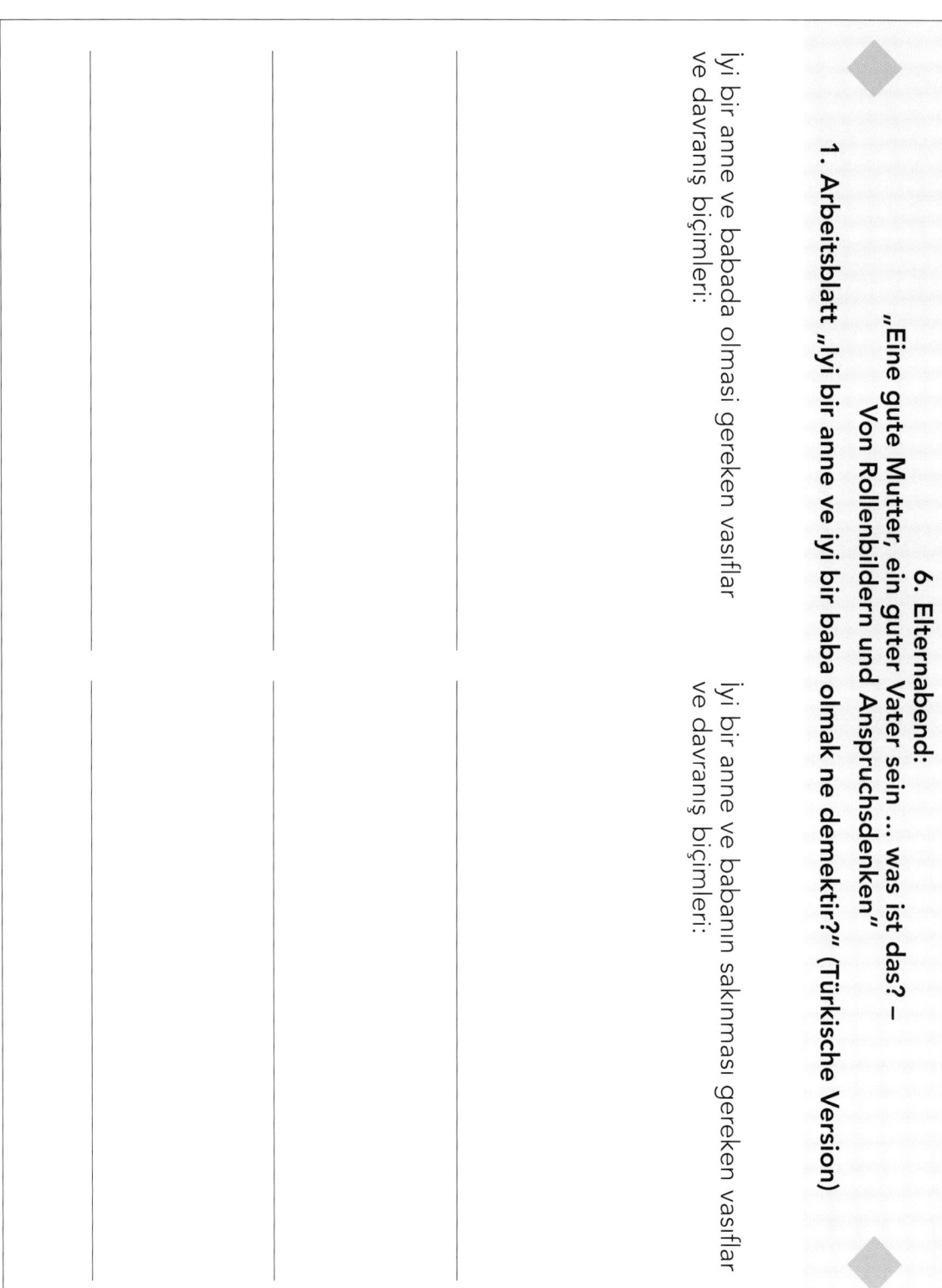

6. Elternabend:
„Eine gute Mutter, ein guter Vater sein ... was ist das? –
Von Rollenbildern und Anspruchsdenken"

1. Arbeitsblatt „İyi bir anne ve iyi bir baba olmak ne demektir?" (Türkische Version)

İyi bir anne ve babada olması gereken vasıflar
ve davranış biçimleri:

İyi bir anne ve babanın sakınması gereken vasıflar
ve davranış biçimleri:

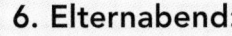

6. Elternabend:
„Eine gute Mutter, ein guter Vater sein ... was ist das? – Von Rollenbildern und Anspruchsdenken"

2. Arbeitsblatt „Zehn Gebote für den Umgang mit Kindern" (Deutsche Version)
(nach von Hentig 1988, S. 122)

1. Du sollst Kinder achten wie dich selbst.

2. Du sollst einem Kind nicht vorenthalten, was dir wichtig ist: nützliche Arbeit, Verantwortung, Verfügung über ein Eigentum, über die Einteilung der Zeit, über die Wahl der Freunde.

3. Du sollst ein Kind nichts lehren, woran dir selbst nichts liegt; du sollst es nicht langweilen.

4. Du sollst nichts für ein Kind tun, ohne es zu fragen; auch wenn es weder deine Fürsorge noch deine Frage versteht – es ist gut, wenn du diese Gewohnheit hast.

5. Du sollst nicht wegsehen, es soll dir nicht gleichgültig sein, wenn ein Kind etwas Falsches tut, Unwahrheiten, Torheiten, Grausamkeiten begeht.

6. Du sollst eines Kindes Liebe und Vertrauen nicht zurückweisen – so wenig wie seine Trauer, seine Angst, seine Neugier, seine Fantasie.

7. Du sollst ein Kind nicht anders „machen" wollen, als es ist – aber du solltest ihm helfen, anders zu werden, wenn es das will. Du sollst vor allem nicht machen, dass es will.

8. Du sollst, wie du einen Zehnten für die Kirche gibst, in dieser Welt einen zweiten Zehnten für die Kinder geben – die fernen wie die nahen – die dies am meisten brauchen.

9. Du sollst an der Welt arbeiten, sodass du sie ohne Scham den Kindern übergeben kannst.

10. Du sollst nicht Kinder haben, wenn du dir nicht vorzustellen vermagst, dass sie ein würdiges Leben in ihrer Zeit führen können.

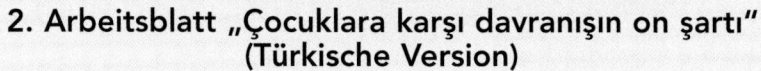

6. Elternabend:
„Eine gute Mutter, ein guter Vater sein ... was ist das? –
Von Rollenbildern und Anspruchsdenken"
2. Arbeitsblatt „Çocuklara karşı davranışın on şartı"
(Türkische Version)

1. Kendine verdiğin değeri çocuğa da ver.

2. Senin için önemli olan, şeylerin çocuk için önemli olduğunu unutma, onu faydalı işlerden, üzerine mesuliyet almaktan, kendine ait nesneleri ve zamanını istediği gibi kullanmaktan ve arkadaş seçiminden mahrum etme.

3. İstemediğin bir işi çocuğa öğretmeye kalkma; onun canım sıkma.

4. Çocuk gösterdiğin şevkatı ve sorduğun soruyu anlayamıyorsa dahi çocuğa sormadan çocuk için her hangi bir şey yapma – Bu alışkanlığın varsa çok iyi.

5. Eğer çocuk hata işlerse, yalam söylerse, akılsızlık veyahut zülüm yaparsa bunları görmemezlikten gelme.

6. Çokuğun üzüntü, korku, merak ve hayallerini geri çevirmediğin gibi çokuğun sevgi ve güvenini de geri çevirme.

7. Çokuğu, oluşundan farklı „yapmaya" kalkma – Fakat çocuk değişmek iterse ona yardım et. Ama bunu sen çocuktan talep etme.

8. Onda birini kiliseye verdiğin gibi bu dünyada çocuklara bir onda birini daha ver. Uzak ve yakın – en fazla ihtiyacı olan çocuklara ver.

9. Dünyayı öyle işle ki utanç duymadan çocuklara bırakabilesin.

10. Çocukların yaşadıkları sürece yaşamaya layık insancıl bir hayat sürebileceklerini tahayyül edemiyorsan çokuğun olmasın.

7. Elternabend: „Aller Anfang ist... neu! Der Übergang vom Kindergarten in die Grundschule"

Das Sprichwort „Aller Anfang ist schwer" besagt, dass Übergänge ihre besonderen Gesetzmäßigkeiten haben und einen guten Teil Unwägbarkeit. Und doch haben viele meiner Elternabende den Titel „Aller Anfang ist ... neu!" erhalten um deutlich zu machen, dass Übergänge zwar mit Neuem konfrontieren, sicherlich auch potenziell verunsichernd sind, aber dennoch die Chance zur Vorbereitung belassen. Den vorbereitenden, nach vorn schauenden Charakter sollen besonders Elternabende mit dem Thema des Übergangs vom Kindergarten in die Grundschule in sich tragen. Mittels möglichst weit reichender Informationen soll es gelingen, dass der Beginn des neuen Lebensabschnittes für die Kinder – und damit unweigerlich für die Eltern – weniger verunsichernd und belastend wird.

Inhalte und Ziele

Entgegen der sonst üblichen Form pädagogischer Elternabende kann dieser Abend als kooperative Veranstaltung mit FachreferentInnen aus verschiedenen Institutionen durchgeführt werden. Die VertreterInnen aus verschiedenen pädagogischen oder medizinischen Fachbereichen (Kindergarten, Grundschule, Schulamt und Gesundheitsamt) vereint das Bemühen, Kinder auf ihrem Weg des Übergangs vom Kindergarten in die Schule zu unterstützen. ErzieherInnen, ÄrztInnen, GrundschullehrerInnen, SchulrätInnen etc. agieren aus unterschiedlichen Blickwinkeln heraus mit vergleichbarer oder vernetzter Zielrichtung.

Eltern haben letztendlich mit allen diesen Fachpersonen zu tun und begrüßen es in

der Regel, wenn sie durch diese in Gemeinschaft informiert werden. Wo es durch Vernetzung gelingen kann, diese Form des Elternabends anzubieten, ist dies eine optimale Demonstration gelingender fachlicher Kooperationen für Kinder. Es bietet sich an, aufeinander aufbauende Fachvorträge zu organisieren, entweder zu *einem* Termin oder ggf. in einer Veranstaltungsreihe, wenn gleichzeitig Übersetzungsbedarf vorliegt, der höhere zeitliche Kapazitäten in Anspruch nimmt. Ein gemeinsamer großer Podiumsabend mit allen FachvertreterInnen zusammen zeigt natürlich besonders deutlich die Vernetzung auf und macht diese sichtbar.

Ziel ist insgesamt die Beschäftigung mit Schulfähigkeit und Übergangsphase für Kinder und Eltern, vorschulischen Fördermöglichkeiten und Informationen zur ersten Schulzeit.

Hinweis: Die Gestaltung dieses Elternabends bezieht sich in ihren Grundzügen nicht explizit auf zugewanderte Eltern. Unterstellt wird, dass alle Inhalte dergestalt die ganze Elternschaft interessieren und der Zugang zu den Informationen entsprechend möglich sein sollte. Die „Erweiternden Anregungen" gehen dann auf Bedarfe zugewanderter Eltern noch einmal gesondert ein.

Materialien

Materialienauswahl, mitgebracht von den verschiedenen ReferentInnen

Vorbereitung

Der Verlauf und die Inhalte des Abends müssen mit den jeweiligen ReferentInnen abgestimmt werden um Dopplungen zu vermeiden. Optimalerweise liegen der Gesprächsleitung die Konzepte aller ReferentInnen bereits vor dem Abend vor.

Ein Handzettel wird – ggf. mehrsprachig – erstellt, aus dem der Ablauf und die Gestaltung des Abends übersichtlich hervorgehen. Der Handzettel wird vervielfältigt und zu Beginn der Veranstaltung an alle TeilnehmerInnen verteilt.

Zeitstruktur

Gesamtdauer: 3 Unterrichtsstd. à 45 Min. = 2 1/4 Zeitstd.
05 Min.: Begrüßung
15 Min.: Einleitung in den Abend
20 Min.: Einstieg in die Thematik Teil 1
20 Min.: Überleitung und Thementeil 2
20 Min.: Überleitung und Thementeil 3
20 Min.: Überleitung und Thementeil 4
20 Min.: Überleitung und Thementeil 5
15 Min.: Schlussphase

Einleitung

Es ist angemessen, wenn die Leitung der Tageseinrichtung die **Begrüßung** und die jeweils einführenden Überlegungen vornimmt. Damit wird die Rolle des Gastgebers betont und die Fachlichkeit der PädagogInnen im Elementarbereich angesichts der Thematik signalisiert.

Die Gesprächsleitung leitet ein: *„Ich begrüße Sie herzlich zu unserem heutigen Elternabend – Sie als Eltern und alle fachlichen Kolleginnen und Kollegen! Unser gemeinsames Anliegen ist es, genau in den Blick zu nehmen, welche Bedingungen den Übergang vom Kindergarten in die Grundschule markieren, das ‚Neue' der Situation genauer anzusehen und vertrauter zu werden mit den Umständen dieses Lebenswechsels für die Kinder und für die Familien. Informationen, vorbereitende Gedanken und Meinungsaustausch sollen Ihnen helfen, sich sicherer zu fühlen, wenn Sie Ihre Kinder beim Wechsel in die Grundschule begleiten. Wir wollen erreichen, dass Sie mit Ihren Kindern gelassen und ohne Druck in die erste Schulphase gehen können. Fachlich informieren werden Sie im Verlauf des Abends ReferentInnen aus verschiedenen Arbeitsbereichen, die sich Ihnen nun vorstellen."*

Es folgt eine kurze Vorstellungsrunde der FachreferentInnen aus Kindergarten, Grundschule, Schulamt und Gesundheitsamt.

„Die Gestaltung des Abends können Sie den Handzetteln entnehmen. Bitte greifen Sie die Gelegenheit beim Schopf, sich mit Ihren Fragen und Wünschen nach Erörterung zu beteiligen. Zu jedem der einzelnen thematischen Bereiche besteht die Möglichkeit Ihrerseits Fragen zu stellen."

Einstieg in die Thematik Teil 1

Die Gesprächsleitung fährt fort: *„Übergang – das ist ein Schlüsselwort im Untertitel unserer heutigen Veranstaltung. Übergänge sind wichtige Phasen des Lebens und sie haben als Merkmale gemeinsam, dass Menschen von einer vertrauten Position aus in eine neue und unvertraute Situation gehen, man sich dabei von einer Position relativer Sicherheit in eine Position vorübergehender Unsicherheit begibt, Phasen von Aufgeregtheit durchlebt werden und das Ankommen in der neuen Situation nur begrenzt kalkuliert werden kann. Übergänge berühren den Menschen ganzheitlich, er spürt also die Auswirkungen geistig, körperlich und emotional.*
Diese Merkmale sind für alle Übergänge typisch und beschäftigen Menschen egal welchen Alters, wenn sie Übergangsphasen erleben. Wichtig und entlastend ist dabei das Bewusstsein: Jeder Übergang ist kein Wechsel aus dem Nichts. Vielmehr: Menschen kommen irgendwoher und wollen irgendwohin.

Auch Kinder vor dem Wechsel in die Grundschule kommen irgendwoher. Sie kommen aus einer Lebensphase, die ihnen den Boden zur Entwicklung vielfältiger Fähigkeiten ermöglichte. Sie gehen nicht ungerüstet in die Situation des Übergangs zur Grundschule. Viele Erwartungen, Anforderungen und Entwicklungsschritte wurden von den Kindern bereits bewältigt und sie bilden nun das Fundament, damit die Kinder sich den Erfordernissen des Wechsels stellen können.

Und es ist auch nicht der erste Übergang, den Ihre Kinder erleben: Die ersten Schritte des Herausgehens aus der Familie und den ersten Schritt zu größerer Selbstständigkeit hat jedes Kind bereits gemacht. Es geht ein, zwei oder drei Jahre in den Kindergarten und seine Leistung besteht darin, stundenweise außerhalb des Elternhauses sein zu können und – ohne die Eltern und die ständige Möglichkeit auf Mutter oder Vater zurückzugreifen – einen Teil des Tages mit anderen Menschen verbringen zu können.

Vielleicht ist ihm dies anfangs nicht leicht gefallen und erst mit der Zeit ist die Integration in den Kindergarten gelungen. Die Dauer einer solchen Gewöhnungszeit ist von Mensch zu Mensch unterschiedlich und von Situation zu Situation verschieden. Nach der individuell unterschiedlich langen Zeit des Einlebens fühlte sich Ihr Kind sicherer, wohler und war dann mit dem Leben in der Kindertageseinrichtung vertraut. Es fand seinen Platz in der großen Gruppe der Gleichaltrigen und konnte eingehen auf die Anregungen ihm bis dahin fremder Erwachsener. Es hatte den Übergang bewältigt. Das war eine beträchtliche Leistung des Kindes, wenn man sich vor Augen hält, wie sicher, gebunden und behütet meist die Welt in der Kleinkind-Phase war.

Die Zeit des Kindergartenbesuchs hat Ihren Kindern viele Angebote gemacht und ihre Entwicklung gefördert:

◆ sie lernten vieles Neue kennen und eroberten sich ein altergerechtes Wissen,

◆ sie entdeckten eigene Fähigkeiten und Talente und konnten diese weiter entwickeln,

◆ sie konnten zahlreiche soziale Kontakte zu Gleichaltrigen aufnehmen und Freunde finden,

◆ sie lernten andere in ihrer Persönlichkeit zu entdecken und Unterschiede zwischen Menschen wahrzunehmen,

◆ sie bauten Kontakte zu Erwachsenen außerhalb der eigenen Familie und Verwandtschaft auf,

◆ sie konnten Regeln und Gepflogenheiten einer größeren Gruppe kennen lernen und sich darin üben, diese einzuhalten,

◆ sie meisterten Konflikte, zunehmend auch ohne Hilfe von Erwachsenen,

◆ sie entwickelten einen guten Wortschatz und lernten sich sprachlich variabel auszudrücken, und dies ggf. auch in der für sie zweiten Sprache Deutsch,

◆ sie lernten Dinge, Sachverhalte und Zusammenhänge zu beschreiben, entwickelten einen Umgang mit Büchern, Geschichten und Rollenspielen,

◆ sie lernten viele Spiele kennen, konnten sich mit der Gesundheit, der Natur und Umwelt, dem Straßenverkehr und vielen anderen Dingen beschäftigen,

◆ sie akzeptierten einen bestimmten Tagesrhythmus,

◆ sie trugen mehr Verantwortung für ihre persönlichen Sachen, für das gemeinsame Essen, für das Aufräumen usw.,

◆ sie entwickelten Konzentration, Ausdauer, die Fähigkeit, mit kleineren Enttäuschungen umgehen zu können und viele andere Dinge mehr im Rahmen der Persönlichkeitsentwicklung und

◆ sie sind meist freier und eigenständiger geworden.

Insgesamt entwickeln sich in der Kindergartenzeit das soziale Lernen, die geistigen, körperlichen und seelischen Fähigkeiten, die Verfeinerung von Fertigkeiten und das Weltverständnis, und dies wunderbarerweise auf der Basis von Spaß und Spiel.

Die Gesprächsleitung leitet zum 2. Thementeil über:

Dieser Blick zurück – auch wenn die Kindergartenzeit noch nicht ganz abgeschlossen ist – soll zeigen, welches Polster Kinder aus dieser Zeit mit in die Übergangsphase nehmen, wie viel sie an ganz natürlicher Vorbereitung auf die Schule schon erworben haben. Und doch fragen Sie sich als Eltern und wir uns als FachpädagogInnen: Ist die Schulfähigkeit des Kindes ausreichend entwickelt, ist also das Polster der kindlichen Fähigkeiten ausreichend für den zukünftigen Schulbesuch? Schulfähigkeit ist ein vorausschauender Begriff; sie kann nur geschätzt und voraussichtlich beurteilt werden. Die tatsächliche Schulfähigkeit erweist sich erst dann, wenn ein Kind zur Schule geht und zeigt, wie es mit dieser Situation zurechtkommt.

Über die besonderen Merkmale der Schulfähigkeit wird Sie nun die Ärztin/der Arzt des Gesundheitsamtes informieren, die/der mit Einschulungsuntersuchungen betraut ist."

Thementeil 2

Folgende Inhalte sollten durch das Gesundheitsamt vermittelt werden:
Schulfähigkeit setzt sich aus verschiedenen beobachtbaren und feststellbaren Faktoren zusammen, die alle gleichermaßen bedeutsam sind. Sie sind bei jedem Kind unterschiedlich ausgeprägt und ihre Summe sagt etwas über die individuelle Schulfähigkeit insgesamt aus. Es versteht sich, dass nicht der Grad der geistigen Fähigkeiten allein die Schulfähigkeit bestimmt.

Auch geistig altersentsprechend entwickelte Kinder können auf anderen Gebieten Entwicklungsrückstände aufweisen, welche die Schuleingewöhnung und den Schulerfolg beeinflussen können.

Ebenso wichtig wie die altersentsprechende geistige Aufnahmefähigkeit und Reife (Überschreiten der magischen Phase der Persönlichkeitsentwicklung hin zu einer realistischeren Sicht der Welt, Erkennen von Regeln und Gemeinsamkeiten für verschiedene Erfahrungen, Wandel des Lernens vom Erfahrungswissen zum Denkwissen, sprachliche Fähigkeiten) sind Faktoren wie:

◆ die körperliche Reife und Gesundheit,
◆ die Wahrnehmungsfähigkeit über die Sinne (optischer und akustischer Reiz, Berührungs- und Tastwahrnehmung, Wahrnehmungen des Geschmacks und des Geruchs),
◆ die Selbstständigkeit (Ausdruck eigener Wünsche und Interessen, Unterstützung erfragen können, Übernahme altersgerechter Aufgaben, kleinere Besorgungen erledigen können, An- und Ausziehen, Sorge für eigene Dinge),
◆ das soziale Verhalten und die Konfliktfähigkeit (Kontaktaufnahme, Aushalten von Zurückweisungen, Fähigkeit zu kleinen Hilfestellungen für andere, Erkennen individueller Eigenarten, altersgerechte Konfliktfähigkeit, Fähigkeit sich zugehörig zu fühlen, Aushalten im Mittelpunkt zu stehen, zurückstecken und nicht im Mittelpunkt stehen können, gewinnen und verlieren können, Lob und Tadel annehmen können),
◆ die Fähigkeit zu Aufmerksamkeit, Konzentration und Ausdauer (Konzentrationsdauer nicht länger als 15 bis 20 Minuten an einem Stück erwarten),
◆ die gefühlsmäßige Selbstständigkeit von der Mutter, der Familie, den Bezugspersonen (meist schon im Kindergarten möglich),

◆ die Fähigkeit zur Bedürfnisverschiebung (Hunger, Schlaf, Spieltrieb, Bewegungsdrang, Rückzug),

◆ die individuelle Schulbereitschaft oder Schulfreude (zur objektiven Schulreife eines Kindes hinzukommen muss in einem gewissen Maße die freudige und erwartungsvolle Haltung des Kindes dem Schuleintritt gegenüber.)

Damit ist ergänzend zur Schulfähigkeit die individuelle Schulbereitschaft angesprochen. Sie ist ein wichtiges Indiz im Rahmen der Frage, ob der Übergang eben nur „neu" oder auch „schwer" wird. Hilfreich ist, Kindern einen Freiraum zum Ausdruck von Ängsten, Befürchtungen und Fantasien zu geben und es als normal und verständlich darzustellen, dass neue Situationen „kribbelige" Gefühle im Bauch machen.

An dieser Stelle können Eltern dazu angeregt werden, ihren Kindern zu Hause von eigenen Schuleingangssituationen zu berichten, evtl. persönliche Schulfotos zu zeigen und den Wandel der Gefühle von fremd zu vertraut in der Übergangssituation als völlig normal zu besprechen. Gemeinsam können im Gespräch zwischen Eltern und Kindern unrealistische von realistischen Vorstellungen getrennt werden. Es können entlastende Schritte geplant werden, die das Aufregende des Neuen nicht wegreden und doch die Schwere der Situation aufheben.

Thementeil 3

Die Gesprächsleitung erläutert: *„An dieser Stelle wollen die ErzieherInnen der Kindertageseinrichtungen in einem Beitrag deutlich machen, was der pädagogische Alltag an Entwicklungsmöglichkeiten zur Förderung der Schulfähigkeit anbietet. Dazu zeigen wir Ihnen Spiel- und Beschäftigungsmaterialien und erklären, wie deren Nutzung spezielle kindliche Fähigkeiten entwickeln und stärken. Wir wollen damit deutlich machen, dass diese Beschäftigungen auch noch in den nächsten Monaten Ihre Kinder im Kindergarten hinsichtlich ihrer Entwicklung hin zur Schulfähigkeit fördern."*

Zwei ErzieherInnen des Kindergartens führen kurz Spiele oder Spielmaterialien vor, demonstrieren ihre Benutzung und eine Person erläutert den beim Kind dadurch angesprochenen Entwicklungsaspekt. Günstig ist, wenn eine Erzieherin den Text erklärt und eine weitere parallel eine Aktivität vormacht. Eventuell erklären auch mehrere ErzieherInnen im Wechsel die verschiedenen Faktoren, falls eine Person nicht so lange sprechen möchte.

Information und ggf. Demonstration durch den Kindergarten bieten sich beispielhaft zu folgenden Aspekten an:

Emotionale Fähigkeiten:

◆ erkennen und ausdrücken können, was das Kind für Bedürfnisse hat und was es braucht, damit es ihm gut geht (z. B. sagen, wann es frühstücken will);

◆ sich von Vertrautem lösen und Neues annehmen können (z. B. beim Abschied von den Eltern an der Tür);

◆ auf neue Situationen zugehen und sich selbst erfahren wollen; dabei eigenes Können und Grenzen erleben (z. B. beim Klettern auf einem neuen Spielgerät);

◆ bei Versagen und Enttäuschung Trost annehmen und die unangenehmen Gefühle überwinden können (z. B. nach einem Streit);

Soziale Fähigkeiten:

◆ sich in andere einfühlen können (z. B. jemanden trösten, der sich verletzt hat);

◆ Rücksicht nehmen und abwarten können (z. B. bei Gesellschaftsspielen, Kreisspielen, Regelspielen);

◆ Möglichkeiten zur Konfliktlösung entwickeln und trainieren (z. B. wenn bei unterschiedlichen Meinungen Einigkeit über eine Vorgehensweise hergestellt werden muss);

◆ Fähigkeit zu Toleranz entwickeln und mit verschiedenen Formen von Andersartigkeit umgehen können (z. B. mit Kindern anderer Hautfarbe, Sprache, Kultur, Religion, mit Behinderungen, alten Menschen, Menschen mit anderen Meinungen);

Wahrnehmungsfähigkeiten:
◆ taktile Wahrnehmung über den Tastsinn erproben (z. B. arbeiten mit Wasser, Sand, Farbe, Kleister, Ton);
◆ visuelle Wahrnehmung über die Augen (z. B. geleitetes Zuschauen, Spiele mit Licht und zum Entdecken von Details);
◆ auditive Wahrnehmung mit den Ohren (z. B. Spiele zum Richtungshören, Klatschspiele, Spiele mit Instrumenten);
◆ olfaktorische Wahrnehmungen mit der Nase (z. B. Geruchssensibilisierung beim Backen, in der Natur, Geruchsmemory);

Grob- und feinmotorische Fähigkeiten:
◆ grobmotorische Sicherheit erlernen (z. B. bei Muskulatur stärkenden Aktivitäten wie turnen, springen, Hampelmann, stehen auf einem Bein, Ballfangen);
◆ das Gleichgewicht halten können (z. B. beim Schaukeln, Wippen, Seilspringen, Pedalo fahren, Stelzen laufen);
◆ Lockerungen der Handgelenke üben (z. B. beim Anrühren von Pudding, Drehen von Schrauben);
◆ fein abgestimmte Bewegungen der Hände und Finger üben (z. B. greifen mit zwei Fingern, Perlen fädeln, Schere halten und schneiden, mit Lego bauen)

Sprachliche und kommunikative Fähigkeiten:
◆ zuhören lernen (z. B. bei Gesprächen ohne zu unterbrechen, beim Vorlesen, Hörkassetten hören, beim Klatschen im Takt, Singen und Tanzen);

◆ Lust zu sprechen entwickeln und beibehalten (z. B. beim Erzählen und Berichten, nach gemeinsamen Erlebnissen, durch interessiertes Nachfragen angeregt, durch das Vorbild der ErzieherInnen im Dialog);
◆ durch Wortschatzerweiterung und Interesse an reichhaltigen Formulierungen (z. B. durch gute Kinderliteratur und Bilderbuchbetrachtungen, viele Verse, Sprichwörter, Sprachspiele, evtl. ein Sprachförderprogramm);
◆ durch Achtung der Zweisprachigkeit (z. B. durch zweisprachige Erzählprojekte ► S. 138, durch muttersprachliche Lieder, Verse, Spiele);

Geistige Fähigkeiten:
◆ aufnahmefähig sein für neue Anregungen (z. B. Eingehen auf die kindliche Neugier und Angebot von Weltwissen, naturwissenschaftliches Interesse wecken durch Experimente);
◆ Erkennen von Formen, Farben und kleinen Mengen (z. B. durch Brettspiele, Puzzle, Regelspiele mit entsprechenden Elementen);
◆ Schulen der Beobachtungsfähigkeit (z. B. durch Anleitung des genauen Hinsehens und Beschreiben des Wahrgenommenen);
◆ Fördern der Merkfähigkeit (z. B. durch Auswendiglernen von Gedichten und Liedern, Memory spielen, Spielregeln behalten bei Würfelspielen und Kartenspielen).

Thementeil 4

Die Gesprächsleitung moderiert: *„Grundschulen gestalten in Kooperation mit Tageseinrichtungen den Übergang vom Kindergarten in das Schulleben. Gelingt dies gut, gehen die Bemühungen des Kindergartens Hand in Hand in den Angeboten der Grundschule weiter. Der Übergang in* die nächste Stufe institutioneller Förderung und Bildung von Kindern soll gleitend stattfinden. Die Kinder sollen anfangs mit spielerischen Mitteln abgeholt und nach und nach in das schulische Lernen und in entsprechende Arbeitsweisen eingeführt werden. Hiervon berichtet nun der Vertreter/die Vertreterin der Grundschule."

Thementeil 5

„Über die Bestimmungen des Einschulungsverfahrens und schulrechtliche Aspekte informiert Sie nun der Vertreter/die Vertreterin des Schulamtes für die Grundschulen."

Zu erwartende Inhalte sind hier Schulpflichtgesetz und Folgerungen, rechtlich relevante Informationen, Anträge auf vorzeitige Einschulung, Zurückstellung etc.

Schlussphase

„Viele Aspekte sind heute angesprochen worden. Manches war Ihnen vielleicht bekannt, anderes wiederum neu. Eventuell haben Sie weitergehenden Gesprächsbedarf, ganz speziell auf Ihr Kind bezogen. Nehmen Sie dazu bitte Kontakt zu den Personen auf, die Sie dahingehend fachlich beraten können. Vielen Dank für Ihr Interesse!"

Erweiternde Anregungen

Eine Variante zur Grundgestaltung des Elternabends liegt in der Möglichkeit, unterschiedliche ReferentInnen an einem Termin gleichzeitig in unterschiedlichen Räumen des Kindergartens zur Verfügung stehen zu lassen. Im rotierenden Verfahren haben dann die Eltern Gelegenheit zu den verschiedenen Fachleuten zu wechseln, die

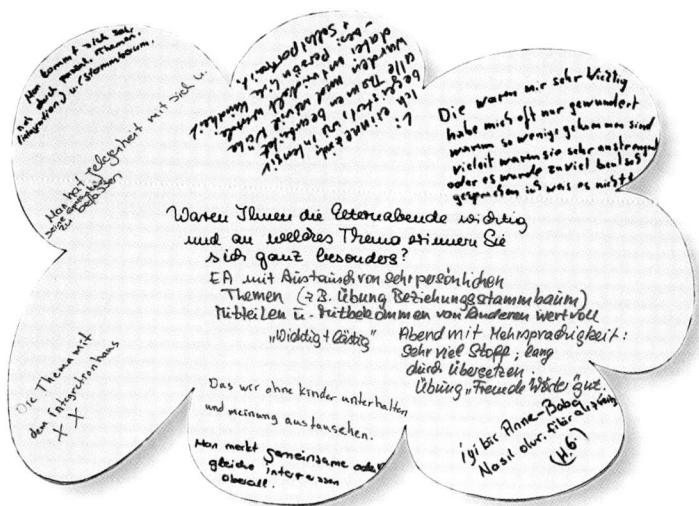

Viele Meinungsäußerungen finden Platz auf einem Plakat – so wird Beteiligung initiiert

ihre Themen in etwa halbstündigem Rhythmus wiederholend anbieten. Nachteil ist, dass die jeweils Informierenden sich gegenseitig nicht hören. Die Entscheidung ist den jeweiligen Wünschen und Möglichkeiten vor Ort anheim zu stellen.

Eine hilfreiche Vorgehensweise mit Eltern zukünftiger Schulneulinge *ohne Beteiligung von ReferentInnen* in kleineren Gruppen ist ebenfalls möglich. Bitte orientieren Sie sich dazu an der Beschreibung des 3. Informationsabends: „Interkulturelle Pädagogik – eine Chance für mein Kind!", S. 78. Auf 7 Plakaten in Wolkenform werden dazu in der Mitte folgende Fragen notiert:

1. **Plakat:** „Was hat Ihr Kind im Kindergarten gelebt und gelernt?"
2. **Plakat:** „Wie hat es sich im Kindergarten gefühlt und persönlich entwickelt?"
3. **Plakat:** „Was denkt und fühlt Ihr Kind über den Wechsel zur Schule?"
4. **Plakat:** „Wie schätzen Sie persönlich die sprachliche Situation Ihres Kindes vor der Einschulung ein?"

5. Plakat: „Was denken und empfinden Sie als Eltern persönlich vor dem Wechsel Ihres Kindes in die Grundschule?"
6. Plakat: „Welche Fragen haben Sie an den Kindergarten bezüglich des Wechsels Ihres Kindes in die Grundschule?"
7. Plakat: „Welche Fragen haben Sie an die Grundschule bezüglich des Wechsels Ihres Kindes dorthin?"

Für zugewanderte Kinder und ihre Eltern gestaltet sich der Übergang in die Grundschule als eine besondere Herausforderung. Sprachlich teilhaben zu können, in einer anderen Sprache alphabetisiert zu werden und eine solide Schriftlichkeit zu entwickeln, ist von weit reichender Bedeutung für die schulische Laufbahn. In diesem Bereich können Eltern Kinder sehr unterstützen, auch durch die Pflege einer verlässlichen Muttersprache. Für diese Aufgaben müssen Eltern mehr wissen und gezielte Unterstützung erfahren, denn gerade unter den Bedingungen des Sprachwechsels gibt es ein hohes Maß an Verunsicherung der Eltern. Überlegungen dieser Art machen deutlich, dass es besonders im Rahmen der Thematik „Übergang vom Kindergarten in die Grundschule" sinnvoll ist, zugewanderten Eltern einen separaten Elternabend in mehrsprachiger Gestaltung anzubieten. Eine kleine Personenzahl und die Sicherheit des Übersetzens machen die Thematik ggf. auch für diese AdressatInnen verstehbar.

Als zusätzliches Material für alle Eltern bieten die Länderministerien für Schule, Bildung, Jugend und Kinder regelmäßig Informationsschriften an für Eltern von Schulneulingen. In Nordrhein-Westfalen heißt die Broschüre: „Wenn Ihr Kind in die Schule kommt – Wissenswertes für Eltern von Grundschulkindern", zu bestellen beim Ministerium für Schule, Jugend und Kinder des Landes NRW, Völklinger Straße 49, 40221 Düsseldorf, Telefon 0211/8 96 03. Die Broschüre ist in folgenden Sprachen erhältlich: Albanisch, Arabisch, Bosnisch, Deutsch, Griechisch, Italienisch, Kroatisch, Portugiesisch, Russisch, Serbisch, Spanisch, Türkisch. (Bestellung über das Internet: **www.bildungsportal.nrw.de** Service – Broschüren)

Erfahrungen mit der Durchführung

Zu diesem Elternabend kommen regelmäßig viele Eltern. Angesichts der Thematik mit Bildungsrelevanz und Auswirkung auf die von Eltern als wesentlich wahrgenommenen Zukunftschancen kommen auch viele Väter mit. Die Gelegenheit zu Rückfragen im Sinne von Verständnisklärungen wird gerne wahrgenommen. Die Vorführungen der ErzieherInnen machen in Kombination mit den Hintergrunderläuterungen viel Sinn. Eltern wird plastisch erlebbar, wie spielerische Förderung vor sich geht. Die Situationen werden oft mit Humor und Staunen aufgenommen.
Die Erklärungen aus der Sicht des Gesundheitsamtes und Schulamtes werden als sehr befriedigend erlebt, da Eltern selten Gelegenheit haben, mit diesen Personen über eine längere Zeitphase in Kontakt zu treten und Fragen zu stellen.

Die Inhalte der Thematiken des Kindergartens können selbstverständlich auch in alleiniger Gestaltung der Tageseinrichtung angeboten werden. Besonders zu Beginn der Übernahme einer solchen Gestaltung kann es empfehlenswert sein, zunächst seitens des Teams eigene Erfahrungen mit der Umsetzung zu machen. Sind gesicherte Erfahrungen mit der Vorgehensweise gesammelt worden, bietet sich die Erweiterung in Kooperationen an.

Gemeinsame Projekte

Gemeinsame Projekte in Kindertageseinrichtungen können Projekte sein:

◆ der Eltern, ErzieherInnen und Kinder miteinander (z. B. Ausflüge, Exkursionen, Besichtigungen, kulturbezogene und interkulturelle Feste),
◆ der Eltern für die Kinder (z. B. spielen Eltern Theater für Kinder),
◆ der Eltern füreinander (z. B. als Elternstammtisch),
◆ der Eltern und der ErzieherInnen gemeinsam (z. B. kulturelle Projekte, Elterncafé),
◆ der Eltern, ErzieherInnen und anderer AdressatInnen (z. B. mit Großeltern, SeniorInnen im Altenheim) und
◆ der Eltern und ErzieherInnen in Kooperation mit Organisationen (z. B. im Stadtteil).

Die möglichen Projektvarianten sind entsprechend vielfältig. Der Fantasie und Umsetzungsfreude sind keine Grenzen gesetzt.
Jede Tageseinrichtung, jedes Team in Kooperation mit Eltern und Vernetzungspartnern ist hier aufgerufen, miteinander in Planungs- und Entscheidungsprozesse zu treten und zu wählen, was der Einrichtung und den in ihr agierenden Menschen entspricht, was aktuell angemessen ist und den Bedürfnissen möglichst vieler Menschen nahe kommt. Die jeweiligen Gegebenheiten sind zu berücksichtigen und die Zielrichtungen auszuloten. Es

ist zu beachten, dass Weniges aus der reichen Auswahl von Möglichkeiten gemeinsamer Projekte den wahren Reichtum ausmacht, besonders dann, wenn für die ausgesuchten Projekte wirklich Zeit und Muße vorhanden ist.

In diesem Sinne möchte ich Sie mit einigen – insbesondere interkulturellen – Formen gemeinsamer Projekte von Eltern und ErzieherInnen bekannt machen, ohne dass dies einen Anspruch auf Vollständigkeit erhebt. Es sollen beispielhafte Anregungen sein, die Ihre Freude an kulturübergreifenden Projekten wecken, Ihren Mut zur Durchführung stärken und Ihnen evtl. ergänzende Ideen geben, die Sie in gemeinsamer Entscheidung mit KollegInnen und Eltern erweitern und ausleben können.

Gemeinsame Projekte mit Eltern in Kindertageseinrichtungen können m. E. in besonders fruchtbarer Weise kulturelle Projekte

Spielen, tanzen, unterhalten: Gemeinsames Eltern-Kind-Projekt

Beim gemütlichen Frühstückstreff werden mögliche Projektideen gemeinsam diskutiert

sein, weil sie der Gefahr vorbeugen, dass Menschen verfestigten und unüberprüften Bildern anheim fallen. Sie bieten an, sich über Information, Erlebnis und Austausch kulturfremde Inhalte und Verhaltensweisen näher zu holen und mit ihnen vertrauter zu werden. Sie bieten an, kulturellen Austausch als anregend und bereichernd zu erfahren und als unbedrohlich, was die Tendenz, sich verstärkt abgrenzen zu müssen, deutlich senkt.

Kulturelle Projekte rund um Sprache und Literatur erfüllen dabei die beabsichtigten Zwecke in besonderem Maße.

Zweisprachige Erzählprojekte

Inhalte und Ziele

Zweisprachige Erzählprojekte greifen auf eine Bilder- oder Kinderbuchgeschichte zurück und tragen diese in zwei Sprachen vor. Zwei- und mehrsprachiges Erzählen in Kindergruppen eröffnet die Chance, dass Kinder ihre zu Gehör gebrachte Muttersprache als wertgeschätzt empfinden.
Außerdem entwickeln Kinder mit variablen Erfahrungen im Umgang mit Buch, Schrift, Text und Erzählen Literacy-Fähigkeiten, d.h. sich steigernde Fähigkeiten im Umgang mit literarischem Gut.

Beteiligen sich Eltern an der Umsetzung des zweisprachigen Vorlesens, so werden sie als ExpertInnen ihrer Familiensprachen anerkannt. Die Rolle der Eltern als „Könner" im Sinne des Einbringens ihres spezifischen Wissens kommt somit zum Tragen und erhält eine sinnvolle Plattform. Deutsche wie zugewanderte Eltern werden so animiert, über sprachliche Fördermöglichkeiten ihrer Kinder im Elternhaus nachzudenken und können die Geschichten und ihre Übersetzungen aktiv zu Hause anwenden.

Materialien

Bilderbuch oder Kindergeschichte nach Wahl; evtl. Projektor und Leinwand

Vorbereitung

Vergrößerte Farbkopien oder Dias der Illustrationen im Bilderbuch anfertigen

Zeitstruktur

Je nach ausgewählter Geschichte und abrundendem Angebot zur Gesamtdauer der Aktion

Anleitung zur Durchführung

Es hat sich als günstig erwiesen, die Bilder eines Bilderbuchs als vergrößerte Farbkopien oder Dias zu erstellen und den Kindern so zugänglich zu machen, dass alle ZuhörerInnen die Bilder zur Geschichte gleichzeitig sehen können.

Die Kinder sitzen den angebotenen Bildern gegenüber und jeweils rechts und links von ihnen nehmen die Erzählenden Platz. So haben die Kinder neben dem freien Blick auf die Bilder der Geschichte gleichzeitig die Möglichkeit, Blickkontakt zu den beiden Erzählenden herzustellen. Dazu werden abwechselnd einzelne Textpassagen zweisprachig vorgelesen, z. B. auf Deutsch und Türkisch. Zwischen zwei wechselnden Bildern und dem Zuhören zweier Sprachen sollten die Kinder Gelegenheit erhalten, in beiden Sprachen – also in der jeweils vom Kind gewählten Sprache – zurückreagieren zu können.
Günstig ist, im ersten Teil des Vorlesens z. B. zunächst den deutschen Text und dann den anderssprachigen Text vorzulesen, nach der Hälfte des Textes aber zu wechseln und zuerst den anderssprachigen Text und dann den deutschen Text anzubieten. Dieser Wechsel der Erstlesesituation erhöht die kindliche Aufmerksamkeit und stärkt die Wahrnehmung der Doppelsprachigkeit. Außerdem wird die Rolle des zunächst nicht Verstehenden so von allen Kindern erlebt.

Gut ist, die Kinder in einer abschließenden Gesprächsrunde zu den Eindrücken aus der Geschichte zusätzlich zur doppelsprachigen Vorleseform zu befragen. Sie haben meiner Erfahrung zu Folge durchaus eine hohe Sensibilität für die Wahrnehmung anderer Sprachen und drücken ihre Empfindungen gerne zum zweisprachigen Erleben aus. Auch mit anderen Schriftsprachen und Lesearten (von rechts nach links) haben Kinder u. U. Erfahrungen, was auf jeden Fall miteinbezogen werden sollte.

Erweiternde Anregungen

◆ Nach der erfolgreichen Aktion mit den Kindern lässt sich das Projekt gut allen Eltern demonstrieren. Dazu wird das doppelsprachige Vorlesen vorgeführt, von den Reaktionen der Kinder erzählt und es werden die Eindrücke der Eltern erfragt.

◆ Auch Gedichte in vielen Sprachen eignen sich dazu, vorgestellt, übersetzt und eingeübt zu werden. Es bietet sich jeweils an, die inneren Bilder der Kinder hierzu malen zu lassen.

◆ Als ergänzende Idee sei zu erwähnen, dass besonders die klassischen Figuren der Kinderliteratur – von Pippi Langstrumpf über Pinocchio bis zu Nasreddin Hodscha – als interkulturelle Literaturfiguren ihre Wirkung auf den kindlichen Spracherwerb, ihre Literacy-Fähigkeiten und ihre Fantasie haben können.

Erfahrungen mit der Durchführung

Die von mir erprobte konkrete Umsetzung erfolgte mit der antirassistischen Bilderbuchgeschichte „Wo der Pfeffer wächst" von Frank Ruprecht. Es geht in dieser Geschichte um eine weiße Mäusefamilie im Wohlstand und eine schwarze Maus, die aus ihrer Heimat flüchten musste, jetzt eine Bleibe sucht und dabei unterstützende, betrübliche und ablehnende Erfahrungen auf der Suche nach Hilfe macht. (Dieses Bilderbuch ist z.Zt. vergriffen und wird im Herbst 2004 im Ökotopia Verlag neu aufgelegt – zusammen mit einer ausführlichen methodisch-didaktischen Anleitung zur Durchführung des zweisprachigen Erzählprojektes.)

Die Kinder wurden dazu ermuntert, in der jeweils von ihnen gewünschten Sprache auf die Geschichte zurückzureagieren. Sie begaben sich liebend gerne in eine kommentierende und verarbeitende Rolle, animiert durch Gesprächssequenzen und Rückfragen. Sie zeigten im Rahmen des Angebotes der antirassistischen Geschichte ihre Fähigkeit zu Mitgefühl, Solidarität und „Wahrheit" in sozialen Beziehungen sowie Wertschätzung gegenüber anderen Sprachen.

Die türkischen Kinder zögerten zunächst, sich der zweisprachigen Erzieherin auch in der Muttersprache zu öffnen, genossen die Möglichkeit jedoch bald und entwickelten Mut, die eigene vom Deutschen abweichende Sprache öffentlich zu nutzen und sprachliche Identität zu zeigen. Das Wechselspiel zwischen den Sprachanteilen Deutsch und Türkisch gelang gut. Die deutschen und türkischen Kinder waren in diesem Projekt in der gleichen Rolle und Position der Hörenden, Nicht-Verstehenden und Verstehenden. Sie zeigten wechselseitig viel Geduld und Rücksichtnahme. Die antirassistische Geschichte weckte ihr natürliches Moralempfinden und ihre Entrüstung. Sie erwogen Lösungen zum betrüblichen Teil der Geschichte und zeigten sich erlöst von ihrem moderaten Ausgang.

In Bezug auf die Eltern zeigte sich, dass ihre Einbindung in die pädagogisch anbietende Arbeit ihr Selbstbewusstsein stärkt und ihre Engagiertheit in der Einrichtung steigert. Die aktive Beteiligung an einem Erzählprojekt setzt nicht selten neue Ideen oder weitere Impulse zur Zusammenarbeit in Gang. Für den häuslichen Bereich lässt sich die Erfahrung der Eltern aus dem Projekt ebenfalls umsetzen. Sie erkennen durch das gemeinsame Erleben, dass Geschichten erzählen und vorlesen eine besondere Qualität hat und Kinder in ihrer ganzheitlichen Entwicklung stärkt.

Die Resonanz der Eltern auf das thematische Angebot war sehr positiv. Die Gespräche drehten sich schnell um kreative Lösungen, Kinder gegen Fremdenfeindlichkeit und Rassismus zu stärken. Die Eltern diskutierten interessiert die interkulturelle pädagogische Ausrichtung des Kindergartens.

Auch die sprachstärkenden Aspekte lagen schnell auf der Hand. Die Gespräche darüber setzten sich beim anschließenden multikulturellen Frühstück intensiv fort.

Weitere Informationen über die Förderung der Mehrsprachigkeit wurden gewünscht und die Einrichtung eines monatlichen Elterncafés mit thematischem Informationsangebot wurde initiiert. Diese Treffen finden bis heute statt.

Eine tamilische Mutter überreichte – motiviert durch das Angebot – kurze Zeit später den Text der Geschichte übersetzt in tamilischer Sprache und Schrift! Daraus entwickelte sich die Idee, das Projekt in Deutsch und Tamilisch im Rahmen der 13. Dürener Kinderkulturtage vorzustellen – ein Schneeball-Effekt des ursprünglichen Projektes.

ErzieherInnen anderer Familiensprachen nahmen die Grundidee gerne auf. Russischsprachige KollegInnen wählten für jüngere Kinder das Märchen „Vom dicken fetten Pfannekuchen" aus, um es zweisprachig vorzulesen; weitere mehrsprachige Geschichten folgten. Als „Nebeneffekt" gewannen die PädagogInnen häufig einen Zuwachs an Informationen über Sprache, Kultur, Tradition und Migrationserfahrung der sich beteiligenden Eltern. So wurde die erzählende Kooperation zur gelebten Integration.

Elternaktion „Sprachecke"

Inhalte und Ziele

Eine spannende interkulturelle Projektidee ist die Einrichtung einer „Sprachecke" für Kinder. Zur Durchführung gilt es, zwei- oder mehrsprachige Eltern zur Mitarbeit in diesen Sprachecken zu gewinnen, da ihre Beteiligungsmöglichkeit und -bereitschaft Voraussetzung für das Funktionieren von Sprachecken in Kindertageseinrichtungen ist. Die muttersprachliche Betreuung der Aktion kann durch eine Mutter, einen Vater oder eine andere engagierte Einzelperson (ehemalige Eltern, Kulturverein, Nachbarn des Kindergartens etc.) stattfinden. Es geht um angeleitetes Spielen in einer anderen Sprache als Deutsch mit einer Kindergruppe von sechs bis acht Kindern.

Die Kinder lernen einfache kultur- und sprachbezogene Spiele, Lieder, Reime etc. kennen und aus Mimik, Gestik und Aktion Schlüsse zu ziehen und sich beteiligen zu können. Sie erlangen Einfühlungsvermögen in eine andere Sprache und stärken ihre Kompetenz, sich über sprachliches Neuland hinweg beteiligen zu können. Sprache wird so zum Erlebnis.
Zugewanderte Eltern zeigen sich mit ihrem persönlichen Engagement, mit sprachlichem und kulturellem Expertentum, mit ihrer mehrsprachigen Identität und ihrer pädagogischen Kompetenz.

Materialien

Je nach Wahl der Eltern-Aktivität

Vorbereitung

Die Planungen liegen in der Hand der zugewanderten Eltern. Es wird seitens des Kindergartens nicht vorweg geplant oder lediglich elterliche Beteiligung erbeten, denn die Spielidee soll von der durchführenden Person selbst getragen sein. Die ErzieherInnen stimmen ergänzend das Angebot und die Rahmenbedingungen gemeinsam mit den Anbietenden ab.
Es ist schön, wenn das Angebot des anderssprachigen Spielens ein wechselndes Angebot ist. Die Spielideen können nach der Fantasie der Durchführenden variieren. Die spielerischen Elemente sollten jedoch immer überschaubar sein und innerhalb eines Treffens nicht zu häufig wechseln.
Der Zugang für *alle* Kinder ist ein wichtiges Merkmal. Eventuell müssen sie in der Einführungsphase des Projektes an das Angebot herangeführt werden, unterstützt von den ErzieherInnen.

Zeitstruktur

Günstig ist zu versuchen, einen Zeitpunkt mit Wiedererkennungswert für die Kinder zu finden. Es kann ein bestimmter Wochentag gewählt werden oder – je nach Engagiertheit der Eltern – auch mehrere Tage. Generell ist von einer Durchführungszeit von 45 bis 60 Minuten pro Angebot auszugehen, insgesamt ausgerichtet nach den Möglichkeiten der Eltern.

Anleitung zur Durchführung

Die Durchführung sei hier anhand eines Beispiels erläutert:

Eine portugiesische Mutter möchte mit den Kindern in dieser Stunde gerne Memory spielen. Sie erläutert nun den an der Aktion interessierten Kindern zunächst sowohl auf Deutsch als auch auf Portugiesisch,

◆ dass sie das Memory-Spiel mit ihnen auf Portugiesisch spielen wird,
◆ dass alle mitspielen können, auch die Kinder, deren Muttersprache nicht Portugiesisch ist,
◆ dass alle Kinder in dieser Sprache spielen und daher die portugiesischen Worte lernen werden.

Sie versichert den Kinder, dass sie schnell heraus bekommen werden, wie sie sich in dieser Sprache beteiligen können.

Das Spiel beginnt und wird von da an durchgängig auf Portugiesisch angeboten. Die Mutter erläutert zunächst die Spielkärtchen in ihrer Sprache. Danach wird nach den üblichen Regeln gespielt. Die Begriffe sind begleitend oft zu wiederholen. Anfangs sollten zunächst weniger Kartenpaare benutzt werden als üblich. Die Kartenmenge kann je nach sprachlicher Sicherheit der Kinder gesteigert werden.

Alternativ können zugewanderte Eltern Geschichten zu Fotos aus ihrer Kindheit erzählen, mit den Kindern landestypisch backen, ein Instrument zeigen, erklären, darauf spielen und dazu singen, eine traditionelle Handpuppe einsetzen, ein Straßenspiel spielen, ein altes Bilderbuch der Kindheit mitbringen...

Wie heißt das Kaufladen-Obst auf Türkisch? Spielerisch erhalten Kinder Zugang zu fremden Sprachen

Kontakt und Begegnung in der Sprachecke

Erweiternde Anregungen

Eltern und ErzieherInnen sammeln gemeinsam Reime, Lieder, Fingerspiele, Kreisspiele, Zungenbrecher, Abzählreime, Straßenspiele etc. Sie schreiben sie ggf. von Hand auf, studieren sie gemeinsam ein und pflegen die Nutzung. Das zuletzt neu Hinzuge-kommene kann auf einem Plakat gut sichtbar im Eingangsbereich dargeboten werden. Tonbandaufnahmen erleichtern das Einüben der Texte, erweitern preiswert den Bestand interkultureller Medien und sind gleichzeitig Erinnerungen an den Kindergarten.

Die Kassetten können auch als Geschenke („Die Lieblingsgeschichte von Mama, Papa und mir, erzählt von mir selbst") oder als Verkaufsgegenstand („Interkulturelle Geschichten, erzählt von Kindern unseres Kindergartens") für einen Basar entstehen.

Erfahrungen mit der Durchführung

Die Kinder zeigten so großes Interesse, dass bald Anmeldungen für die Teilnahme an den Sprachecken-Aktivitäten eingerichtet werden mussten, damit die Gelegenheit zur Teilnahme gerecht verteilt war.

Es entwickelte sich ein guter Austausch zwischen zugewanderten Eltern und dem Personal des Kindergartens. Bisher noch nicht bekannte Spiele, Lieder, Reime, Geschichten und Aktivitäten, die mit den Muttersprachen und den verbundenen Kulturen einhergehen, konnten kennen gelernt werden. Mutige Eltern zogen das Engagement von Eltern nach sich, die sich ohne Beispiel anderer nicht an eine eigene Aktivität herangetraut hätten.

Kulturprojekt „Literatur der Heimatländer"

Inhalte und Ziele

Das Projekt „Literatur der Heimatländer" entstand, als ich im Rahmen der Arbeit eines Fördervereins eine gute Idee suchte, mit einem interkulturellen Projekt Spendengelder für Aktivitäten zu Gunsten von Migrantenkindern zu erlangen. Ziel war es außerdem, Eltern als ExpertInnen ihrer Kultur zu gewinnen und ihre literarischen Wurzeln anderen Menschen zugänglich zu machen.

Bald war die Idee geboren: Literatur der Heimatländer und persönliche Migrationsgeschichte, vorgestellt durch je einen zugewanderten und einen deutschen Menschen in gemütlichem Rahmen.

Das Projekt sollte:

◆ Gelegenheiten geben, von persönlichen Migrationserfahrungen und prägender Literatur zu berichten,
◆ den Horizont über literarische Besonderheiten unterschiedlicher Herkunftsländer erweitern,
◆ Einfühlung in durch Migration geprägte Lebensläufe fördern,
◆ ein bewusstes und deutliches Signal zur Verständigung und zum kulturellen Austausch setzen,
◆ interessierten ZuhörerInnen Gelegenheit geben, miteinander ins Gespräch zu kommen,
◆ die Wertschätzung des Kulturgutes Literatur – egal aus welchem Land sie dargeboten wird – erreichen,
◆ unterhalten und Spendengelder einbringen.

Materialien

verschriftlichte Literatur der Heimatländer, Geschichten aus der Erinnerung, Getränke und Imbiss

Vorbereitung

Alle Durchführenden sprechen miteinander ab, wie man sich selbst und die Literatur des Heimatlandes vorstellen könnte. Jeweils zwei Personen – eine mit Migrationshintergrund und eine einheimische Person – finden sich paarweise zusammen, stimmen ihre Art des Sich Vorstellens (z. B. als Interview), die Auswahl des literarischen Textes und die Vorgehensweise ab. Auszuwählen sind literarische Beispiele der verschiedenen Länder und Kulturräume, welche die Reichhaltigkeit der unterschiedlichen literarischen Kulturgüter einem interessierten Publikum nahe bringen. Insgesamt wird miteinander der Verlauf des Abends und die Reihenfolge der Vorträge abgesprochen.

Zeitstruktur

Das Projekt sollte mit mind. vier bis max. sechs Gesprächspaaren durchgeführt werden.
Gesamtdauer (bei sechs Gesprächspaaren): ca. 135 Min. = 2 $1/4$ Zeitstd.

10 Min.: Begrüßung und Einführung in den Abend
15 Min.: 1. Gesprächspaar
15 Min.: 2. Gesprächspaar
15 Min.: 3. Gesprächspaar
30 Min.: Pause mit Getränken und Imbiss
15 Min.: 4. Gesprächspaar
15 Min.: 5. Gesprächspaar
15 Min.: 6. Gesprächspaar
05 Min.: Verabschiedung und Überleitung zum gemütlichen Beisammensein

Anleitung zur Durchführung

Ein Eingangstext – vorgetragen zum Auftakt der Lesungen – kann folgende Impulse vermitteln:

„Ich begrüße Sie sehr herzlich zur heutigen Veranstaltung und möchte Sie thematisch auf den heutigen Abend einstimmen.

Alle Mitteilungen, Erzählungen und literarischen Texte dieser Veranstaltung haben gemeinsam, dass sie das ‚Wort' wählen, um etwas von Mensch zu Mensch zu vermitteln. Unsere Sprache oder unsere Sprachen, wenn wir mehrsprachig sind, dienen dem Kontakt und der Verständigung. Die Worte unserer Sprachen sind treue Begleiter durch unser Leben mit den unterschiedlichsten Auswirkungen. Worte haben intensive Wirkungen und können Menschen stärken. Dazu gehören Dichterworte, Glaubensworte, Fabeln, Märchen, Aphorismen – Worte in allen möglichen Verwendungsarten und aus allen möglichen Sprachen.

Hören wir nun Texte aus verschiedenen Heimatländern. Lassen Sie uns Menschen zuhören, die etwas über ihr persönliches Verhältnis zu Worten erzählen und die auch etwas von sich selbst und der Geschichte, Kultur und Literatur ihres Heimatlandes berichten. Sie hören die Schilderungen auf Deutsch und authentische Passagen in der Herkunftssprache. Den Sinn des Gesagten können Menschen sich gegenseitig übersetzen. Lassen Sie uns nun über-setzen – mit Worten zueinander – wie von einem Ufer zum anderen!

Sie hören jeweils drei Gesprächspaare vor einer Pause und danach. Zwischendurch gibt es Getränke und einen Imbiss. Im Anschluss an die Vorträge laden wir Sie zum gemütlichen Beisammensein ein."

Ergänzend sollte ggf. auf den Zweck des Erlöses aus den Einnahmen verwiesen werden.

Erfahrungen mit der Durchführung

Schnell fanden sich Menschen, die sich für das Projekt begeistern ließen und bereit waren, daran mitzuwirken: Menschen aus Peru, Sri Lanka, Marokko, Sibirien, Afghanistan, aus der Türkei und aus Deutschland. Eine interessierte Zuhörerschaft ließ sich schnell einfangen von den Beiträgen der zwölf Menschen, die eine interkulturelle Botschaft überbringen wollten. Gespräche in der Pause und beim anschließenden gemütlichen Beisammensein zeigten, dass das Projekt einen ungewöhnlichen, aber anregenden Beitrag zur Verständigung zwischen den Kulturen angeboten hatte.

Ich empfehle das Projekt hiermit zur Nachahmung in der Zusammenarbeit mit deutschen und zugewanderten Eltern von Kindertageseinrichtungen. Eine Durchführung im hier genannten Sinne wird dazu beitragen, dass sich deutsche und zugewanderte Eltern auf eine andere als die bisherige Weise kennen lernen.

Perspektiven interkultureller Praxis

Kindertageseinrichtungen bergen ein enormes **pädagogisches Potenzial** möglicher Wirkungsweisen mit gesellschaftlicher Relevanz. Die Tageseinrichtung der Zukunft wird dahingehend ihr Profil deutlich ausbauen. Ziel der Arbeit wird zunehmend pädagogisches Handeln für und mit Kindern sein sowie gleichzeitig bildende und beratende Arbeit mit und für die ganze Familie. Dabei wird der verbindende und integrierende Faktor hier ansässiger und hierhin zugewanderter Familien eine immer größere Rolle spielen.

Eltern und Kinder benötigen heutzutage Unterstützer, um ihren Entwicklungs- und Gestaltungsbedürfnissen Raum verschaffen zu können. Es ist wichtig, der Anforderung gerecht zu werden, Kindern Chancen zu einer neuen Kultur des Aufwachsens in unserer Gesellschaft zu geben. Familiäre Situationen sind in ihrer gesellschaftlichen Eingebundenheit, traditionellen Bedingtheit, religiösen Ausrichtung, sprachlichen Bezogenheit und individuellen Auslegung so heterogen wie kaum zu anderen Zeiten zuvor. Dies zieht sowohl die entsprechenden Irritationen, Belastungen und Nöte wie auch Chancen und Freiheiten nach sich.

Die Tageseinrichtung ist die erste und oft immer noch die einzige Institution, die **nahe Einblicke in familiäre Situationen**, Bedürfnisse und Erfordernisse hat. Sie wird als Ansprechpartnerin für die unterschiedlichsten Belange von Kindern und Eltern besonders intensiv genutzt. Sie kann als eine öffentliche Einrichtung früher Pädagogik, die von einer großen Anzahl von Familien akzeptiert wird, akute oder sich u.U.

langfristig entwickelnde Fragestellungen und Problemlagen erkennen, Eltern hierauf aufmerksam machen sowie gemeinsam mit ihnen Hilfestrategien entwickeln. Ihr großer Vorteil: Kindertageseinrichtungen erreichen dabei nahezu durchgängig alle gesellschaftlichen Gruppen und Schichten.

Kindertageseinrichtungen sind insbesondere für zugewanderte Eltern oft die erste Brücke zu einer aktiven Teilnahme in einem öffentlichen Raum. Sie werden als akzeptierte Aufenthaltsbereiche, nah am privaten und familiären Raum erlebt. Sie bieten oft für zugewanderte Eltern die niedrigste Schwelle, die sich zum gesellschaftlichen Raum hin überschreiten lässt. Dieses Potenzial gilt es, wesentlich stärker als bisher und vor allem auch durch **Familien bildende Angebote** zu nutzen. Aufgeschlossene Kindergärten bieten daher ihr Raumangebot für Nutzungsbedarfe aus der näheren sozialen Umgebung an. Sie lassen zu aktionsfreien Zeiten Gruppen Zugang zu ihren Räumen finden, denen ansonsten evtl. keine Raumnutzung im Stadtteil offen steht: Selbsthilfegruppen, Elternvereinen, Kulturvereinen, Fördervereinen, Gesprächskreisen, Familienbildungseinrichtungen etc. Sie verbinden sich in der Arbeit und Zielrichtung mit der oder den nahe gelegenen Grundschulen. Durch Kenntnisse der spezifischen Merkmale der Orts- oder Stadtteile beziehen sie die relevanten Faktoren des Sozialraums in die Arbeit der Tageseinrichtung mit ein. Einrichtungen werden so zu **lokalen Begegnungsstätten** im Wohnbereich und verstehen sich als eine Komponente des öffentlichen Lebens.

Interkulturelle Zusammenarbeit braucht gegenseitige Unterstützung der Beteiligten von innen (Träger, Team, Eltern) und **kooperierende Vernetzung** von außen (Fachberatung, Fachschulen, kommunale Jugendhilfe, Gesundheitsämter, Frühförderstellen, Ausländerämter, Verbände, kirchliche Organisationen, Beratungsstellen, Eltern- und Kulturvereine, Sportvereine, Stadtteilprojekte, Betriebe, Altenheime, Verkehrsschulen, Regionale Arbeitsstellen, spezifische Migrationsdienste, Ausländerbeiräte, Rechtsberatungen, Familien- und Erwachsenenbildungseinrichtungen, Kunstvereine, ehrenamtliche Einzelpersonen, Sponsoren etc.). In diesem Zusammenhang erhöht sich die Wirkungsweise der Kindertageseinrichtung durch Vernetzung mit Kooperationspartnern, welche die gemeinsamen Zielrichtungen zur Stärkung der Familien teilen. Dabei *alle* Familien im Blick zu haben, Kooperationspartner interkulturell zu sensibilisieren und einheimischen wie zugewanderten AdressatInnen gerecht werden zu können – all dies sind Faktoren, die Kindertageseinrichtungen ins Gewicht werfen können.

Für Tageseinrichtungen ist im Rahmen dieser Überlegungen eine fundamentale Ausgangsfrage: Was macht gerade unsere Kindertageseinrichtung zu einem **attraktiven interkulturellen Vernetzungspartner**? Was zeichnet uns aus? Was ist mit uns als kooperierendem Partner für deutsche und zugewanderte Familien besonders gut zu erreichen? Und auch: Was macht andere für uns zu einem attraktiven Vernetzungspartner für unsere interkulturellen Ziele? Wen würden wir uns in unserem Boot wünschen? Mit welchen Einsichten, Angeboten, welchen Vorteilen und Möglichkeiten?

Sind Erwachsene – PädagogInnen und Eltern – vernetzend aktiv, so wirkt dies m. E. ebenso wesentlich und beispielhaft hin zu den Kindern. Kindern zu zeigen, wie man spezielle Wünsche Außenstehenden dargelegt, auf welche Art und Weise eine Ansprache anderer gelingen kann und welche Vereinbarungen aus dem Beschluss der Zusammenarbeit erwachsen können und Ergebnisse zeigen – diese **prozesshafte Entwicklung** gibt Kindern Einsichten in fruchtbares Initiieren von gewünschter oder benötigter Unterstützung. Diese Einsichten sind es letztlich, die Kindern dazu verhelfen, einen festen Glauben an die eigene Wirkungskraft und die Kapazitäten der Kooperation zu entwickeln, sich und andere als fähig und bereitwillig zu erachten. So erleben sie, dass Umstände zunächst als ungünstig erscheinen mögen, sich jedoch mit Bedürfnisäußerung, Ideenreichtum und Tatkraft Dinge in Bewegung setzen lassen. Insgesamt hat dies durchaus mit Demokratieerziehung im weiteren Sinne zu tun.

Eine offensive **Öffentlichkeitsarbeit**, die immer stärker zum Qualitätsprofil von Tageseinrichtungen hinzugehört, transportiert durchgängig die o. g. Aspekte. Sie ist dann besonders wirksam, wenn die Darstellung des interkulturellen Profils der Einrichtung gelingt. Die allgemeinen und spezifisch interkulturellen pädagogischen Anliegen sollen nicht nur bei deutschen und zugewanderten Eltern, sondern auch im Gemeinwesen bekannt werden. Interkulturelle, antirassistische und Demokratie fördernde Aufgaben der Tageseinrichtung sollten in ihrer Reichweite für das Gemeinwesen selbstbewusst transparent gemacht werden!

Es gilt, die Kindertageseinrichtung der Zukunft als pädagogischen, bildungsrelevanten und interkulturellen Begegnungsort mit seiner ganzen Palette von Möglichkeiten für Familien auszugestalten und in seinen Potenzialen umfassend bekannt zu machen.

Anhang

Verwendete und weiterführende Literatur

Ahlheim, Rose: „Angst vor der Autorität – über die Weigerung von Müttern und Vätern, Eltern zu sein", in: Ahlheim, Klaus/ Heger, Bardo: „Vorurteile und Fremdenfeindlichkeit", Handreichungen für die politische Bildung, Wochenschau Verlag, Schwalbach/Taunus., 3. Auflage, 2001

Altuntas/Schnitzler/Yardimci/Köchel: „Sozio-kulturelle Bildungsarbeit und Sprachförderung für Eltern von ausländischen Kindern und Jugendlichen", in: „Fachtagung Interkulturelle Pädagogik – Entwicklung von Handlungsempfehlungen für Krefeld", Dokumentation, Stadt Krefeld, 1999

Anadolu Kulübü Münster e.V. und Föderation türkischer Elternvereine in NRW e.V. Düsseldorf: „Stellungnahme zur PISA-Studie", Münster, 2002

Auernheimer, Georg (Hg.): „Migration als Herausforderung für pädagogische Institutionen", Verlag Leske und Buderich, Opladen, 2001

Ausländerbeirat der Stadt Freiburg (Hg.): „Kinder sind Bürger einer Welt" – Interkulturelle Erziehung in einer Kindertageseinrichtung, AWO KiTa Krozinger Str. 50, Freiburg, Hartung-Gorre Verlag, 1997

Arbeitskreis türkischsprachiger Psychotherapeuten Bayern: „Zweisprachig aufwachsen und fühlen, dass man daheim ist",

SOS-Familien- und Beratungszentrum St.-Michael-Str. 7, 81673 München, Telefon 089/43 69 00

AWO KiTa gGmbH Essen: „Interkulturelle Kindertagesstätte Schalthaus Beisen" – Endbericht zur wissenschaftlichen Begleitung zum Aufbau der Kindertagesstätte, Essen 2001

Bainski, Christiane: „Überlegungen für ein Sprach(en)lernkonzept für Kinder und Jugendliche mit Migrationshintergrund" ‚Unveröffentlichtes Manuskript, RAA Hauptstelle Essen, 2002

Barth, Karlheinz: „Schulfähig? – Beurteilungskriterien für die Erzieherin", Reihe: Erzieherin heute; Herder Verlag, Freiburg im Breisgau, 6. Auflage, 1995

Berne, Eric: „Was sagen Sie nachdem Sie guten Tag gesagt haben? – Psychologie des menschlichen Verhaltens, Reihe Geist und Psyche, Fischer Verlag, 1990

Bettelheim, Bruno: „Ein Leben für Kinder – Erziehung in unserer Zeit", Deutsche Verlagsanstalt, Stuttgart, 1987

Blank, Brigitte/Eder, Elisabeth: „Zusammenarbeit mit Eltern in Kindertageseinrichtungen" – Arbeitshilfen für die Praxis, Carl Link/Deutscher Kommunal-Verlag, Kronach, 2000

Böhm, Dietmar und Regine/Deiss-Niethammer, Birgit: „Handbuch Interkulturelles Lernen" – Theorie und Praxis für die Arbeit in Kindertageseinrichtungen, Herder Verlag, Freiburg im Breisgau, 1999

Böhm, Regine: „Gemeinsam für die Kinder" – Zusammenarbeit mit Eltern nicht deutscher Herkunft, in: kindergarten heute, Heft 9/2001, Herder Verlag, Freiburg im Breisgau

Bonkowski, Doris: „Braunschweig in Bewegung", in: Zeitschrift des Ausländerbeauftragten des Landes Niedersachsen (Hg.): „Aussiedler – Heimat nach Gefühl", Reihe: „Betrifft", Hannover, Heft 1/2003

Boos-Nünning, Ursula/Henscheid, Renate: „Kindertagesstätten in der multikulturellen Gesellschaft – gegenwärtige Situation und Perspektiven für die Zukunft", in: Ebert, Sigrid/Metzner, Helga (Hg.): „Erziehung im interkulturellen Handlungsfeld", Dokumentation einer Fachtagung des Pestalozzi-Fröbel-Hauses, Berlin, 1999

Boos-Nünning, Ursula: „Erziehung in der multikulturellen Gesellschaft – nicht gegen die zugewanderten Eltern", in: RAA Hauptstelle Essen (Hg.): „Vielfalt als Chance" – 20 Jahre RAA in NRW, Essen, 2000

Bostancıoğlu, Metin/Behler, Gabriele: „Bildung schafft Chancen in Gesellschaft und Beruf" – Gemeinsamer Aufruf des Ministers für Nationale Erziehung der Republik Türkei und der Ministerin für Schule, Wissenschaft und Forschung des Landes Nordrhein-Westfalen, Ankara, 2002

Bromberger, Irina: „Aussiedler vor der Migration: Wo ist die Zukunft?", in: Zeitschrift des Ausländerbeauftragten des Landes Niedersachsen (Hg.): „Aussiedler – Heimat nach Gefühl", Reihe: „Betrifft", Hannover, Heft 1/2003

Brunner, Claudia Franziska/Winklhofer, Ursula/Zinser, Claudia: „Partizipation – ein Kinderspiel? – Beteiligungsmodelle in Kindertagesstätten, Schulen, Kommunen und Verbänden", Modelle gesellschaftlicher Beteiligung von Kindern und Jugendlichen, Bundesministerium für Familie, Senioren, Frauen und Jugend (Hg.), Berlin, 2001

Büttner, Christian/Finger-Trescher, Urte/Grebe, Harald/Krebs, Heinz (Hg.): „Brücken und Zäune" – Interkulturelle Pädagogik zwischen Fremdem und Eigenem, Psychosozial-Verlag, Gießen, 1998

Bundeskuratorium/Sachverständigenkommission für den Elften Kinder- und Jugendbericht/Arbeitsgemeinschaft der Jugendhilfe (Hg.): „Bildung ist mehr als Schule" – Leipziger Thesen zur aktuellen bildungspolitischen Debatte, Bonn/Berlin/Leipzig, 2002

Butzkamm, Wolfgang und Jürgen: „Wie Kinder sprechen lernen" – Kindliche Entwicklung und die Sprachlichkeit des Menschen, francke Verlag, 1999

Deutsches Jugendinstitut: „DJI – Bulletin 60/61", München, 2002

Diehm, Isabell: „Erziehung in der Einwanderungsgesellschaft" – Konzeptionelle Überlegungen für die Elementarpädagogik, IKO – Verlag für Interkulturelle Kommunikation, Frankfurt am Main, 1993

Düleç, Deniz: „Dokumentation der Praxis begleitenden Fortbildung zur Erweiterung der interkulturellen Kompetenz"; hier: „Dokumentation aus der Sicht der Einrichtung", Arbeitskreis Neue Erziehung (Hg.), Berlin, 1999

Elschenbroich, Donata/Schweitzer, Otto: „Ins Schreiben hinein" – Kinder auf der Suche nach dem Sinn der Zeichen, Videofilm, 60 Minuten, Deutsches Jugendinstitut, Frankfurt am Main, 2001

Elschenbroich, Donata: „Weltwissen der Siebenjährigen" – Wie Kinder die Welt erobern können, Verlag Antje Kunstmann, München 2002

Dies.: „Bildung im Vorschulalter", in: „Das Magazin", Wissenschaftszentrum NRW, 1/2002

Fischer, Birgit: „Anforderungen an eine moderne Kindergartenpolitik", in: Ministerium für Frauen, Jugend, Familie und Gesundheit Nordrhein-Westfalen (Hg.): „Vom Kindergarten zum Kinderhaus", Fachpolitiker Diskurs: Dokumentation der Kindergartenkonferenz 2001, Düsseldorf, 2001

Fraiberg, Selma: „Die magischen Jahre in der Persönlichkeitsentwicklung des Vorschulkindes", Reihe: Psychoanalytische Erziehungsberatung, rororo Sachbuch, 1972

Francescon, Guido: „Sagen Sie doch bitte Ihrer Frau Bescheid" – Wenn Väter im Kindergarten da und doch nicht da sind, in: „Theorie und Praxis der Sozialpädagogik", 4/2002

Gordon, Thomas: „Familienkonferenz" – Die Lösung von Konflikten zwischen Eltern und Kind, Verlag Hoffmann und Campe, Hamburg, 1972

Greine, Rita: „Eltern backen nicht nur Kuchen" – Auf dem Weg zur gemeinsamen Erziehung, in: „klein & groß", 7-8/2002

Hammelstein, Josef: „Beitrag des Aktionsbündnisses Zukunft für Kinder", in: Ministerium für Frauen, Jugend, Familie und Gesundheit Nordrhein-Westfalen (Hg.): „Vom Kindergarten zum Kinderhaus", Fachpolitiker Diskurs: Dokumentation der Kindergartenkonferenz 2001, Düsseldorf, 2001

Höög, Waltraud/Christa, Andrea: „Elternarbeit und Qualitätsmanagement", in: „Welt des Kindes", Heft 2/2002

Huber-Rudolf, Barbara: „Muslimische Kinder im Kindergarten" – Eine Praxishilfe für alltägliche Begegnung, Kösel Verlag, München, 2002

iBiBiK&KALEM, Jugendmagazin KIEBITZ Nr. 76 & Schülerzeitschrift SCHREIBER; Titelthema: SPIELEN, Jugend- und Kulturzentrum Kiebitz e.V./Peter Klöckner-Stiftung/RAA Duisburg, 1/2003

Jakubeit, Gudrun: „Eltern – Stadtteil – Fortbildung – Heimatländer", Materialien zur interkulturellen Erziehung im Kindergarten, Band 2, Hg.: Robert Bosch Stiftung, Stuttgart, 1989

Jampert, Karin: „Schlüsselsituation Sprache" – Spracherwerb im Kindergarten unter besonderer Berücksichtigung des Spracherwerbs mehrsprachiger Kinder, leske+budrich, Opladen, 2002

Jampert, Karin/Berg, Ulrike: „Mit den Augen der Kinder" (Elternbroschüre) – Ergebnisse einer Kinderbefragung in Migrantenfamilien, Deutsches Jugendinstitut e.V. (Hg.)., Projekt Kulturenvielfalt aus der Perspektive von Kindern, München, 2001

Jelloun, Tahar Ben: „Papa, was ist der Islam?" – Gespräche mit meinen Kindern, Berlin Verlag, Berlin, 2002

Johann/Michely/Springer: „Interkulturelle Pädagogik" – Methodenhandbuch für sozialpädagogische Berufe, Cornelsen Verlag, Berlin, 1999

Jung, Rainer: „Der Bildungskindergarten von der Insel" – An einer Berliner Tageseinrichtung wird das britische Konzept der Early Excellence Centers erprobt, Frankfurter Rundschau, 08.04.2002

Jurgeit, Sylvia: „Erlebniselternabend zu Beginn eines Kindergartenjahres", Leserbrief in: kindergarten heute, Heft 9/2002, S. 55, Herder Verlag, Freiburg im Breisgau

KTK – Verband Katholischer Tageseinrichtungen Bundesverband e.V. (Hg.): „Vielfalt bereichert – Interkulturelles Engagement katholischer Tageseinrichtungen für Kinder" – Positionen und Materialien, Freiburg, 1999

Kuhl, Erna: „Wer ist das da am Kreuz?" – Möglichkeiten des Miteinanderlebens, in: „Gemeinsam – Ausländer und Deutsche in Schule, Nachbarschaft und Arbeitswelt", Heft 12/1989 „Erziehung vor der Schule", RAA Hauptstelle Essen, Tiegelstr. 27, 45141 Essen

Lahninger, Paul: „leiten – präsentieren – moderieren" – Arbeits- und Methodenbuch für Teamentwicklung und qualifizierte Aus- & Weiterbildung, Ökotopia Verlag, Münster, 1998

Laubender, Veronika/Fuchs, Brigitte: „Wie bereiten Sie die Kinder auf die Schule vor?" – Bericht über einen Elternnachmittag, in: kindergarten heute, Heft 9/2002, Herder Verlag, Freiburg im Breisgau

Leu, Hans Rudolph: „Bildungs- und Lerngeschichten von Kindern", in: DJI Bulletin 60/61, Deutsches Jugendinstitut e.V., München, Winter 2002

Leupold, Eva Maria: „Handbuch der Gesprächsführung" – Problem- und Konfliktlösung im Kindergarten, Herder Verlag, Freiburg im Breisgau, 2000

Maybury-Lewis, David: „Ethnizität und Kultur", in: „Völker der Erde" – Kulturen – Traditionen – Völker, National Geografic Deutschland, Hamburg, 2002

Meiser, Ute: „Kinder in Übergängen stärken" – Transitionen als Chance wahrnehmen, in: kindergarten heute, Heft 10/2002, Herder Verlag, Freiburg im Breisgau

Merz, Christine: „Im Kontakt mit Eltern" – Ratschläge für die Elternarbeit, Herder Verlag, Freiburg im Breisgau, 1981

Militzer, Renate: „Interkulturelle Praxis in Kindertageseinrichtungen" – ausgewählte Ergebnisse aus dem Projekt: Interkulturelle Erziehung im Elementarbereich (Fachartikel ohne Quellenangabe)

Militzer, Renate/Demandewitz, Helga/ Solbach, Regina: „Tausend Situationen und mehr!" – Die Tageseinrichtung – ein Lebens- und Erfahrungsraum für Kinder, Hg.: Sozialpädagogisches Institut NRW, Votum Verlag, Münster, 1999

Montanari, Elke: „Mit zwei Sprachen groß werden" – Mehrsprachige Erziehung in Familie, Kindergarten und Schule, Kösel Verlag, München, 2002

RAA Hauptstelle Essen: „Die Zukunft gemeinsam gestalten", Dokumentation zweier Workshops, Essen, 1998

Renner, Erich: „Andere Völker – andere Erziehung" – Eine pädagogische Weltreise, Peter Hammer Verlag, Wuppertal, 2001

Rogge, Jan-Uwe: „Nicht gegen – sondern miteinander – Zusammenarbeit mit Eltern im Kindergarten"; in: „Zukunft Kindergarten" – Themen und Konzepte von 10 ExpertInnen der Elementarpädagogik, Gabal Verlag GmbH, Offenbach/Main, 2002

Rolle, Jürgen: „Die Erziehungsfähigkeit von Eltern stärken", in: „KiTa aktuell NRW", Carl Link Verlag, München/Bonn/Potsdam, 2/2003

Schellenbaum, Peter: „Die Wunde der Ungeliebten – Blockierungen und Verlebendigung in der Liebe", Kösel Verlag, München, 1989

Schlösser, Elke: „Wir verstehen uns gut – Spielerisch Deutsch lernen" – Methoden und Bausteine zur Sprachförderung für deutsche und zugewanderte Kinder als Integrationsbeitrag in Kindergarten und Grundschule, Ökotopia Verlag, Münster, 2001

Schmitz, Renate: „Interkulturelle Kompetenz – eine notwendige Kompetenz für den Kindergarten", unveröffentlichtes Manuskript, 2001

Schreiner, Adelheid: „Wortreicher Spaß – Integration im Kindergarten", in: Zeitschrift des Ausländerbeauftragten des Landes Niedersachsen (Hg.): „Aussiedler – Heimat nach Gefühl", Reihe: „Betrifft", Hannover, Heft 1/2003

Schütze, Yvonne: „Die gute Mutter" – Zur Geschichte des normativen Musters „Mutterliebe", Theorie und Praxis der Frauenforschung, B. Kleine Verlag, 1986

Schuster-Brink, Carola: „Kinderfragen kennen kein Tabu", Ravensburger Verlag, Ravensburg, 1991

Schwäbisch, Lutz/Siems, Martin: „Anleitung zum sozialen Lernen für Paare, Gruppen und Erzieher" – Kommunikations- und Verhaltenstraining, Rowohlt Verlag, Reinbek bei Hamburg, 1974

Sonnenschein, Ralph: „Deutsche Schulen müssen nachsitzen" – Bildungspolitik vor PISA 2003, in: „Stadt und Gemeinde", 11/2002

Spektrum der Wissenschaft Verlagsgesellschaft mbH: „Die Evolution der Sprache", Heidelberg, Heft 4/2001

Staatsinstitut für Frühpädagogik (Hg.): Ulich, Michaela/Oberhuemer, Pamela/Soltendieck, Monika: „Die Welt trifft sich im Kindergarten" – Interkulturelle Arbeit und Sprachförderung, Luchterhand Verlag, Neuwied/ Berlin, 2001

Stadt Essen (Hg.): „Elternarbeit" – Elternbildung mit türkischen Eltern in den Klassen des SCHUBILE-Projektes, RAA/Büro für interkulturelle Arbeit, Essen, 2002

Stadt Frankfurt (Hg.): „Meine, deine, unsere Sprache" – Konzept für eine Sprachförderung zwei- und mehrsprachiger Kinder, Dezernat für Schule, Bildung und Frauen, Seehofstr. 41, 60594 Frankfurt am Main (Broschüre und Video), 2001

Strätz, Rainer: „Beratung von Eltern als gemeinsame Aufgabe – Gemeinsame Gestaltung des Übergangs Kindergarten-Grundschule", Referat

Stürmer, Günter: „Neue Elternarbeit", kindergarten heute, Reihe: basiswissen kita, Herder Verlag, Freiburg im Breisgau, 3. Auflage, 2003

Ulich, Michaela: „Unterschiedliche Herkunft – gemeinsame Zukunft", in: „Kindergarten heute", Freiburg im Breisgau, 2003

Ulich, Michaela/Mayr, Toni: „Die Sprachentwicklung von Migrantenkindern im Kindergarten – der Beobachtungsbogen SISMiK" – Trends in der aktuellen bildungspolitischen Diskussion, in: KiTa aktuell NRW, Nr. 4/2003

Von Hentig, Hartmut: „Bibelarbeit, Verheißung und Verantwortung für unsere Welt", Hanser Verlag, München, 1988

Weber, Kurt/Herrmann, Mathias: „Erfolgreiche Methoden für die Team- und Elternarbeit", kindergarten heute, Reihe: basiswissen kita, Herder Verlag, Freiburg im Breisgau, 2003

Weißeno, Georg (Hg.): „Lexikon der politischen Bildung", Bd. 2: Hufer, Klaus-Peter (Hg.): „Außerschulische Jugend- und Erwachsenenbildung", Wochenschau Verlag, Schwalbach/Taunus, 1999

Wendlandt, Wolfgang: „Sprachstörungen im Kindesalter", Thieme Verlag, 4. Auflage, Stuttgart, 2000

Zeitschrift der Deutschen Liga für das Kind: „Frühe Kindheit", Berlin, I/2000

Zeitschrift des Ausländerbeauftragten des Landes Niedersachsen (Hg.): „Aussiedler – Heimat nach Gefühl", Reihe: „Betrifft", Hannover, Heft 1/2003

Zimmer/Preissing/Thiel/Heck/Krappmann: „Kindergärten auf dem Prüfstand" – Dem Situationsansatz auf der Spur, Reihe: „edition: Kindergarten", Kallmeyer'sche Verlagsbuchhandlung, Seelze-Velber, 1997

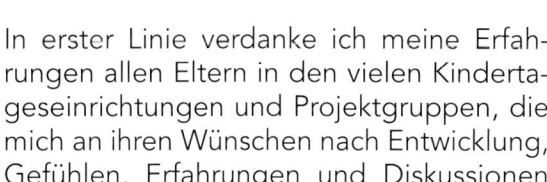

Dank

In erster Linie verdanke ich meine Erfahrungen allen Eltern in den vielen Kindertageseinrichtungen und Projektgruppen, die mich an ihren Wünschen nach Entwicklung, Gefühlen, Erfahrungen und Diskussionen teilnehmen ließen.

Gemeinsam mit meinen Kooperationspartnerinnen im Projekt „Griffbereit" sind viele Impulse zur Elternarbeit in lebendige Erfahrungen umgesetzt worden. Dafür danke ich Gülten Doğan, Sabine Engelmann-Brunner, Anna Kranz, Ulla Struve, den Mitarbeiterinnen der Kindertageseinrichtungen „Don Bosco Haus" und „Villa Winzig" in Düren und allen deutschen und zugewanderten Eltern im Projekt „Griffbereit" sehr herzlich.

Den Mitarbeiterinnen der Kindertageseinrichtung „Wibbelstetz" in Düren bin ich sehr verbunden durch die erlebnisreiche Zusammenarbeit in der Durchführung der „Zweisprachigen Erzählprojekte". Und in diesen namentlichen Dank schließe ich alle ErzieherInnen aus dem Kreis Düren ein, die sich mit mir auf den interkulturellen Weg gemacht haben.

Motivierte ErzieherInnen in vielen Fortbildungen ließen sich auf die Thematik ein, gaben freimütig die Impulse aus ihren Erfahrungen an mich weiter, zeigten sich interkulturellen Anregungen gegenüber offen und werden unsere Familien in Zukunft nach Kräften unterstützen – dafür kann nicht genug Anerkennung gezollt werden.

Wertvolle fachliche Impulse erhielt ich von meinen KollegInnen im RAA-Verbund in NRW – ganz besonders von Gisela Haciabdurrahmanoğlu und Gaby Ihde.

Doch auch langjährigen PartnerInnen im Zusammenhang mit der Thematik Elternberatung und -bildung gebührt mein aufrichtiger Dank: Dr. Klaus Lumma für Einsichten in die Kommunikation von Kindern, Jugendlichen und Eltern, mit denen mein früher beruflicher Blickwinkel Familien gegenüber begann, und meiner lieben Freundin Brigitte Frütel, pädagogischer Fachbereich Familienbildung der Kreisvolkshochschule Düren, für die langjährige intensive, innovative und vertrauensvolle Zusammenarbeit in der Bildungsarbeit für und mit Eltern.

Ich schließe in meinen herzlichen Dank meine Lektorin Katrin Röntgen ein, die mir bei der Manuskriptbearbeitung wertvolle Unterstützung gab.

Und es gibt Aufgaben, die nur deshalb zu bewältigen sind, weil da Menschen sind, die voll und ganz hinter der Person stehen, die sich etwas vorgenommen hat. Diese Menschen sind für mich mein Mann und meine beiden Söhne, denen ich für alles Unterstützende von Herzen danke.

Elke Schlösser

Die Autorin

Elke Schlösser, Jahrgang 1954, schloss 1976 ihr Studium an der Kath. Fachhochschule Aachen als Dipl. Sozialarbeiterin ab.

Sechs Jahre lang war sie in einem Jugendamt in verschiedenen Bereichen der Jugendhilfe tätig und arbeitete einige Jahre ehrenamtlich bei der Telefonseelsorge.

Mehr als zehn Jahre lang engagierte sie sich als Dozentin und Kursleiterin im Fachbereich Familien- und Erwachsenenbildung einer Volkshochschule (Einzelvorträge für Eltern in Kindertageseinrichtungen mit den Schwerpunkten Sexualpädagogik/Vorbeugung sexueller Missbrauch/Übergang Kindergarten/Grundschule; Spielkreise für Eltern und Kinder; Elterntrainings nach Thomas Gordon; Transaktions-Analyse für Eltern, Frauengesprächskreis).

Sie war für die Deutsche Krebshilfe in der Patientenberatung eines Krankenhauses tätig und leitete dort für das Krankenhauspersonal Fortbildungen zu den Themen „Entlastende Gesprächsführung", „Sterbebegleitung" und „Trauerbegleitung für Angehörige".

Seit 1996 ist sie Mitarbeiterin der RAA Kreis Düren. Im Rahmen ihres Fachschwerpunktes „Interkulturelle Pädagogik im Elementarbereich und Übergang zur Primarstufe" berät sie Familien, ErzieherInnen und Kindergarten-Teams, leitet Fortbildungen und interkulturelle Projekte.

Zu ihren Aufgaben gehören:

◆ die Beratung von zugewanderten Familien (Vermittlung von Kindergartenplätzen, Organisation von DolmetscherInnen, Unterstützung bei der Klärung migrationsspezifischer Fragen und interkultureller Verständigung sowie Konfliktberatung im Kindergarten),

◆ die Beratung von Institutionen der Elementarpädagogik (interkulturelle Konzeptentwicklung, Planung und Durchführung interkultureller Projekte gegen Rassismus und Fremdenfeindlichkeit, Förderung der Mehrsprachigkeit, Stärkung der Zusammenarbeit mit zugewanderten Eltern),

◆ die Fortbildung von ErzieherInnen (Durchführung regelmäßiger Arbeitskreise und Fortbildungen zur Interkulturellen Pädagogik),

◆ die besondere Berücksichtigung neuester Entwicklungen zu interkultureller Frühförderung (zweisprachige Spielgruppen für Mütter, Väter und ihre 1-3 jährigen Kinder) sowie die Beratung im Rahmen vorschulischer Förderprogramme im Übergang zwischen Kindergarten und Grundschule (Sprachförderung Deutsch vor der Einschulung).

Die gleichberechtigte Teilhabe aller Menschen an gesellschaftlichen Gestaltungsprozessen und die Fähigkeit des einzelnen zu Kontakt und Kommunikation sind der Autorin besonders wichtige Ziele, die durch Kooperation von Eltern und PädagogInnen zu eröffnen sind.